重庆市高等学校“一流专业”建设项目研究成果
2018 年国家级大学生创新创业训练计划项目成果（编号：201810652002）

西南政法大学刑事侦查学院公安学学术文库

国家监察体制改革理论和实践探索

李智伟　蓝彬洋　蔡毅达　著

群众出版社
·北　京·

图书在版编目（CIP）数据

国家监察体制改革理论和实践探索/李智伟，蓝彬洋，蔡毅达著．—北京：群众出版社，2019.12

ISBN 978-7-5014-6039-7

Ⅰ.①国…　Ⅱ.①李…②蓝…③蔡…　Ⅲ.①监察—体制改革—研究—中国　Ⅳ.①D630.9

中国版本图书馆 CIP 数据核字（2019）第 252370 号

国家监察体制改革理论和实践探索

李智伟　蓝彬洋　蔡毅达　著

出版发行：群众出版社
地　　址：北京市丰台区方庄芳星园三区 15 号楼
邮政编码：100038
印　　刷：三河市荣展印务有限公司

版　　次：2019 年 12 月第 1 版
印　　次：2019 年 12 月第 1 次
印　　张：16.5
开　　本：787 毫米×1092 毫米　1/16
字　　数：278 千字

书　　号：ISBN 978-7-5014-6039-7
定　　价：66.00 元

网　　址：www.qzcbs.com
电子邮箱：qzcbs@sohu.com

营销中心电话：010-83903254
读者服务部电话（门市）：010-83903257
警官读者俱乐部电话（网购、邮购）：010-83903253
公安综合分社电话：010-83901870

序

国家监察体制改革的相关理论研究，是我国2017年以来持续聚焦的一个学术热点，一系列学术论著相继发表或出版。大批法学研究者围绕监察体制改革相关问题展开探讨，其中的任何一个方向都是庞大而复杂的课题，更何况考虑到要将理论和我国近两年的监察实践相结合，难度之大，可以想象。然而，本书的三位作者却不畏困难、迎难而上，成功获得了国家级立项。三位年轻人凭借丰富的理论研究和实践探索，洋洋洒洒写出了这本专著，展现出当代中国青年奋发有为的精神面貌。

本书的三位作者来自全国首创的反贪专业培养基地——西南政法大学职务犯罪侦查专门化班。早在1992年，贪污、渎职等职务犯罪在国内呈现上升之势，在最高人民检察院的支持下，西南政法大学便开设了以职务犯罪侦查为学习方向的专门化班。在课程安排中，“反贪专业”除了要学习贪污贿赂案件的侦查、渎职侵权案件的侦查、审计法、司法会计等理论课程，还要通过实习，学习讯问犯罪嫌疑人的讯问技巧、测谎仪器设备的使用等。参加与全国各地纪检监察机关合作的为期近三个月的实习，是“反贪专业”学生最重要的一项学习任务，他们不仅要主动参与办案调查，还需要撰写实习日志、实习简报，返校后对实习情况进行总结和评优。正是这样理论与实践相结合的学习环境，激发了同学们的创新思维，让三位同学把个人的理想与国家的发展紧密结合在一起，以更加奋发的状态投身到祖国监察体制改革的伟大实践中去。

本书围绕着监察体制改革中的理论建构和实践探索展开讨论。以监察法制史，监察权的配置、属性及行使，监察对象的范围界定及权利保障，以及监察制度的比较与借鉴等议题展开，为改革的有效推进提供了相对全面的理论支撑。随着各级监察委员会的运转和《中华人民共和国监察法》的施行，监察体制改革研究仍有较大的提升空间和拓展领域。例如，书中针对“不敢腐、不能腐、不想腐”长效机制的构建、“警”“监”合作机制构建、互联网监督机制构建，以及基层微腐败防治机制构建等实践问题，从其产生、发展、特点等进行系统性分析，并提出了有针对性的侦防对策。

在本课题的研究过程中，三位同学敢于挑战、迎难而上。令人赞赏的是，在理论研究的基础上，他们还进行了大量的实证调研，自行联系并独立前往香港廉政公署进行访问，在全国10余个基层纪检监察机关开展调研，作为指导老师，我陪伴在他们身边，知道他们这一路经历了多少迷茫、彷徨和困苦。令人欣慰的是，三位作者在有限的时间内，以当代青年的视角独立完成了这部专著，其心系天下、自强不息的精神着实可嘉！我相信，本专著的出版发行，一定会对我国反贪理论与实务产生重要的影响。

原西南政法大学刑事侦查学院院长
管光承
2019年8月18日

前　言

深化国家监察体制改革是贯彻党的十九大精神、健全党和国家监督体系的重要部署，是推进国家治理体系和治理能力现代化的一项重要改革。党的十九大提出构建集中统一、权威高效的国家监察体系，把组建国家监察委员会列为深化党中央机构改革方案第一条，形成以党内监督为主、其他监督相贯通的监察合力。经过一段时间的努力，国家监察体制改革已经显示出多方面成效。

随着《中华人民共和国宪法修正案》《中华人民共和国监察法》审议通过，国家监察委员会组建完成，国家监察体制改革也进入了“深水区”。下一步的改革将如何深入？在实践中，深化监察体制改革还面临着一系列需要深化探索实践的问题。比如，如何依法依规行使职权、实现人员力量在政治上思想上行动上高度融合、将监察职能向基层延伸、授予派驻机构部分监察职能、构建权威高效体制机制、实现国家监察体制改革与司法体制改革有机对接、提升纪检监察干部政治站位和业务本领，谁来监督监察机关，等等。

国家监察体制改革怎么改？改向何方？具体实施中有什么难点？需要注意什么？本书结合监察理论的研究，从纵向上，考察了我国监察制度的历史发展脉络，归纳了不同历史时期中国古代监察制度的共性，重温其中的制度化监察理念，在中央开启的监察体制改革试点工作有序推进的当前阶段，有着极为重要的启示意义；在横向上，我们借鉴国内外不同类型监察制度的成功经验，对不同国家、地区廉政监察的领导体制、机构设置、权力范围等进行了比较。在比较的基础上结合当前监察体制改革的基层实践，揭示中国当代监察制度的基本特点，为进一步分析国家监察体制改革理论和实践探索提供依据。

党的十九届中央纪委二次全会公报提出，推动监察工作向基层延伸，使群众身边的公职人员受到严密监督。《中华人民共和国监察法》

出台后，进一步明确了监察对象，其中包括“基层群众性自治组织中从事管理的人员”及“其他依法履行公职的人员”。将监察职能延伸到基层，推进国家监察体制改革向乡镇基层延伸，将是破解“最后一公里”监督难等问题的关键。本书就“国家监察体制改革向乡镇延伸”进行专题调研，通过对四川、贵州、广东等多地的基层实践有关情况进行分析研究，希望对基层纪检监察工作者有所帮助和启发。此外，本书也针对“第四权”，尤其是互联网监督机制的完善与建设和粤港澳大湾区的腐败预防等前沿问题提出了构想，填补了这一领域的空白。

《新时代监察委员会监察调查权限的实证问题研究》这一课题的研究工作是在管光承教授的指导下完成的，且被评为优秀级别，课题组的研究过程纳入中国教育电视台拍摄的“西政模式”纪录片，而本书正是该课题的最终研究成果，对管教授的悉心指导由衷感谢。在此还要感谢“监察法研究第一人”——教育部“长江学者”特聘教授、武汉大学法学院教授秦前红，其为课题成员厘清基层微腐败防控机制和“警”“监”合作机制的相关研究思路提供了重要帮助并提出了修改意见。

本书撰写的具体分工如下：

蔡毅达负责第一章、第三章、第四章；

李智伟负责第二章、第九章、第十章、第十一章、第十二章、第十三章、第十四章；

蓝彬洋负责第五章、第六章、第七章；

毛雪鸣负责第八章。

本书在完成和出版的过程中得到了西南政法大学刑事侦查学院（国家安全学院）领导和教师的大力支持，在此表示深深的敬意和感谢。课题研究过程中，涉及大量的实证调研，在此非常感谢西南政法大学行政法学院（监察法学院）领导和老师的鼎力相助，更要感谢香港廉政公署、广西桂林市纪委监委、广东省肇庆市鼎湖区纪委监委、安徽省马鞍山市花山区纪委监委、四川大竹县纪委监委、贵州修文县纪委监委、广西阳朔县纪委监委等实务部门提供的实地调研机会和翔实的案例资料支持。另外，本书的相关论述也借鉴了许多前辈、专家、学者的观点和论据，在此一并敬谢！在此也感谢课题组成员蓝彬洋、蔡毅达以及参研人员毛雪鸣在课题研究和撰写书稿中付出的努力，感谢所有支持我们完成书稿出版的人们。

由于在研究本课题的过程中，监察体制改革也在不断地深入，各地的实践和创新做法也在不断地发展，作者在写作过程中受到学识、时间、经历等因素的限制，对监察体制改革这一宏大命题中的诸多细节无法一一进行深入细致的探讨，书中的不足之处还请各位读者谅解，并待将来有机会进一步充实完善。

谨以本书在中华人民共和国第一个侦查学专业成立四十周年之际，向“四十而不惑”的西南政法大学刑事侦查学院献礼。1992 年，受最高人民检察院委托，西南政法大学刑事侦查学院在全国率先开设了职务犯罪侦查专门化班。为适应国家监察体制改革的需要，学校决定从本科 2018 级调整开设监察调查法律人才实验班，培养掌握监察调查原理和相关监察调查策略、措施与技术手段，熟悉监察案件调查工作程序，具备较强监察调查能力，德才兼备，能够贯彻新时代中国特色社会主义法治理论的复合型、应用型监察调查法律人才。愿我院能够在未来为祖国培养出更多忠诚履职尽责、勇于担当作为的新时代纪检监察事业的一流人才。

李智伟

于西南政法大学博学楼

2019 年 8 月

目　录

上篇‖理论构建

下篇‖实践探索

上 篇
理论构建

第一章　国家监察体制改革

一、监察体制改革的提出

2013 年 11 月，中共十八届三中全会通过的《中共中央关于全面深化改革若干重大问题的决定》（以下简称《决定》）中明确要求，加强党风廉政建设和反腐败工作的体制机制创新，特别要进一步健全和完善制度保障。尤其要保证中国共产党在党风廉政建设工作中的领导地位。①《决定》的通过，标志着我国反腐败监察体制改革工作的启动。

国家监察体制改革是过去几年来国家战略总体布局的关键一步，是走向新时代中国特色社会主义法治强国的必经之路。2016 年 1 月，习近平总书记的重要讲话中“要健全国家监察组织架构，形成全面覆盖国家机关及其公务员的国家监察体系”② 明确了监察机构改革的方向，拉开了国家监察体制改革的序幕。在十八届六中全会的公报中，我国的监察体制改革开始初现端倪。③ 不难看出，我国监察机关将从过去的政府从属机构上升为与政府、司法机关并列的国家机关。

（一）试点阶段④

2016 年 11 月，中共中央办公厅印发的《关于在北京市、山西省、

---

① 《中共中央关于全面深化改革若干重大问题的决定》（2013 年 11 月 12 日中国共产党第十八届中央委员会第三次全体会议通过）。

② 习近平．坚持全面从严治党依规治党，创新体制强化党内监督［N］．人民日报，2016 年 9 月 10 日。

③ 公报指出，“各级党委应当支持和保证同级人大、政府、监察机关、司法机关等对国家机关及公职人员依法进行监督，人民政协依章程进行民主监督，审计机关依法进行审计监督”。

④ 中共中央办公厅 2016 年 11 月印发《关于在北京市、山西省、浙江省开展国家监察体制改革试点方案》，部署在三省市设立各级监察委员会，从体制机制、制度建设上先行先试、探索实践，为在全国推开积累经验。

浙江省开展国家监察体制改革试点方案》将监察机构改革推向正轨，预示着我国监察体制将在全国范围内展开。

2016年12月，第十二届全国人大常委会第二十五次会议通过《在北京市、山西省、浙江省开展国家监察体制改革试点工作的决定》正式启动我国监察体制改革。该决定对相关地域的法律适用作出了特殊规定，全力推进试点地区的监察体制改革工作。同时强调了改革的重要意义，明确了监察机关在各个国家机关当中的法律地位，划清了相关单位的职能界限，创造了立法、司法、监察、政府管理的相互统一的法治布局。2017年6月，第十二届全国人大常委会第二十八次会议对中华人民共和国监察法的《中华人民共和国监察法（草案）》进行了审议。2017年6月15日，习近平总书记主持召开中央政治局常委会会议，审议全国人大常委会党组关于监察法草案几个主要问题的请示。

（二）全面推广阶段

在监察体制改革试点地区取得重要成果之后，我国的监察体制改革正式走上了全面改革的道路，标志着我国在新时期正式从“一府两院”的体制改革成“一府两院一委”的崭新的体制。

2018年，全国范围内各级监察委员会陆续成立。2018年2月8日，习近平总书记再次主持召开中央政治局常委会会议，听取了全国人大常委会党组的汇报，原则同意《关于〈监察法（草案）〉有关问题的请示》并作出重要指示。2018年3月11日，第十三届全国人民代表大会第一次会议表决通过的《中华人民共和国宪法修正案》，在《宪法》中增加了监察委员会一节，赋予监察机关宪法地位。2018年3月20日表决通过了《中华人民共和国监察法》（以下简称《监察法》），详细规定了监察机关及其职责、监察管辖范围、权限、程序以及反腐败国际合作问题和对监察机关与监察人员的监督问题。与草案相比较，《监察法》删除了有关检察机关移送的案件，检察机关依法作出不起诉决定前“应当征求监察机关意见”等表述，使得监察机关的权力设置更加科学，权力更加受约束。

二、监察体制改革的背景

（一）监察体制改革之现实需要

改革开放之后，我国经济飞速发展使得我国逐渐步入小康社会。但正如其他国家地区的实践经验一样，官员腐败问题日趋严重。从一些被揭露的反腐败案例来看，官员的犯罪方式和贪污贿赂涉案金额都是触目惊心的：某官员严重违反中央“八项规定”精神，工作期间擅自离岗，参与赌博活动；某官员严重违反相关规定，利用职务上的便利为他人牟取利益并收受财物……如此新闻案例因其数量大，发生之频繁而为百姓所闻，甚至见怪不怪。

纵观历史，我国古代在反腐败建设方面有许多值得借鉴学习的地方。腐败问题从古至今一直存在，我国古代产生监察、御史、弹劾等制度便是因掌权者意识到反腐败问题的日益严重。古人云：“择其善者而从之，其不善者而改之。”所以我们应该吸取古人的经验智慧，在问题滋生之时寻求变革之道。

因此，当今社会，如何“将权力关进笼子里”成为时代的热点，如何治理反腐败问题也是党和国家所面临的主要难题之一。习近平总书记在《关于〈中共中央关于全面深化改革若干重大问题的决定〉的说明》中指出：“反腐败问题一直是党内外议论较多的问题。目前的问题主要是，反腐败机构职能分散、形不成合力，有些案件难以坚决查办，腐败案件频发却责任追究不够。”[①] 党的十八大以后，党中央提出的四个战略布局就包括“依法治国”战略布局，而反腐败建设就是迈出依法治国的第一步。

（二）原监察体制及其局限性

绝对的权力必然导致腐败，因此权力必须受到监督，长期以来，我国形成的监督体系以人大监督为核心，纪委监察为领导，政府行政监察机关行政监察为补充，检察院监察为保障的“三驾马车”监察模式[②]：三轨并行，分工合作，相互配合，相互制约。

纪委监察，是指中共中央纪律监察委员会对党内腐败分子依党内规章制度行使监察权的监察方式。纪委是中国共产党的纪律监察机关，服从中共中央委员会的领导。纪委监察在过去的监察体系中占主导地位，是党内行使监察权的主要手段。纪委办案过程中主要依据《中国共产

---

① 中共中央文献研究室．十八大以来重要文献选编（上）［M］．北京：中央文献出版社，2014：505.

② 秦前红．困境、改革与出路：从“三驾马车”到国家监察——我国监察体系的宪制思考［J］．中国法律评论，2017（01）：176-182.

党纪律处分条例》《中国共产党章程》《中华人民共和国刑法》等法律法规以及党内处分条例或规章制度。《纪律处分条例》主要由指导思想、原则、适用范围、党员的作风规定、违纪与处分制度等部分组成，是党内维持党风党纪的一把利剑。纪委的监察对象为党组织和党员，若党员出现违反党纪的行为，则纪委可以依党员违纪的严重程度作出警告、严重警告、撤销党内职务、留党察看和开除党籍的处分决定；若党组织出现违纪的行为，则纪委可以依照其违纪的严重程度作出改组、解散党组织的决定。如中纪委在2014年这一年大干一场：忙着“打虎”“拍蝇”，忙着狠纠“四风”，忙着改革体制。① 上至周永康，下至各地小官，纪委监察体系的这把枪严厉地打击着党内的腐败分子。

行政监察，是指国家行政机构内部依法律规定的职权对国家行政机关及其公务员行使行政权力的行为进行的监视和督察。1997年5月9日第八届全国人民代表大会常务委员会第二十五次会议修订通过的《中华人民共和国行政监察法》（以下简称《行政监察法》）②，规定了行政监察的机关、监察人员、职责、权限、程序、法律责任等相关问题。国务院监察机关主管全国的监察工作，县级以上地方各级人民政府监察机关负责本行政区域内的监察工作，对本级人民政府和上一级监察机关负责并报告工作，监察业务以上级监察机关领导为主。行政监察的监察对象主要是各级政府部门及其公务员、各级政府以及各级政府部门任命的其他人员、下一级人民政府及其领导人员。《行政监察法》第十八条规定：“监察机关对监察对象执法、廉政、效能情况进行监察，履行下列职责：（一）检查国家行政机关在遵守和执行法律、法规和人民政府的决定、命令中的问题；（二）受理对国家行政机关及其公务员和国家行政机关任命的其他人员违反行政纪律行为的控告、检举；（三）调查处理国家行政机关及其公务员和国家行政机关任命的其他人员违反

---

① 纪律检查委员会，百度百科，https：//baike. baidu. com/item/纪律检查委员会/1299041？fr=aladdin.

② 2010年6月25日第十一届全国人民代表大会常务委员会第十五次会议通过《全国人民代表大会常务委员会关于修改〈中华人民共和国行政监察法〉的决定》，自2010年10月1日起施行。2018年3月20日，第十三届全国人大一次会议表决通过了《中华人民共和国监察法》，国家主席习近平签署第3号主席令予以公布，监察法自公布之日起施行。《中华人民共和国行政监察法》同时废止。

行政纪律的行为；（四）受理国家行政机关公务员和国家行政机关任命的其他人员不服主管行政机关给予处分决定的申诉，以及法律、行政法规规定的其他由监察机关受理的申诉；（五）法律、行政法规规定由监察机关履行的其他职责。”该法第十八条第二款还补充说明了监察机关按照国务院的规定，组织协调、检查指导政务公开工作和纠正损害群众利益的不正之风工作。行政监察机关对于监察对象的手段包括查询、复制有关文件、要求监察作出解释说明、赞予扣留或封存有关文件资料、责令被调查人在指定时间和地点就有关监察事项作出解释和说明等。《行政监察法》的制定以及修改是我国努力进行反腐败工作的体现，使我国行政机关内部得以监督，腐败问题得以遏制。

检察院反贪、反渎部门的监察，是指检察院内设机构反贪污贿赂局依法对国家机关工作人员的贪污、贿赂、挪用公款等职务犯罪进行的立案侦查。当案件涉及职务犯罪时，则应启动职务犯罪侦查。检察院监察职能主要来自《刑法》和修正前的《刑事诉讼法》。根据2018年修正之前的《刑事诉讼法》，检察院反贪部门可以对职务犯罪案件进行立案侦查，案件类型具体包括贪污、贿赂、渎职、侵权、国家公职人员利用职权实施的其他重大案件，除此之外，检察院还负责预防贪污腐败的工作。检察院可以对职务犯罪嫌疑人行使的侦查权包括询问犯罪嫌疑人和证人、现场勘查、查封扣押固定证据、司法鉴定、采用技术侦查手段。过去，检察院在国家机构中的地位较高，如检察院的某个部门去某国家机构办理或交接案子，该国家机构的领导都会十分谨慎，积极配合。如果他们没有积极配合，那么检察院反贪、反渎部门就可能会组织调查。在过去的几年里，检察机关反贪部门联手纪委一起办理了诸多案件，成为2012年至2018年我国法治化建设中的关键反腐力量。

诚然，在改革之前，我国反腐败领导体制和工作机制整体上是符合反腐倡廉要求的，也为党风廉政建设和反腐败斗争提供了重要的组织制度保障，但也存在不少问题。[①] 有学者指出，就国家法治监督体系而言，虽然政府内部有行政监察和审计，政府外部有人大监督、司法监督、舆论监督等监督形式，检察院还有专门的反贪污、反渎职、预防职

---

① 彭新林．国家监察体制改革：历史借鉴与现实动因［J］．法学杂志，2019（01）．

务犯罪等力量，但这些反腐败资源力量过于分散，很难发挥作用。[1]

具体而言，在过去的纪委办案中，首先，涉案人员的反侦查能力较强，而纪委办案人员又非专业侦查人员，在调查取证过程中经常会遇到难题，“零口供问题”日渐突出，导致案件进展缓慢，反腐败工作效率不高。由此甚至还会导致办案人员不规范和不文明办案，在往年的案件中出现不少纪委办案随意性过大的问题，引起群众的不满，影响党和政府的形象，不利于取得民众支持。而且，纪委办案的权力没有明显的制约机制，“双规”等强制措施的合法性遭到社会以及学界的质疑。其次，纪委办案时怕得罪人，不敢办案，害怕以后遭到打击报复，甚至殃及家人的心理现象常有发生。再次，在基层纪检干部的测评和民主评议的考核体系中，没有通过衡量办案政绩来考核评价，导致有些纪委干部只想做“老好人”，不愿当“黑包公”。最后，就纪委的自我监督机制而言，纪检监察由同级纪委监督同级党委，会大大降低监察力度，容易形成内部团体。如此众多原因皆说明单靠纪委办案，或者说过去的纪委办案模式还需要很大的提升。

在行政监察体系中，同样存在缺乏监督等诸多问题。第一，行政监察权易受行政权干扰。《行政监察法》规定，行政监察机关依法独立行使监察职权，其他行政机关、团体、个人不得干涉和影响。但是从我国的实践经验来看，这一规定无法真正落实。实践中，行政监察机关受到上级机关和同级政府的双重领导，在财政和人事上无法做到真正“独立”，因此行政机关人事关系中不乏出现行政裙带关系衍生行政监察腐败的现象。第二，行政监察范围受限。行政监察的对象在上面已详述，行政监察对象中的“公务员”概念与《中华人民共和国公务员法》（以下简称《公务员法》）中的“公务员”不完全相同，前者的外延并不包括人大及其常委、法院、检察院等司法机关、民主党派机构中的公务员，而在实践中，这些机构的公务员中不乏存在权力大者，所以腐败滋生同样非常容易，但是他们却在行政监察范围之外。除上述《行政监察法》规定之外，《公务员法》规定之内的这一部分公务员，社会中还有科教文卫组织中的管理人员、国企中的高管、社会团体等单位中的工

① 马怀德．国家监察体制改革的重要意义和主要任务［J］．国家行政学院学报，2016（06）：15-21，125.

作人员，他们都在行政监察范围之外，这显然说明了过去行政监察体制中在监察对象方面存在缺陷。第三，同体内部监督缺乏监督效力。同体监督指的是行政监察体系内部监督，同体监督不仅可以是内部上级监督下级或者同级别机关之间的相互监督，也可以表现为下级监督上级，行政监察体系内部监督就属于同级别之间下级监督上级的模式。《行政监察法》第七条规定："国务院监察机关主管全国的监察工作。县级以上地方各级人民政府监察机关负责本行政区域内的监察工作，对本级人民政府和上一级监察机关负责并报告工作，监察业务以上级监察机关领导为主。""同体监督问题之症结，在于决策权、执行权、监督权合为一体，这是行政监察制度的最大缺陷。唯有权利分解才能实现制衡，唯有权力制衡才能实现有效监督和制约。"① 显然，行政监察体系中的同体监督模式难以确保监督力度。

在检察院监察体系中，主要的问题仍可以归结为同体监督产生腐败：检察机关集侦查、起诉、法律监督等多项职能。我国《宪法》规定，人民检察院是法律监督机关，而法律监督机关由谁来监督呢？在实践中，如果检察院内部出现职务犯罪问题，那么检察院启动自侦案件侦查程序时很容易受制于上级，由此容易造成检察院监察模式下司法公信力缺失。此外，由于职务犯罪案件多涉及"高智商犯罪"，容易导致取证困难，又因为检察机关除办理自侦案件以外还要负责公诉、批捕、公益诉讼、未成年人检察工作，工作繁杂导致缺乏办案人员和资源，影响检察院的办案效率。由此可见，检察院的反腐败检察体系在廉政建设活动中也容易受到限制。

在原有的监察体系中，将反腐败监察的权力分散到三个部门还会造成诸多不便。首先，纪委监察体系中的违纪和行政监察体系中的违法的标准不尽相同，纪委办案的标准乃是违纪，而行政监察体系中的违法标准是违反《行政监察法》，检察院反贪局立案的标准是触犯《刑法》，有构成职务犯罪的可能性，三者的标准不同容易导致在实践中产生三个机关衔接不到位，难以达成一致建议，甚至出现意见分歧，而三个机关的权力大小又难分上下，由此出现办案效率低下甚至办案受阻的情形。

① 秦前红．困境、改革与出路：从"三驾马车"到国家监察——我国监察体系的宪制思考［J］．中国法律评论，2017（01）：176-182.

其次，监察权分散到纪检、行政机关、检察院之后职能分配衔接相对烦琐，且易造成资源浪费问题。将纪检监察一个职能分配到三个机关虽然有利于权力的制衡，但是容易导致办案效率低下，惩治效果差，所需要的人才增多导致财政压力，不利于推进反腐败工作，降低了法治化道路进程的效率。

（三）监察体制改革的意义

习近平总书记在十八届中央纪委六次全会上强调："要健全国家监察组织架构，形成全面覆盖国家机关及其公务员的国家监察体系。"强化党内反腐败机制的统一领导，建立专门的反腐机构，确保国内监察机制延伸到每一个腐败主题，使我国的法治化建设进程更加规范化、全面化成为我们改革的方向与目标。

监察体制改革有利于全面推进依法治国战略举措。党中央在十八大以后提出的"四个全面"战略布局中，全面依法治国是重要战略举措。全面依法治国的目标即建设中国特色的法治体系，形成完备的法律规范体系和党内监督制度体系。习近平总书记在十九届中央纪委三次全会上发表重要讲话时强调："要以新时代中国特色社会主义思想为指导，增强'四个意识'、坚定'四个自信'、做到'两个维护'，以党的政治建设为统领全面推进党的建设，取得全面从严治党更大战略性成果，巩固发展反腐败斗争压倒性胜利，一体推进"不敢腐、不能腐、不想腐"，健全党和国家监督体系，确保党的十九大精神和党中央重大决策部署坚决贯彻落实到位。"因此，国家监察体制改革是推进我国依法治国重要战略举措的中坚力量，是我国走向法治化的现实需要。成立国家监察委员会有利于推进我国法治建设走向体系化、现代化。

监察体制改革有利于排除纪委办案合宪性的嫌疑。纪检监察体系中的"双规"是纪委监察机关在调查过程中采取的一种特殊手段，意为"要求有关人员在规定的时间、地点就案件所涉及的问题作出说明"，是一种通过限制人身自由来隔离审查的机制，主要目的是防止调查对象拖延时间或者采用各种方式逃避调查，从而保证监察调查活动的正常进行。但是这种方式却经常遭到学界的质疑：首先，我国《宪法》第三十七条规定："中华人民共和国公民的人身自由不受侵犯。任何公民，非经人民检察院批准或者决定或者人民法院决定，并由公安机关执行，不受逮捕。禁止非法拘禁和以其他方法非法剥夺或者限制公民的人身自由，禁止非法搜查公民的身体。”其次，在纪委调查时仍没有启动司法程序，调查程序运行在司法程序之外，不符合我国《刑事诉讼法》的规定，挑战了我国的司法制度，甚至有挑战《宪法》权威之嫌。最后，在进入刑事诉讼程序之后很难再从调查对象中取得较有价值的证据，而前期取得的证据又会因其采用特殊手段而纳入非法证据予以排除，给最终的审判活动带来困难。随着监察体制改革的进行，我国在 2018 年 3 月 11 日，第十三届全国人民代表大会第一次会议通过《中华人民共和国宪法修正案》，确立了监察委员会是我国的监察机关，在《宪法》上赋予了监察调查的权力。在程序方面，《全国人民代表大会常务委员会关于修改〈中华人民共和国刑事诉讼法〉的决定》已由中华人民共和国第十三届全国人民代表大会常务委员会第六次会议于 2018 年 10 月 26 日通过。新修改的《宪法》和《刑事诉讼法》与《监察法》衔接，将监察权权力进行整合，符合监察模式改革成为专门化、体系化的要求。因此，监察体制改革彻底解决了学界关于原监察模式的合宪性、合法性问题。

监察体制改革有利于解决监察体系“同体监督”之缺陷及监察范围过窄的问题。在过去的国家机关结构中，没有专门化的监察机关，因此建立专门化的监察机关，有利于解决行政监察机关和检察机关内部的同体监督之缺陷，以及监督范围过窄的问题。首先，监察机关专门行使监督权，不同于过去的检察机关，既有法律监督职能，又有反贪职能，容易造成权力滥用，监察体制改革有效解决了这个问题。其次，过去的检察机关仅行使职务犯罪案件侦查权，行政监察机关行使行政监察权，容易造成反腐败权力分散，单个机关监察范围过窄，监察委员会有效地将权力集中起来。因此监察体系改革改变了过去监察体系“同体监督”之缺陷及监察范围过窄的问题。换言之，监察体制改革有利于制约检察院权力过度集中的问题，同时也有利于建立专门化的反腐败监察体系。

三、监察体制改革的现状

（一）全面成立国家监察委员会

1. 全面成立国家监察委员会，是党和国家重要的战略部署

2018 年 3 月 11 日，十三届全国人大一次会议第三次全体会议表决通过《中华人民共和国宪法修正案》（以下简称《宪法修正案》），专

门增写监察委员会一节，确立了监察委员会作为国家机构的宪法地位；3 月 18 日，十三届全国人大一次会议第六次全体会议选举产生国家监察委员会主任；3 月 21 日，十三届全国人大常委会第一次会议分别经表决，任命国家监察委员会副主任和委员；3 月 23 日，中华人民共和国国家监察委员会在北京揭牌，举行新任国家监察委员会副主任、委员宪法宣誓仪式。至此，国家、省、市、县四级监察委员会全部组建产生，标志着我国监察委员会的全面成立，深化监察体制改革进入新阶段。①

2. 我国监察委员会的组建不是一蹴而就的

党的十八大以来，以习近平同志为核心的党中央坚定不移地全面从严治党，作出深化国家监察体制改革的重大决策部署。作为深化监察体制改革的设计师，习近平总书记高度重视健全国家监察组织架构，强调要形成全面覆盖国家机关及其公务员的国家监察体系。2016 年 6 月至 10 月，习近平总书记先后 6 次主持召开中央全面深化改革领导小组会议、中央政治局常委会会议和中央政治局会议，对推进国家监察体制改革作出部署和指示，为深化国家监察体制改革指明了方向。2016 年 11 月 7 日，中共中央办公厅印发《关于在北京市、山西省、浙江省开展国家监察体制改革试点方案》，部署在三省市设立各级监察委员会，为在全国推广监察体制改革积累经验。根据这一方案，第十二届全国人民代表大会常务委员会第二十五次会议决定：在北京市、山西省、浙江省开展国家监察体制改革试点工作。三省市的先行成果，形成了许多可以借鉴的经验，为国家监察委员会体制在全国建立奠定了坚实的基础。之后不久，中共中央印发《关于在全国各地推开国家监察体制改革试点方案》，部署在全国范围内深化国家监察体制改革的探索实践，完成省、市、县三级监察委员会组建工作，使改革与地方人大换届工作紧密衔接。十二届全国人大常委会第三十次会议通过在全国各地推开国家监察体制改革试点工作的决定。截至 2018 年 2 月 25 日，随着广西大新县监察委员会挂牌成立，全国 31 个省、自治区、直辖市和新疆生产建设兵团各级监察委员会全部组建完成。

---

① 姜洁，朱基钗．健全党和国家监督体系的创制之举——国家监察委员会产生纪实[N]．人民日报，2018-03-25.

3. 国家监察委员会的设立，核心内涵是构建出一个整合现有反腐败资源的高度独立的国家监察机构

根据党的十九届三中全会关于深化党和国家机构改革的决策部署，监察部等机构的反腐败相关职责整合进新成立的国家监察委员会，国家监察委员会同纪律监察委员会合署办公，实行一套工作机制，两个机关名称，履行纪检、监察两项职能，对党中央或者地方常委全面负责。①

总而言之，全面成立国家监察委员会，是党和国家为了应对权力监督的长期挑战，从而探索出的实现自我净化的有效路径，也是深化监察体制改革的重要举措，有利于推进监察全覆盖，构建集中统一、权威高效的监察体系，增强反腐工作的成效。

（二）《宪法修正案》

2018 年 3 月 11 日，第十三届全国人民代表大会第一次会议通过《宪法修正案》，其中第五十二条规定，《宪法》第三章“国家机构”增写第七节“监察委员会”，规定了国家监察委员会和地方各级监察委员会的性质、地位、名称、人员组成、任期任届、领导体制、工作机制。② 除本条外，《宪法修正案》中涉及监察委员会的条款还有第三十七条、第四十一条、第四十二条、第四十三条、第四十四条第一款、第四十六条、第四十八条、第四十九条、第五十条、第五十一条共十条规定，内容主要涵盖国家权力机关同监察机关的领导与被领导、监督与被监督关系。

《宪法修正案》以诸多条款为监察委员会的设立作出了具体明确的制度设计，将国家权力进行了调整，形成了“一府一委两院”的格局。本次《宪法修正案》确立了“中华人民共和国各级监察委员会是国家的监察机关”这一组织性质，明确了“中华人民共和国国家监察委员会是最高监察机关”，同时根据第三十七条的规定，国家监察委员会是与国家行政机关、审判机关和检察机关平行并列，并受本级人大及常委会监督负责的国家机关，是同时对上一级检察机关负责并受其监督的国家机关。③ 正如前文所说，“三驾马车”的监察模式虽然在一定程度上

① 梅丽红．国家监察体制改革的进程及意义［J］．党政论坛，2019（01）：4-6.

② 魏琼．我国监察机关的法理解读［J］．山东社会科学，2018（07）：16.

③ 姜明安．国家监察法立法的几个重要问题［J］．中国法律评论，2017（2）：18.

满足了党和国家反腐倡廉的需要，但是仍然存在权力过于分散、权属不够明确等问题，而此次《宪法修正案》的调整在某种意义上就是在整合党的纪委、行政监察以及检察机关的反贪污贿赂、失职渎职行为的监督权力，从立法层面形成一种合力，以根本大法的形式确立了监察委员会的全面监督权。

同时，深化监察体制改革并不意味着赋予监察委员会无限的监察权。现行《宪法》第一百二十七条第一款规定，监察委员会依照法律规定独立行使监察权，不受行政机关、社会团体和个人的干涉，这是监察权的独立性之宪法基础，这种独立性与人民法院行使审判权，人民检察院行使检察权一样，不是监察人员个人行使的独立性，而是监察机关整体要具有独立地位。同时，本条第二款也规定，监察机关办理职务违法和职务犯罪案件，应当与审判机关、检察机关、执法部门互相配合，互相制约，也就是说，监察委员会除了接受党的领导，对人民代表大会负责，同样也受到了其他的平行制约，据此构筑了“将权力关进《宪法》的笼子里”的制度设计。另外，监察权同样受制于《宪法》中关于国家尊重和保障人权的原则的规范，基于人权保障的价值目标和规范要求，《宪法》和相关的人权规约，对监察权的运行构成了根本性限制。①

（三）国家监察法

2018 年 3 月 20 日，第十三届全国人大一次会议表决通过了《监察法》。它是中华人民共和国成立以来第一步系统的反腐败国家立法，确立了我国监察权配置和监察委员会组织架构的法律依据，初步构建了中国监察制度的完整框架。

从内容上来看，《监察法》一共分为九章，分别是总则、监察机关及其职责、监察范围和管辖、监察权限、监察程序、反腐败国际合作、对监察机关和监察人员的监督、法律责任以及附则。相比《宪法修正案》中的规定，《监察法》则详细规定了监察法的立法目的、指导思想、监察机构、监察范围、监察权限和监察程序等，② 本质上则是围绕

① 汪江连．论检察机关依法独立行使监察权［J］．法治研究，2018（06）：3-12.

② 李斌雄，廖凯．中华人民共和国监察法的时代特色和实施路径探讨［J］．湖北社会科学，2019（01）：138-143.

“为了深化国家监察体制改革，加强对所有行使公权力的公职人员的监督，实现国家监察全面覆盖，深入开展反腐败工作，推进国家治理体系和治理能力现代化”这一核心立法目的展开。《监察法》对监察机关的监察权限作了较为明确的规定（见第四章第十八至三十四条）。例如，第十八条对监察机关收集、调取证据作了一般性的规定。在第三十四条中，以“移送监察机关”“一般应当由监察机关为主调查”等进一步明确了监察机关的权限范围以及与其他机关在办理职务违法和职务犯罪时的工作划分。基于监察权作为一种监督权力之权的特殊性，《监察法》第三十六条特别规定，监察机关应当严格按照程序开展工作，并在第五章详细规定了监察机关实施监察权的全面程序，这既是权力法定这一基本法治原则的体现，也是对监察委员会一定程度上的制约，符合我国监察体制改革的方略。值得说明的是，由于反腐败刑事法治的国际化趋势日益加强，《监察法》在第六章特别规定了反腐败的国际合作，体现了我国在加强国际合作，联合打击腐败方面的决心和监察体制的建立健全。

诚然，深化监察体制改革并不意味着出台一部《监察法》就能一劳永逸，同样还需要制定完善的相关配套的法律，如政务处分法、监察官法等。正如全国人大监察和司法委员会副主任委员徐显明在 2019 年 3 月 10 日人大二次会议记者会上提出的：“今年有两项重点工作要开展，按照常委会工作安排，第一项工作是要推进政务处分法、监察官法立法工作。这两个立法项目都已经列入十三届全国人大常委会的立法规划。”同时，人大常委会还将针对监察法实施情况开展专题调研，围绕贯彻落实习近平总书记在十九届中央纪委三次会议上的重要讲话精神，“重点调研《监察法》实施过程中的新情况、新问题，推动执纪与执法相贯通，有效衔接司法”，为进一步深化监察体制改革做准备。

总之，制定《监察法》是弥补现行检察制度不足的必然要求，是实现反腐制度化、法治化的客观需要，也是全面推进依法治国，实现国家治理体系和治理能力现代化的重要举措。① 深化监察体制改革，一个重要的表现正是立法层面以《监察法》为核心的法律体系化。

① 马怀德．国家监察法的立法思路与立法重点［J］．环球法律评论，2017，39（02），5-16.

（四）《刑事诉讼法》（修正草案）

2018年10月26日，第十三届全国人民代表大会常务委员会第六次会议通过了《全国人民代表大会常务委员会关于修改〈中华人民共和国刑事诉讼法〉的决定》，修正后的《刑事诉讼法》中涉及监察机关的有第十九条、第三十九条、第一百零六条、第一百七十条、第一百七十二条。

通过比较修正草案与修正前的《刑事诉讼法》的内容，我们可以发现，为了落实监察体制改革，做好与《监察法》的衔接，《刑事诉讼法》（修正草案）调整了检察院的职权，同时还对监察机关与监察机关的工作衔接作了详细的规定。

第一，将应由监察机关实施的职权划归监察机关。《刑事诉讼法》（修正草案）第十九条删去了关于人民检察院对贪污贿赂犯罪、国家工作人员的渎职犯罪行使侦查权的规定，只保留了对司法工作人员利用职权实施的非法拘禁、刑讯逼供、非法搜查等侵犯公民权利、损害司法公正的犯罪的侦查权。同时，本条还对国家机关工作人员利用职权实施的重大犯罪案件限制为"对于公安机关管辖的""需要由人民检察院直接受理的"，经省级以上人民检察院决定，可以由人民检察院立案侦查。另外，《刑事诉讼法》（2018修正）在第三十九条中关于辩护律师会见在押的或被监视居住的嫌疑人的规定中，删去了原《刑事诉讼法》中关于贪污贿赂犯罪的内容。在关于"侦查"这一术语的解释时，《刑事诉讼法》（修正草案）将"办理案件"的表述修改为"对于刑事案件"，将"专门调查工作和有关的强制性措施"修改为"收集证据、查明案情的工作和有关的强制性措施"，完善了关于"侦查"的定义，从而明确了检察机关的侦查权职能。

第二，《刑事诉讼法》（修正草案）完善了检察机关同检察机关工作的衔接，对人民检察院审查起诉监察机关移送的案件、留置措施与刑事强制措施衔接的机制作出了具体规定。根据《刑事诉讼法》（2018修正）新增的第一百七十条，"人民检察院对于监察机关移送起诉的案件，依照本法和监察法的有关规定进行审查。人民检察院经审查，认为需要补充核实的，应当退回监察机关补充调查，必要时可以自行补充侦查。"及其第二款"对于监察机关移送起诉的已采取留置措施的案件，人民检察院应当对犯罪嫌疑人先行拘留，留置措施自动解除。人民检察院应当在拘留后的十日以内作出是否逮捕、取保候审或者监视居住的决定。在特殊情况下，决定的时间可以延长一日至四日。人民检察院决定采取强制措施的期间不计入审查起诉期限。”第一百七十二条则是对第一百七十条的时效补充规定：“人民检察院对于监察机关、公安机关移送起诉的案件，应当在一个月以内作出决定，重大、复杂的案件，可以延长十五日；犯罪嫌疑人认罪认罚，符合速裁程序适用条件的，应当在十日以内作出决定，对可能判处的有期徒刑超过一年的，可以延长至十五日。”

总而言之，刑事诉讼法与监察法的相关规定在一定程度上保持了协调，起到了相互补充的作用，为我国监察体制改革奠定了良好的法律基础，为实践中监察机关和检察机关的相互合作与制约起到了指导作用。

第二章　中国监察体制发展的历史渊源

一、中国古代的腐败现象

（一）腐败的定义

腐败这个词语在汉语中的原义是指“物体腐烂”，古语“食无腐败”①，说的就是“食品没有腐烂”。后来随着社会发展，逐步包含了政府治理国家、政府官员在行使职权时，在政治、经济、道德、作风等各方面的败坏之意。腐败是公权力的非公共运用，其产生的根源是公权力的存在。

（二）古代腐败现象

中国古代是高度集权的封建社会，强大的军队和集权的行政官僚机构为其权力的运行提供了保障，也滋生了腐败现象。行政官僚机构是保障古代国家平稳运行的重要支撑，官吏腐败的滋生往往会严重威胁社会秩序的稳定，削弱君权。所以，维护君主专制的统治就需要治官，为了治官所以需要察官，中国古代的监察体制就随着不同时代的历史背景而不断变化着，其不同发展阶段也体现了相应的时代特点，反映了一定的社会现象。

中国古代官吏腐败的类型大致可分为：经济腐败、政治腐败、生活腐败等，这在很多古籍中都有所记载。

1. 古代的经济腐败

当前，中国的腐败问题多存在于经济上，在古代也同样如此。权力本是用于合理调剂社会资源的，但贪得无厌的中国古代官员难以把持自己对金钱的向往。利欲熏心的大贪官和珅可谓富可敌国，在其锒铛入狱后从他家搜查出来的珠宝、古玩、黄金、白银的估值，超过了清政府当

---

① 《韩诗外传·卷八》：“民无冻馁，食无腐败。”

时 15 年财政收入的总和。从表现形式上来看，经济腐败多表现为贪污、贿赂、厚敛勒索等。

(1) 贪污。贪污犯罪在现代法律中的定义为：国家工作人员利用职务之便，侵吞、窃取、骗取或者以其他手段非法占有公共财物的行为，归为“腐败”一类。古代的官吏，由于制度不够完善，缺少相应的监督，贿赂行为时有发生。只不过，在当时还没有明确的用到“贪污”一词来形容官吏的腐败行为，通常使用“盗”来表述。“监守自盗”就是古代官吏贪污行为的一个例证，东汉时期的《汉书·刑法志》载“守县官财物而即盗之。已论命复有笞罪者，皆弃市。”颜师古注：“即今律所谓主守自盗者也。”其中的“即盗之”“主守自盗”均为贪污、窃取之意。

(2) 贿赂。它包括行贿行为和受贿行为，在现代法律中通常定义为：就公务员的职务、事项，提供、介绍或者索取、收受贿赂的行为。由于古代官吏在一定意义上拥有相应的职权，或为了牟取利益，或为了政治上的交易，贿赂行为时有发生，甚至是国与国之间。《左传·襄公十年》载：“政以贿成，而刑放于宠。”现在人们常用“政以贿成”来表示官场的灰暗，不给贿赂就很难办成事情。

(3) 厚敛勒索。在古代，贪官不仅会有贪污（上盗国库）、贿赂（职权交易），还常常为了中饱私囊，在国家应收的赋税之外耍一些小手段，滥用职权搜刮民脂民膏。古代的税收往往以实物的方式收缴，如征收绸缎、谷物、铜钱等，“折色火耗”就产生于在交赋税过程中厚敛勒索的问题。负责收税的地方官员往往会以银两、铜钱在锻造的过程中出现损耗为由，征收一定的“火耗”，这些税收之外多余的银两就称为“火耗”，这种手段一直沿用了很多年。

2. 古代的政治腐败

中国古代属于君主专制制度，封建官僚往往把握着极大的权力，成为其支配社会的资本。在封建专制的制度下，古代的政治腐败比当今更为严重，往往体现在不理政务、枉法不公、结党营私、嫉贤妒能四个方面，现对前三个方面作简要说明。

(1) 不理政务。它在当代往往被视为渎职行为，属于职务犯罪行为。官吏作为古代国家机器的实际运行者，代为行使国家权力。其在享有相应福利的同时，也肩负着维系社会稳定的政务责任。然而，由于中国古代官吏制度不够完善，官吏所享受的权利往往远超过其所需履行的义务，而上层监督又往往缺失，不理政务的行为成为古代政治腐败的重要组成部分。如《后汉书·孝灵帝纪》中曾记载了汉灵帝："灵帝负乘，委体宦孽。征亡备兆，《小雅》尽缺。麋鹿霜露，遂栖宫卫。"意为汉灵帝不理政务，在宫中开起了街市，让宫女妃子分别扮演卖货的和买货的，自己则扮演商人，在宫中走来走去，这些充当货物的物品都是从老百姓手中搜刮来的，而最终都被宫女妃子们偷去。

（2）枉法不公。枉法在现代汉语中的解释是以私意曲解法律，常指执法的人曲解和破坏法律。贪官污吏与徇私枉法这两个词似乎有着千丝万缕的联系。事实上，官吏在收受贿赂后，必将面临权力的过度，面临秩序被践踏，制度被破坏。清末启蒙思想家郑观应在《盛世危言·廉俸》曾提到："若复有罔上营私受贿枉法者，按法重绳之。"这里的"受贿枉法"指的是官吏因收受贿赂而曲解和破坏法律。

（3）结党营私。它在现代汉语中的解释是坏人集结在一起，谋求私利，专干坏事。事实上，在古代这种现象非常普遍，而且越是战火纷飞的年代，朋党比奸的情况就越为突出。朱熹在《新唐书·萧至忠传》里曾写道："时楚客（宗楚客）怀奸植党。"其中"怀奸植党"就是树立派别、牟取私利的意思。在战国时期，由于诸侯割据，官吏们植党营私十分猖獗，秦昭王的弟弟穰侯"权重于昭王，家富于嬴国"①，严重威胁了皇权。

3. 古代的生活腐败

古代虽然物质条件远没有现在丰富，但是随着封建君主专制制度的不断发展，官吏的经济腐败和政治腐败为其生活腐败积攒了大量的物质基础。尤其商品经济高度繁荣的时期，富商大贾与官吏沆瀣一气，生活奢侈腐化程度之高，与平民百姓的穷苦生活产生了强烈的对比，正如杜甫在《自京赴奉先县咏怀五百字》中所述："朱门酒肉臭，路有冻死骨。"唐代诗人杜牧也曾在其诗作中描述了唐玄宗不惜劳民伤财运送荔枝，只为"红尘妃子笑"。而传说中被称为"天下第一宫"的阿房宫，"五步一楼，十步一阁"，即使在今天也是一个浩大的工程，可惜的是被"楚人"付之一炬。

---

① 《考证》引柯维骐曰："昭王年少，太后摄政，故穰侯权重于昭王，家富于嬴国"。

古代生活腐败体现在荒淫无度和礼崩乐坏两个方面。“礼崩乐坏”描述的就是春秋战国时期的社会现象，其中“礼”指的是周礼。[①] 由于“周礼”被废弃，新的社会制度尚未确立，这一时期的官员则有了较为宽松的社会环境，大家很难用统一的“礼法”来进行约束，封建等级制度的破坏一定程度上放纵了生活腐败现象的泛滥。

4. 结语

古代的官吏腐败对国家的影响是巨大的，不仅破坏了较为稳定的社会秩序，削弱了君权，加重了底层人民的负担，同时更激化了阶级矛盾，甚至导致亡国的现象。

二、中国古代反腐败的历史回顾

（一）战国反腐制度

战国时期的法学家管仲对“以法治吏”很有想法。他提出了“治国有三本，而安国有四固，而富国有五事”[②]，其中的“三本”就指的是德不当其位、功不当其禄、能不当其官，是“治乱之源”。

1. 完善官吏制度

（1）进行官制改革，选拔“贤官”。选官、察官是古代维系封建统治的重要方式，历代选官、察官的方式与标准的变化也体现了封建统治者不同的需求。从原始社会后期开始，“选贤举能”的禅让制选官制度逐渐发生了变化，夏商周时期世袭制开始占领主要地位。而在战国时期，弱肉强食的年代，秦朝商鞅大力倡导变法促使秦国变得强大逐渐占据了统治地位，其中一项重要的举措就是官制改革。在商鞅的大力倡导下，秦朝废除了世卿世禄制度，在当时战火连天的背景下，设置了奖励军功的“二十等爵”制度。根据不同官员的能力和贡献，以等级划分的形式来设置官阶，“量能授官”[③] 成为当时的主流。

（2）加强官吏考核，进行经济制约。在建立了较为完善的选官制度之后，官吏的考核和官吏在战国时期同样是反腐工作的重心。秦简《效律》就是当时一部权责明确、赏罚分明的制约机制，其中对政府资

① 西周以宗法等级制度为核心的礼的思想，是中国古代社会正统统治思想的核心。

② 参见《管子·立政》。

③ 参见《荀子·君道》：“论德而定次，量能而授官。”

产、军备物资等各项内容都有详细的核验和度量的规定。在开头部分就将本部“法律”定义为制定都官和县核验物资财产的法律：“为都官及县效律：其有赢、不备，物直（值）之，以其贾（价）多者罪之，勿赢（纍）。”后面更是列举出不同的贪腐国家财产和物资的行为情形应受到怎样的处罚。

战国时期已经建立了一套以廉洁状况和奉职守法为标准的考核制度。秦国通常在年终进行“考课”，对考核中表现优异的进行奖赏，较为落后的会受到相应的惩处，而齐国通常分为上等、中等、下等。在各项考核制度中，较为完善和流行的是“上计制度”，是指年终的时候将各地赋税状况写在木券上，上报国君的制度，相当于今天的会计报告，也是年终“考课”的重要依据之一。

2. 建立监察体系，促进内外合力

战国时期已经树立了一套有效的监察体系。一方面，御史监察制度的确立，使地方政府都处于中央皇权的监管之下，形成了有效的内部监督。另一方面，战国时期的法家倡导公开律例形成成文法，让群众处于“知法”的状态，社会舆论对官吏形成一个很好的外部监督。

（1）内部监督：设立御史大夫。御史大夫制度始设于秦朝，与丞相、太尉共称为“三公”，位于皇帝之下、百官之上，负责监察百官、代表皇帝接受百官奏事、掌管国家的图书典籍等。首先，御史大夫有权监管朝中大臣，即使是丞相做了违法不公的行为也可以予以纠正甚至罢免。其次，御史大夫有权监管地方官吏，战国时期就有派御史监察地方官吏的记载。这些初具雏形的地方监察制度，对当今我国监察体制改革也有一定的借鉴意义。

（2）外部监督：“民知法”。战国时期的法家倡导公布法律让民众加以知晓，这一做法有利于群众通过舆论加强对官吏的监督，对当时官吏的行为有一定的震慑性，使其违法违纪行为有所收敛。在当时，各国都有公布成文法的记载。如郑国“铸刑书于鼎”，著名的“商鞅变法”改革中也有涉及成文法的内容，如颁布实行魏国李悝的《法经》等。在《商君书·定分》中也明确提到了这样做的目的是“吏明知民知法令也，故吏不敢以非法遇民，民不敢犯法以干法官也”，最终达到“皆作而为善，皆务自治奉公”的目的。

3. 加强思想引领

当时，在各国先后走上推广“以法治腐”道路的同时，同样没有忽视道德教化的重要作用，大力倡导倡廉抑奢的社会风尚。

在倡廉方面，秦简《为吏之道》就明确了各级官员的道德规范和行为准则。比如，《为吏之道》中认为为官有“五善”，其中一善称为“精（清）廉毋谤”。同样，也提到为官有“五失”，包括“居官善取”“善言隋（惰）行”等行为。

在抑奢方面，秦朝的《传食律》也针对官阶的不同设置了相应的待遇规定。官阶在“不更以下到谋人”的，其待遇为“粺米一斗，酱半升，采（菜）羹，刍？各半石”。此外，对官员的随从、侍者的待遇也有所体现，譬如对于大夫、官大夫以上的官吏随从，“食？（粝）米半斗；仆，少半斗”。这些文字都说明，在战国时期官吏的待遇都是有明确规定的，超出规定的会受到相当严厉的法律制裁。

（二）汉朝反腐制度

正所谓“汉承秦制”①，汉朝延续了秦朝的传统制度并加以发展，形成了自上而下的巡视监察制度和自下而上的上计制度，为稳定社会、整顿吏治、维护皇权、加强中央集权产生了积极的作用，但不可否认的是，其中也出现了弄虚作假、皇帝独断、卖官鬻爵等弊端，为汉代的监察法治发展蒙上了阴影。

1. 强调“以法治吏”的价值

监察法制的发展在汉代表现得非常突出，具有后世监察立法的奠基地位。在这一时期，先后出现了我国第一部专门性监察法规《监御史九条》和第一部专门性地方监察法规《刺史六条》。

汉惠帝三年（前 192 年）颁布了《监御史九条》，监察对象包括“有讼者”“盗贼者”“伪铸钱者”“恣为奸诈论狱不直者”“擅兴徭役不平者”“吏不廉者”“吏以苛刻故劾无罪者”“敢为逾侈及弩十石以上者”“非所当服者”九类人群。监察范围囊括了司法、财政、行政、人事四大方面，总体较为全面。

有人戏称“今有‘八项规定’，古有《刺史六条》”。我国第一部专门性地方监察法规《刺史六条》，是在地方豪强势力有所抬头和地方

① 魏书曰：“有司奏：‘四时讲武於农隙。汉承秦制。’”

官吏的腐败状况日益严重，且已逐渐威胁到了中央集权和君主统治的背景下颁布的。通过“部刺史之职”，将地方豪强和官吏纳入监察对象，严防两方势力相勾结，构建风清气正的地方政治生态。

2. “吏治”与“治吏”：多元的监察体制

汉朝的董仲舒、王符等思想家提出：官吏是治国之要，察吏是治国之本。王符认为，国家的兴衰在于所用的人是贤能还是奸诈阴险，提出“以谦下士”，不按照出身高低、职位大小来判断一个官吏的价值，而要通过“恕”“平”“恭”“守”四个方面的考察，只有一个人在这四个方面相平衡才能够真正达到贤才的标准。而对于官吏的评价管理，不能主观臆断，而是“毁誉必参于效验”，要“各居其职，以责其效”。正是众多思想家关于察官与治官的思想阐述，构建了汉朝多元化的监察体制，各个监察系统相互独立又互相制衡。其中，较为著名的是汉朝的巡察制度和上计制度。

（1）自上而下：巡察制度。汉朝在地方推行郡国并行的行政管理制度，地方行政长官郡守拥有行政、司法、军事、财政等大权，皇帝为了加强对地方的监管，便由御史府（东汉以后称御史台）派遣监御史（后为刺史）在地方开展监察工作。在这一时期，地方巡视监察官员虽然官阶都较为卑微，但是其职权和薪水都较为丰厚，能够很好地开展监察工作，很多地方官员的形象都有赖于监察官的表述，因此能够对地方行政官员产生一定的威慑力，一定程度上维护了中央统治，达到了激浊扬清的效果。

（2）自下而上：上计制度。上计制度始于战国时期，汉承秦制，在汉朝进一步发展和完善，已经成为较为完备的制度，在汉朝时颁布了一部规范上计工作的法律《上计律》。在当时，上计分为两个层次，第一层是属县上计，“上计于所属郡国”。第二层是郡上计朝廷，朝廷通过郡县报上来的数据了解全国各地的发展状况，更重要的是通过上计的数据对官吏进行“考课”和监督，根据上计簿评分，来进行相应的赏罚。

3. 基层监察体制的布局

基层监察覆盖的问题即使在今天也是一个难题，然而在汉朝就已经考虑到了县一级监察覆盖的问题。郡守和县令通常都是由中央任命，相当于今天的“异地为官”，再由郡守及其派出人员对县令进行监察，而县令又负责对辖区内的其他下级官吏进行监察，这样层层分工，形成一个相对稳定的制衡制度。此外，在当时还有一些回避制度、三互制度、禁锢制度等来维护基层的政治生态。所谓“三互制度”指的就是，临县的人不能相互在临县为官。而禁锢制度则规定了商贾、赘婿或有前科（有过贪污和违法犯罪纪录）的人不能做官。

（三）*唐朝反腐制度*

唐代，是中国古代监察制度的定型阶段。[1]经济的繁荣发展，促进了上层监督的日益完备。唐初统治者就意识到了监察机关对于维护社会稳定、国家统一的重要性。唐睿宗更是提出了“彰善瘅恶，激浊扬清”这句流传了千百年的至理名言。

1. “以民为本”的政治理念

唐太宗从隋朝末年的农民起义中发出了“水能载舟，亦能覆舟”的感叹，遂逐渐树立了“以民为本”的政治理念。李世民在经济上实行均田制和租庸调制，使农民有可能安定生产，耕作有时，促进了经济的发展。重视农业，减轻农民赋税劳役。“戒奢从简”，节制自己的享受欲望；革除“民少吏多”的弊政，有利于减轻人民的负担。

贞观时期在李世民的治理下，社会夜不闭户，路不拾遗。公元630年（贞观四年），全国判处死刑的囚犯只有29人。公元632年（贞观六年），死刑犯增至290人。这一年的岁末，李世民准许他们回家办理后事，公元633年（贞观七年）秋天再回来就死（古时秋天行刑）。公元633年（贞观七年）9月，290个囚犯全部返回，无一逃亡。当时政治修明，官吏各司其职，人民安居乐业，不公平的现象较少，中国人心中没有多少怨气。丰衣足食的人不会为生存铤而走险，心气平和的人也不易走极端，因此犯罪的概率也就少之又少。

李世民在位期间使隋制更趋于完善，如中央朝廷方面延续了三省六部制，特设政事堂，以利合议问政，并收三省互相牵制之效；地方上沿袭了隋代的郡县两级制，分全国为十个监区（道）。此外，行府兵制，寓兵于农；均田制、租庸调制、科举制等皆有所发展。

---

① 张晋藩教授认为：“大一统的唐代建立以后，监察制度发展到了典型阶段。”（于2018年2月28日发表于《学习时报》第003版，《唐代：中国古代监察制度的定型阶段》）

2. “一台三院”的监察体制

在监察机构的设置上，设立御史台为最高监察部门，下设台院、殿院、察院，三院御史共同开展监察工作又有所分工，各有侧重。御史台作为当时的最高监察机关，具有举足轻重的地位，其最高领袖御史大夫位高三品，负责监察百官是否有欺君犯上、作奸犯科之事。当时的御史具有非常大的自主性和独立性，其在对官员进行弹劾过程中，任何人都不允许干涉。此外，在办案过程中，不需要对其上级长官进行汇报、沟通，这也是保持其极大独立性的重要原因之一。正是因为御史所拥有一定的权力和较强的独立性，御史官员的选拔和考核在当时也是比较严格的，一般来说，御史大夫都是由皇帝亲自任命，都是皇帝信得过的清正廉洁、秉公执法的官员。

台院是御史台的核心机构，有四名侍御史构成，他们的主要职责是监察百官、参与司法审判。每逢大案，台院与刑部、大理寺将共同开展案件的审理工作，称为“三司推事”。殿院的主管官员为殿中侍御史，其工作职能有些类似于今天的党风政风督查室，主要是纠正、监督文武百官在参加重大活动和上朝时的礼仪规范、言行举止等是否得当，皇权君威是否受到下级官员的冒犯等，主要是维护当时的“礼序”。察院由十名监察御史构成，主要职责是对下辖的地方官吏，根据相应的法律开展巡查的工作。

3. “以廉择官”的官吏制度

唐朝实行较为严厉和公平的官吏选拔制度，传用千年的科举制便始于唐朝。在这一时期，科举制度的不断完善和丰富，一方面促进了文化事业的发展，另一方面也从源头上保证了官吏的廉洁性和高素质，唐朝许多宰相大多是进士出身。科举制所选拔的是“德才兼备”之士，不看出身，所有人都可以参加选拔，在考试时也使用了很多预防作弊的方法，如“糊名”“誊录”“校对”等，“官二代”的子女参加科举考试还需复试。科举制是封建官吏选拔制度的重大进步，具有一定的公平性和开放性，一定程度上促进了社会阶层的有益流动，也保证了官吏一定的道德修养和个人素质。

（四）宋朝反腐制度

1. 中央监察制度

宋初设立了谏院。宋朝以前朝代的谏官职责在于规谏君主，到了宋初则将锋芒由皇帝转向了大臣，对向丞相和百官，从而加强了对百官的监察，进一步加强了君主专制统治的权威。除了谏院，唐朝的御史台制度也沿用下来，其职责为“掌纠察官邪，肃正纲纪。大事则廷辨，小事则奏弹”。《宋史·职官志四》说：“其属有三院：一曰台院，侍御史隶焉；二曰殿院，殿中侍御史隶焉；三曰察院，监察御史隶焉。”三院之中，以察院权力最重，主要是内察尚书六部，外察郡县，观省民情，按巡官吏，惩治奸猾。

2. 地方监察制度

宋朝特别重视对地方权力限制与监察，将地方的财、政、军等权力收归中央，并设立了一套针对地方的监察体制。宋朝在州上设路，直属中央管辖，相当于今天的省，设置监司为路一级的监察机构。魏晋南北朝时期就存在的监司，在这一时期出现了完整的组织构架和规章制度。监司由三部分构成，一是转运使，负责监察财赋问题；二是提点刑狱司，负责“察部下官吏，有罢软不胜任，怠惰不亲事及赎货扰民者，条其状以闻”；三是提举常平司，负责监察赈灾救济之事。此外，宋朝在州一级还设置了通判，又称为“监州”，负责对州一级官员的监察，他们可以直接向皇帝报告地方官员的工作和表现状况，直接参与地方事务的裁决和管理，在一定程度上加强了对地方官吏的约束，减少了群雄割据的场面出现的可能。

3. 君主专制的加强

几乎宋朝的每一任君主都认为：“自古以来，置谏官御史者，所以防臣僚不法，时政失宜，朝廷用之为纪纲，人君视之如耳目。”所以，宋朝的君主专制制度也一直在不断完善和加强。

一是设三衙，有统兵权而无调兵权，枢密院有调兵权，而无统兵权。二是定制更戍法，实行“守内虚外”，全国一半禁军驻扎在国都，一半分布在各地，定期轮值，保证军队战力，同时保证中央对地方的威慑力。三是设转运使，全国财政由中央统一分配，避免了像明朝后期财政为地方截留，贪官污吏上下其手，造成国库空虚的局面。四是削减省长（郡长官）权力，又设书记（通判）作为牵制，将财政、军事、司法收归中央。五是南方各地城墙基本都摧毁。六是分割宰相职权，设参知政事为副，以枢密使接收宰相军权，设三司使接收宰相财政权，三者不相统属。

4. 施行高薪养廉政策

宋朝在中国古代历史上是非常繁荣昌盛的一段时期，其官吏的福利待遇无论是与前朝还是后朝相比，都是非常优渥的。宋朝的一品大官不仅能享受到300~400贯的月薪，是汉代的10倍、清朝的6倍，而且还有布料、禄米等实质性补贴，其亲属也能享受到诸如衣服、粮食、茶叶等所谓的“恩荫补贴”。此外，宋朝的官员还有相应的疗养制度，福利可谓种类繁多，导致很多官员不愿意退休，逼得皇帝不得不出台一些措施鼓励官员退休。正是高薪养廉的政策，让官吏物质条件富足，加之严苛的惩罚制度，保证了官吏的廉洁清正。不过过高的养廉政策在另一方面也加大了政府的财政负担，造成了宋朝冗官、冗杂、冗费的局面。

（五）明朝反腐制度

1. 重典治吏完善立法

明太祖朱元璋对于立法规范官吏行为非常重视，认为吏治腐败“此弊不革，欲成善政，终不可得”，其本人甚至亲力亲为参与了《大明律》和《明大浩》的编撰工作。其参与编撰的《大明律》的主体部分为《刑律》，增设了“受赃门”，官“八十贯，绞”，吏“一百二十贯，绞”，严苛的治吏立法对当时的官员有一定的威慑作用。明太祖奉行“重典治吏”，大量滥用律外酷刑，仅《明大浩》载有案例的156个条目中，治吏者有128个，其中惩治贪赃官吏者占43个，更是囊括了族诛、凌迟、剁指、剥皮等残酷的刑罚。此外，由于法律的公开，朱元璋还鼓励和允许民众“赴京状奏”，试图借用民众监督对官吏施以压力。

2. 重视官吏选任程序

自从儒家思想成为我国古代的正统思想后，各朝各代都将道德高尚、品行端正作为选官的重要条件。明朝各种官谏书中都大力倡导做官要“清谨勤固，居官领要也，而清为本”，这些对于考生都具有导向作用。在明朝初期，荐举就设贤良方正、孝悌力田诸科，以选拔品行高洁之人。从汉代开始，中国选官任官开始有了回避制度，这一制度在明朝更加规范和具体，因此史家有“回避之例，至明始严”的记载。明初制定了任官“南北更调法”，即“南人北官，北人南官”，由于南北方生活习惯、民风民俗、经济发展水平都有较大差异，实际操作上产生了不少问题，直到明朝后期这一政策才改为“不得官本省，亦不限南北”，就是说只要不是在本省当官就可以了，不再限制南北地区的问题。即使已经当上了官，明朝对于在职官员的考核和考察也一点不放松，制定了非常细致和规范的管理考核制度，为约束官吏合理、有限地行使公权力做足了顶层设计。

3. 建立特务监管机构

明朝的特务监管机构可谓臭名远扬，这一时期为了加强对臣民的监管，特务活动达到了空前“繁荣”的程度。君主建立了东厂、西厂、锦衣卫等专门的特务机构，针对臣民肆意开展特务活动，大兴文字狱等，使得人人自危，也使得皇权在这一时期高度集中。譬如，东厂由亲信太监掌管，专门“缉访谋逆、妖言、大奸恶等”，宦官当权排除异己的事情时有发生。特务机构虽然在一定程度上加强了中央集权，促进了统一的多民族国家繁荣共存和经济发展，但也积累了很多社会矛盾，给明朝埋下了深厚的政治危机，自此我国的封建制度开始逐渐走向衰落。

三、中国古代监察制度的价值与借鉴

（一）综合治理，标本兼治

我们不难发现，中国历朝历代的反腐事业和监察体制构建从来都不是单打独斗，而是一个综合治理、标本兼治的过程。譬如战国时期，统治者一方面通过完善官吏制度，从选官和官吏考核上双管齐下，在源头上保证官吏体系的廉洁和先进性。另一方面加强监察体系建设，设立了御史大夫开展内部监督，再将成文法公之于众，号召群众开展舆论监督，通过“内外合力”构建不敢腐的政治体系。此外，战国时期还注重加强思想引领，通过大力营造“倡廉抑奢”的社会风气，用礼、法对官吏加以约束，产生了不想腐的社会环境，这些措施综合效用，构建了当时健康的政治生态。面对当前更加严峻的反腐形势，我们在借鉴前人经验的时候，要取其精华、去其糟粕，运用综合治理的手段，打出一套“组合拳”。

（二）腐败治理，从重从严

纵观历史的长河，历朝历代但凡政治清明的时期，对于腐败治理都是拥有壮士断腕和刮骨疗毒的决心，对于腐败的官吏都是从重从严处理，以达到警醒世人、维护政治生态的效果。明朝时，太祖朱元璋重典治吏，亲自参与《大明律》《明大浩》等法律的编撰，增设了“受赃门”等反腐败的法律条款，对于治理贪官的适用刑罚包括族诛、凌迟、剁指、剥皮等残酷的刑罚。明朝时的特务机构横行，东厂、西厂的特务们甚至会凌驾于法律之上，因为一些所谓的“藏头诗”就可以对官吏行使酷刑，这些在现在看来不可理喻的行为在当时却是真实存在的。

（三）完善制度，依法治腐

千百年来，依法治腐是我国的一项优良传统。在距今两千多年前的汉朝，我国第一部专门性监察法规《监御史九条》和第一部专门性地方监察法规《刺史六条》就已诞生，这充分彰显了我国的法治精神由来已久。皇帝们一方面通过制定法律来约束和规范文武百官的言行举止；另一方面也希望将法律公之于众，使得“吏明知民知法令也，故吏不敢以非法遇民，民不敢犯法以干法官也”，最终达到“皆作而为善，皆务自治奉公”的目的。

（四）严格执法，大力反腐

完备的反腐体系、严格的法律需要一丝不苟地执行，我国历史上吏治相对清明的时期，都与执法者的严格执法息息相关。唐朝时“贞观之治”的出现与唐太宗任人廉能，知人善用；广开言路，完善科举制度等政策不无相关，并把唐朝推向了鼎盛时期。而明太祖朱元璋太重典治吏，在州县地区设立“皮场庙”专门用于施以酷刑，让百姓围观贪官污吏被扒皮，正是朱元璋的严格执法让贪官污吏无处遁形，开创了中国历史上一百多年的廉政时代。在监察体制改革进入深水区的今天，随着《监察法》的出台和各项监察措施的不断完善，我们更要严格执法，坚持老虎和苍蝇一起打，让贪官污吏知道党和国家对于反腐败的决心，在全社会形成风清气正的反腐败氛围，推进党和国家的反腐败事业走向胜利的明天。

第三章　国家监察权的性质分析

在通过《监察法》之后，我国正式确立了“人大领导下的一府一委两院制”，标志着我国政治体制的重大变化：监察体制改革初步完成。改革确立了监察委员会与纪委合署办公的模式，赋予了监察委员会监察权。“监察权”因此成为我国“行政权”“立法权”“司法权”之后的第四大权力。

一、国家监察权的构成要素

虽然在《监察法》和新修正的《宪法》中，我国的党纪监察职能没有被写入监察机关的职能部分。但是，习近平总书记在党的十九大报告中指出：“深化国家监察体制改革，将试点工作在全国推开，组建国家、省、市、县监察委员会，同党的纪律检查机关合署办公，实现对所有行使公权力的公职人员监察全覆盖。”新组建的国家监察委员会与纪委合署办公，履行纪检、监察两项职能，实行一套工作机构、两个机关名称，这是深化国家监察体制改革的重要制度安排。① 所以在实践中监察机关的监察权必然包括党纪监察权。除此之外，由《监察法》可以看出，监察机关的监察权还包括对所有监察对象的政务监察权，以及原来由人民检察院转隶过去的刑事监察权。各级监察人员的监察权大体包括日常监督、专门调查和最终处置三个方面的内容。但这三项内容同时涵盖了党纪监察、政务监察和刑事监察三个方面。②

（一）党纪监察权

国家监察委员会采用和纪委合署办公的模式，其监察活动涵盖了对

① 中纪委官网．为什么中央纪委与国家监察委员会要合署办公？[DB/OL].http://www.ccdi.gov.cn/special/zmsjd/zm19da_zm19da/201802/t20180202_163176.html.2018-02-05.

② 陈瑞华．论国家监察权的性质［J］．比较法研究，2019（01）：1-15.

政治面貌为中共党员的公职人员的党纪监督调查，对违反党纪的公职人员，监察委员会可以对其作出党纪处分的决定。

（二）政务监察权

国家监察委员会的监察权还包括对公职人员的政务监察。陈瑞华认为，“政务监察权”是指对所有行使公权力的公职人员所行使的监督、调查和处置等方面的职权。监察机关对于公职人员履行职务、廉洁从政等方面进行日常监督，对那些涉嫌实施贪污贿赂、滥用职权等职务违法的公职人员行使调查权，对于被认定存在职务违法行为的公职人员实施政务处置，根据情节轻重程度，予以从警告直至开除公职的处理。这都是监察机关行使政务监察权的主要内容。[①] 笔者认为，监察机关对被监察人员的政务监督主要是指对其行使公权力方面的监督，强调对其从政业务、业绩方面是否合法、合规的监督。

（三）刑事监察权

国家监察委员会的刑事监察权，指的是监察机关对涉嫌职务犯罪的公职人员通过法定监察程序，将其移送检察机关审查起诉的权力。监察机关的刑事监察权与过去检察机关的职务犯罪侦查权类似，区别在于：过去监察机关办理的职务犯罪侦查案件在侦查阶段即进入刑事诉讼程序，而改革之后的监察委员会调查程序不属于刑事诉讼流程，调查认定被调查对象的违法事实、收集犯罪证据等只是审查起诉进入刑事诉讼程序的预备阶段。刑事监察权的监察内容主要包括《刑法》规定的职务犯罪案件，如贪污贿赂案件、滥用职权案件、玩忽职守案件等。

二、国家监察权的基本特征

（一）监察权位阶低于人民代表大会的监督权

我国的根本政治制度是人民代表大会制度，因此监察权和各级政府的行政权、各级法院的司法权、各级检察院的监督权一样，位阶低于人民代表大会的监督权，要服从人民代表大会的监督。

具体表现为：《监察法》第五十三条第一款规定：“各级监察委员会应当接受本级人民代表大会及其常务委员会的监督。”人民代表大会可以对各级监察委员会的主任、副主任行使罢免权，人大可以听取专项

---

① 陈瑞华．论国家监察权的性质［J］．比较法研究，2019（01）：1-15.

报告、审议议案、提出质询等方式监督监察委员会的工作。监察委员会也只是在人大的监督下开展监察与反腐败工作。也可以理解为，监察机关的监察权为人大监督权的组成部分，且服务于人大监督权，最终目的是人大监督权顺利、有效地实现。因此，人大的监督权、监察机关的监察权、检察机关的司法监督权等监督权的结构是立体式的上下层级结构，具有位阶性。在一定程度上，人民代表大会通过对监察委员会和检察机关的监督，可以同时发挥双重功能：一是对两个机关本身是否遵守《宪法》和法律进行监督，对其违法行为加以纠正和制裁；二是对两个机关是否有效地行使了监督职权进行监督，以督促其纠正违法监督和监督不作为的情况。[①]

（二）监察权指向仅是国家公职人员

监察委员会通过行使监督权、调查权和处置权来达到反腐败建设的目的。但是，我国《监察法》中的监察对象仅包含了“公职人员”，并不包含国家机关。这一特点与我国其他监督机关大相径庭。

我国《监察法》第三章规定了监察范围和管辖，其中第十五条规定了监察对象为“下列公职人员和有关人员”[②]，概括来讲，监察机关的监察对象基本涵盖我国行使公权力和从事公务的“公职人员”。为何讲“基本涵盖”？因为仅从《监察法》第十五条包含的对象来看，我国监察机关的监督对象并不能涵盖所有公职人员。从我国的监察体制改革初衷以及实践经验来看，纪检监察机关是政治机关，所以其监督性质乃是政治监督。在实践中，由于《监察法》没有明确体现其监督性质，加之一些地方监委有没有准确认识到自身政治性的特点，导致“越组代庖”之事时有发生。比如，某些地方的医生、教师等被纳入监察调查对象，监察机关把“不应该管的管了”，导致群众不满，甚至显得我国监督体制不够严谨。那么我国的业务监督有哪个机关来负责呢？现实

① 陈瑞华．论国家监察权的性质［J］．比较法研究，2019（01）：1-15.

②《中华人民共和国监察法》第十五条规定：“监察机关对下列公职人员和有关人员进行监察：（一）中国共产党机关、人民代表大会及其常务委员会机关、人民政府、监察委员会、人民法院、人民检察院、中国人民政治协商会议各级委员会机关、民主党派机关和工商业联合会机关的公务员，以及参照《中华人民共和国公务员法》管理的人员；（二）法律、法规授权或者受国家机关依法委托管理公共事务的组织中从事公务的人员；（三）国有企业管理人员；（四）公办的教育、科研、文化、医疗卫生、体育等单位中从事管理的人员；（五）基层群众性自治组织中从事管理的人员；（六）其他依法履行公职的人员。”

生活中普通教师、普通医生利用职务之便收取他人贿赂从而为他人牟利的事不在少数。实践当中多采用的方式也是内部处理，即采用内部纪律处分等方式来处罚涉“贪污”的人员。但是内部监督的缺点显而易见，打击力度不强与透明度不高的缺点使此类“贪污”现象无法得到遏制，有甚者或因其处于边缘地带而恣意妄为。

(三) 监察权是一种复合型权力

国家监察体制改革整合了原有的行政监察权、行政预防权、职务犯罪侦查权、职务犯罪预防权，将原有的监督权力整合再分配，实现了从“三驾马车”并行到“一马当先”的转变。[①] 监察机关整合的监察权并非简单地将上述权力进行合并，而是把上述权力进行有机组合，成为一个新的权力，也即在包含行政监察权，职务犯罪侦查权、预防权等权力的同时，更是对这些权力的升华、改造。这意味着国家监察体制改革之后新形成的监察权与原有的行政权、司法权、检察权开启了崭新的“分工负责，互相配合，互相制约”的合作、监督、共生的模式。[②] 同时还表现出了我国法治化进程的活力，在预防、惩治腐败的探索道路上找寻到了最佳的实现形式。

监察权作为一种新的复合型权力，具有以下表现形式：

1. 专门性

在我国长期的法治化探索道路上，监察权始终缺少一个专门性的部门归属。以往的监察权分散在国家的各个部门，包括行政机关、检察机关等，造成了资源的浪费。改革后监察权隶属于国家监察机关，其权力属性当然地具有反腐败专门性这一特性在《宪法》和《监察法》中均有体现。

2. 独立性

《宪法》第一百二十七条第一款规定：“监察委员会依照法律规定独立行使监察权，不受行政机关、社会团体和个人的干涉。”因此，监察委员会独立行使监察权，其他国家机关无权干涉，这一特点增强了监

---

① 秦前红．困境、改革与出路：从“三驾马车”到国家监察——我国监察体系的宪制思考［J］．中国法律评论，2017（01）：176-182.

② 《中华人民共和国宪法》第一百二十七条规定：“监察委员会依照法律规定独立行使监察权，不受行政机关、社会团体和个人的干涉。监察机关办理职务违法和职务犯罪案件，应当与审判机关、检察机关、执法部门互相配合，互相制约。”

察权的“权力能力”，使得我国权力配置更加科学，将不同的权力分散有利于限制多方权力。首先，修正后的《宪法》赋予了监察权独立的地位；其次，从党的十八届六中全会公报来看，监察权独立于行政权、司法权，① 公报将监察机关和行政机关、司法机关等并列的同时也反映出司法权的独立地位。

3. 强制性

监察权是国家强制权力，是维护国家政权的保障，体现了国家的强制意志，遵守并服从监察权的强制调整与规范是每一个公民的义务。

4. 主动性

监察权的行使并不需要某项先决条件的存在。不同于民事司法程序的“不告不理”“意思自治”等原则，反腐败监察程序的启动是主动的。一旦有腐败滋生，无论是否已经产生严重的危害结果，监察权都要“主动出击”，通过行使调查，处置等职权将腐败问题“扼杀在摇篮里”。

5. 程序性

与司法权、检察权一样，我国监察权的行使必须按照严格程序。严格程序是制度的保障。因此，国家监察委员会在履行职责采取谈话、讯问、询问、查询、冻结、调取、查封、扣押、搜查、勘验检查、坚定、留置十二项措施的时候，要遵循严格的程序。《监察法》第五章专门规定了监察程序，如第四十一条规定了调查人员在采取调查措施时，应当出示证件，由二人以上进行，形成笔录等规范。②

6. 双向义务性

监察机关在办案过程中，既有收集能够证明调查对象违纪、违法行为之证据的义务，也有收集能够证明调查对象没有违纪、违法的义务。

---

① 《中国共产党第十八届中央委员会第六次全体会议公报》规定：“全会强调，各级党委应当支持和保证同级人大、政府、监察机关、司法机关等对国家机关及公职人员依法进行监督，人民政协依章程进行民主监督，审计机关依法进行审计监督。要支持民主党派履行监督职能，重视民主党派和无党派人士提出的意见、批评、建议。要认真对待、自觉接受社会监督。”

② 《中华人民共和国监察法》第四十一条规定：“调查人员采取讯问、询问、留置、搜查、调取、查封、扣押、勘验检查等调查措施，均应当依照规定出示证件，出具书面通知，由二人以上进行，形成笔录、报告等书面材料，并由相关人员签名、盖章。调查人员进行讯问以及搜查、查封、扣押等重要取证工作，应当对全过程进行录音录像，留存备查。”

同时，监察机关也有义务证明犯罪嫌疑人有量刑减轻情节的义务。对开庭审理的案件，若犯罪嫌疑人提出对反腐败调查阶段其受到刑讯逼供、非法拘禁，致其身体遭受重大损伤或者强迫其自证其罪的，调查人员应当履行出庭作证的义务。因此，监察权不仅包含正向证明有罪，也有义务反向证明少罪或无罪，与其权力对立统一的义务具有双重属性。

7. 政治权力、国家权力双重属性

在监察体制改革道路上，监察机关一直被定义为政治机关，不同于司法机关和行政机关，监察机关在代表党和国家行使监督权的过程中将政治放在根本地位。监察机关在办案时始终坚持党的领导，党委书记拥有决策权力，把握“政治生态”，定期开展会议，分析反腐败趋势……党委在任何环节都有绝对的领导权。但是也有学者认为，监察委员会应当被定义为“国家监察机关”，将各级监察委员会定位为“国家监察机关”，既强调了该机关的“国家机关”属性，又兼顾了该机关所行使的政务监察权和刑事监察权。国家监察机关属于在各级人民代表大会及其常委会下面设置的国家机关，统一行使对公职人员贪污贿赂、玩忽职守、滥用职权、徇私舞弊等职务违法和职务犯罪行为的监督、调查和处置等权力。在行使国家监察权方面，监察机关既不属于行政机关，也不属于司法机关，而具有独立的宪法地位。[①] 因此，在笔者看来，从我国的监察委员会的理论定位和实践经验来看，我国监察权具有政治权力、国家权力的双重性质。一方面，监察机关受到党委的领导，监察权在某种程度上直接由各级党委行使，而且监察委员会与中共纪律检查委员会合署办公，更加强调了监察权的政治属性；另一方面，监察权隶属于监察机关，我国《宪法》确立的国家机关中只有权力机关、行政机关、监察机关、司法家关，并不包含政治机关。这样看来，我国的监察权就具有国家权力这一属性。

综上所述，监察权作为一种新的复合型权力，具有政治权力和国家权力的双重属性。在性质方面，其表现出专门性、独立性、强制性、主动性、程序性以及双向义务性。

---

① 陈瑞华．论国家监察权的性质［J］．比较法研究，2019（01）：1-15.

三、国家监察权的监督、制约和维护

监察体制改革之后，无论是在学界还是实务界都存在不少质疑，监察权力是否过大成为改革之后的热点问题。列宁曾说：“不受制约的权力，必然导致不受节制的堕落。”如果监察权没有受到应有的权力制约，那么监察体制改革的初衷就不能贯彻落实。笔者在此除了总结国家监察委员会如何以其特有的性质得以构建我国反腐败体系并且让其本身权力被监督和维护以外，提出一些关于监察权如何被制约的思考。

（一）构建法治化的权力组织体系

在我国的权力组织共同体中，立法权、司法权、行政权、监察权已初步形成一个有机整体，四者之间各司其职，分工配合、相互制约。通过四者权力的平衡来构建对监察机关监察权的监督制约模式，应当有以下要求：

首先，完善国家纪委、监委合署办公制度。国家监察委员会履行监察职能的最高政治原则与价值功能是维护中央权威、巩固执政党地位、维护国家统一、维护党纪国法的尊严和权威。合署办公一方面可以贯彻党的领导，另一方面，当纪委、监委出现职能交叉时，合署办公模式可以方便双方沟通、协调。“合署”模式既是对现行党的纪律检查委员会与行政机关的监察部门合署的继承，又是根据国情对监察模式所进行的创新性构建。① 党纪严于国法，监委是对纪委纪检监察职能的巩固与保障，纪委监察是对监委监察职能的前置性要求。两机关虽合署办公，但却有不同的使命。通过监察体制改革的实践，我国的两机关已初步形成“分工配合”的机制。在机关内部，应当继续完善纪委、监委的相互监督机制，规范两机关办案的衔接程序，使得无论从内部还是外部来看，纪委、监委都是两个具备完全独立性的机关。

其次，监察权作为我国监察体制改革之产物，在《宪法》上具备和审判权、行政权等国家权力相同的地位。人民法院作为我国的审判机关有《人民法院组织法》、人民检察院有《人民检察院组织法》、行政机关为规范内部公务员有《行政机关公务员处分条例》……应当及时制定针对监察机关的具有规范性的、组织性的法律法规，用以规范监察

① 徐汉明．国家监察权的属性探究［J］．法学评论，2018，36（01）：9-25.

机关的内部组织规范，确立上下级机关之间的关系、建立同级别机关之间的相互联系机制，使得我国监察机关形成一个有机的“监察生态体系”。

最后，将“监察事务权”独立于“监察权”。监察事务权是为了保障监察权有序运行的一种行政权力。将监察事务权独立不仅仅为了分散监察机关的职能保障监察权有序地运行，更是为了在监察机关内部建立有效的监督与制约机制。落实这一权力分散的做法便是制定相关法律法规或者监察委员会内部组织条例，以此来实现监察事务权和监察权之间的刚性监督。

（二）运用程序思维巩固并规范监察权

权力若想造福人民，就必须受到程序的规范。一方面，我国可以制定有关监察程序的法律，借由规则规范并监督监察权，使整个监察流程有法可依；另一方面，在宪法层面强化人大和其他机关对监察机关的程序监督。

例如，规范监察过程中的反腐败取证方式，通过法院“非法证据排除规则”等庭审制度实现间接监督；建立立案登记制度，认错认罚从宽制度；建立监察权行使不当，侵犯公民权利的救济机制，如上下级监察机关之间的内部纠错机制，或者外部司法审查机制等；将外部监督引入监督程序中，如人民监督员机制，对其他机关的监督进行补强。①

（三）建立监察官职业共同体②

针对审判机关即人民法院的审判人员有《法官法》约束，针对法律监督机关即人民检察院有《检察官法》的规范。作为我国的监察机关，对机关内部的人应当有一定的约束，因此，借鉴《法官法》《检察官法》制定《监察官法》是我国监察体制改革的重要分支。通过建立监察官职业共同体，有利于提升监察人员的整体素质水平，保障监察官依法履行职责，国家监察权才能统一高效地运行。所谓“徒法不足以自行”就是这个道理。具体而言，法律规范中应当包含监察官的遴选制度、福利待遇、岗位职责规范等关乎人民与其本身利益的重要规范，

---

① 秦前红，叶海波等．国家监察制度改革研究［M］．北京：法律出版社，2018：137-138.

② 徐汉明．国家监察权的属性探究［J］．法学评论，2018，36（01）：9-25.

如监察官统一招录或者从某机关单位中选拔；根据各地不同的经济发展制定统一的福利待遇规范；规范监察官日常生活中的行为，对奢侈行为进行严格控制等。

四、国家监察权与其他监督权的比较

我国《宪法》确立了三个国家监督机关。一是人民代表大会，为我国的权力机关，人民代表大会对其他国家机关进行监督；二是检察机关，为我国的法律监督机关，对其他机关进行法律监督；三是监察机关，为我国的反腐败监察机关，对我国监察法规定的“公职人员以及有关人员”进行反腐败监督。

（一）与人民代表大会的监督权比较

我国的政体是人民代表大会制度。人民代表大会是我国的权力机关，也因此具有最高的监督权。人民代表大会的监督权位于监察机关监督权之上，在我国的政体下，行政权、审判权、检察权均来自人大授权。从《监察法》第八条、第九条、第十条可以看出，监察机关由人民代表大会产生，向同级人民代表大会负责，接受其监督，同时，人民代表大会对监察机关的主要负责人行使任免权。

由此可见，人民代表大会行使的监督权是至高无上的，监察机关的监督权是处于人大监督权以下的分支结构。

（二）与行政机关的监督权比较

有关行政监察权的特点在前文已有详细介绍，行政机关的监督权与监察机关的监督权均是我国反腐败治理道路上的重要实践结果。那么监察体制改革之后的监察权与过去行政机关的监察权有什么区别呢？具体而言，两者的区别主要体现在监察对象的覆盖性、指向性差异。

《监察法》规定监察机关的监督对象是我国公职人员，由此可见，我国监察机关监察权采用的是“对人监督”原则。然而，在过去的《行政监察法》第三章规定，行政监察机关的监察权兼具“对人监察”和“对事监察”的内容，通过对公权力机关的监察即“对事监察”，将公权力机关中的公职人员纳入监察范围即“对人监察”。例如，《行政监察法》第十五条明确规定了监察对象包括国务院、各级地方政府等。① 再如，过去的行政监察权拥有对行政机关的执法监察、廉政监察、效能监察等对事监察权。而改革之后的国家监察机关监察权将不再拥有任何对事监察权。

由此可见，在改革之前我国的行政监察权指向对象明显过于狭窄，很多国家公职人员被排除在盲区，导致我国反腐败体系存在漏洞。《监察法》出台后，监察机关的监察权指向对象明显变广，基本涵盖了所有“手握公权力”的公职人员。

（三）与检察机关的监督权比较

与监察机关相比，检察机关是法律监督机关，主要负责司法监督工作。改革之前，人民检察院拥有“职务犯罪侦查权”和“诉讼监督权”；改革之后，检察机关的职务犯罪侦查部门全部转隶至国家监察委员会，侦查职能基本不复存在。现存检察机关的监督权主要是司法监督中的诉讼监督，具体包括对侦查机关立案侦查、审判机关的审判活动等方面的监督。例如，检察机关对某一判决有权提起抗诉，对法院错误的裁判进行监督。除此以外，检察机关还有几项监督权：第一，对行政机关的监督。当行政机关存在行政违法或者行政不作为时，检察机关有权向该行政机关发送诉前检察建议。第二，若行政机关接到诉前检察建议之后仍不作为，则检察机关有权提起行政公益诉讼。例如，笔者在检察院调研期间了解到，检察机关内部有民事行政检察部门，主要负责发送诉前检察建议与公益诉讼。在“扬尘专项治理”活动中，检察机关发现建筑垃圾堆放不规范而行政机关不作为情况时，会向当地的住房和建设局发送诉前检察建议，要求行政机关履行作为义务，若行政机关对检察机关的检察建议置之不理，那么检察机关将会在当地提起行政公益诉讼。未来，随着我国法治化进程的不断发展，我国的检察权中的行政公益诉讼制度将会不断发展，检察机关的行政监督权可能会不断扩大，发展成一种独立的“行政监督权”。②

由此可见，监察机关的监察权和检察机关的检察权虽读音类似，但

---

① 《中华人民共和国行政监察法》第十五条规定：“国务院监察机关对下列机关和人员实施监察：（一）国务院各部门及其公务员；（二）国务院及国务院各部门任命的其他人员；（三）省、自治区、直辖市人民政府及其领导人员。”

② 陈瑞华．论检察机关的法律职能［J］．政法论坛，2018，36（01）：3-17.

在内涵与外延方面差距甚远。监察机关的监察权主要是“对人监察”，而检察机关的检察权主要是“对司法、行政的检察”，两者都是我国法治化建筑体系中至关重要的组成部分。

五、国家监察权的争议与未来展望

（一）从“对人监察”到“对事监察”

随着我国监察体制的进化，监察权的目标渐渐从注重打击到注重预防。原因在于从源头抑制腐败的滋生。党的十八大以来，我国的反腐败重心渐渐变成一手抓严厉打击，惩治腐败，一手抓预防腐败，落实党中央的“不敢腐、不能腐、不想腐”要求，使我国公职人员渐渐从“不敢腐、不能腐”到“不想腐”的转变。笔者认为，从“不敢腐”到“不能腐”的进步需要我国监察体制作出的努力就是从“对人监察”到“对事监察”。当下中国腐败治理的难点之一就是“一把手”腐败，从源头的腐败相较于一般的腐败更难治理、更加顽固，尽可能多地将权力运行的程序向人民公开、将权力制约机制引入权力体系之中，是攻克源头腐败的关键，监察委员会“对事监察权”是破解痼疾的根本。[①]

未来，我国监察体制必然从“对人监察”走向“对事、对人监察”。原因在于“对事监察”是“对人监察”的保障与前提，“对人监察”是“对事监察”的巩固与提升，两者相辅相成。一方面，通过“对事监察”在源头抑制了腐败，公职人员不敢腐、不能腐；另一方面，通过“对人监察”发现公权力运行机制的漏洞，监察机关及时堵住腐败的破口。两者之间不断巩固，形成良性循环，使得我国反腐败结构越来越稳固。

（二）建议权

缺失监察立法建议权致使监察权“闭环”运行，难以彰显其效力。[②]“对事监察”的保障便是立法“建议权”。监察委员会要想发挥尽其监察职能，必然需要将监察权嵌入其他职权的运行机制中。那么在监察机关执行其监察权的过程中，必然会发现其他机关的权力运行问

---

① 魏昌东．国家监察委员会改革方案之辨正：属性、职能与职责定位［J］．法学，2017（03）：3-15.

② 李森．国家监察委员会职权的立法配置与逻辑思考［J］．首都师范大学学报（社会科学版），2017（05）：66-74.

题，始终通过惩罚机制显然不符合反腐败监察之本意。通过纠举贪官的惩罚机制会形成监察机关永远都处于被动监察的局面，而要实现反腐败运行体系的良性循环，必然需要监察权化被动为主动。现有的“建议权”也只是《监察法》第十一条规定的对监察对象所在单位提出监察建议权，笔者认为这样并不能发挥监察建议的作用。打个比方来说，两个小朋友打架，若其中一方去告诉另一方家长并不能起到很大作用，只有告诉老师才会有作用。因此，赋予监察机关向人大的监察“建议权”就成为未来的改革趋势。

具体而言，监察机关的监察权应覆盖所有的国家机关，监察机关应当随时分析国家各种权力的运行机制、运行法理，从而发现其权力运行漏洞，及时向人大提出建议，让人大作出相应决策。这样一来，我国的监察权运行成本大大降低，“对事监察”以及后续的“建议”甚至可以通过各种新技术，如互联网技术来实现，使得我国的监察权形成“对事监察”“对人监察”的“双轨”运行体系，不断巩固、不断良性循环，符合可持续反腐败发展的要求。

第四章　国家监察机关的职责与职能定位

《监察法》第十一条规定，监察委员会依照本法和有关法律规定履行监督、调查、处置职责。

一、监督权的性质及适用

“监督”一词在《现代汉语词典》中的一个意思是“监察督促”，显然监察机关监督权中的“监督”也是这个意思。《监察法》第十一条明确规定了监察机关监督权的外延即“对公职人员开展廉政教育，对其依法履职、秉公用权、廉洁从政从业以及道德操守情况进行监督检查”。因此，监察机关有权监察督促监察对象依法履职、秉公用权、廉洁从政从业。

（一）监督职能之从打击到预防

2018年12月13日，习近平总书记在十九届中央政治局第十一次集体学习时指出：“要完善纪检监察体制机制：工作职能要跟上。要强化政治监督，做实日常监督，靠前监督、主动监督，坚决破除空泛式表态、应景式过场、运动式造势等形式主义、官僚主义问题，维护党中央权威和集中统一领导，确保党中央重大决策部署落实到位。”由此看出，党中央对纪检监察机关的监督权期望很高，这也说明了我国的反腐败策略渐渐从被动调查向主动监督转变、渐渐从注重打击过渡到注重预防。

（二）监督权的地位与性质

在监察机关“监督、调查、处置”三项职能中，监督职能排在第一位，这不仅体现出监察机关办案过程中的逻辑顺序，更加表明了监督职能作为“第一权力”的地位。监督职能作为“第一职能”主要有以下性质：一方面，就监督权的职能属性来讲，其具有积极的公权力属性。不同于调查权和处置权，监督权是一种事前监督的积极权力，具有主动性的特点。例如，监察机关对公职人员开展廉政教育便是在行使其监督权，这一工作显然是在腐败发生之前完成的，是监察机关主动地采取预防措施的行为，也即所谓的“将腐败扼杀在摇篮里”的行为。而监察机关的调查权和处置权则是在腐败发生之时或之后，监察机关为了查明事实被动行使的权力。另一方面，从职能行使的目的来看，监督权的目的是实现“不能腐”甚至“不想腐”。监督权与调查权、处置权相比具有更高的价值塑造目的，监督权的目标在于让监督对象无法腐败甚至主观上不想腐败，让被监督对象产生自觉廉洁的道德操守。而调查权和处置权的目标在于对已经腐败的公职人员进行惩罚，从而使未腐败的公职人员产生对法律的敬畏之心，产生“不敢腐”的心理。这样看来，监督职能的行使是为了“防患于未然”，而调查、处置职能则有“杀鸡儆猴”之意味。

因此，监督权相比“调查权、处置权”就有了优先的地位（Priority）。有学者指出：要实现对腐败的根本性治理，监督职权必须处于“优先、优位、优能、优势”的地位，判断国家监察权真正有效运行的标志在于，监督职权的止腐、防腐成效，而非调查与处置职权的行使状况。①

（三）监督权的意义

落实监察监督权，无论是从其地位还是功能来看，都具有重大意义。

1. 落实监察监督权是我国监察体制改革的现实要求

过去，我国反腐败工作的重心在于打击腐败，这种事后惩罚的手段并不能有效抑制腐败的滋生。大面积、塌方式的“一把手”腐败问题仍非常严峻。习近平总书记在十九届中央政治局第十一次集体学习时讲话明确指出：“要盯紧公权力运行各个环节，完善及时发现问题的防范机制、精准纠正偏差的矫正机制，管好关键人、管到关键处、管住关键事、管在关键时，特别是要把一把手管住管好。”实现这一要求的关键便是运用好监督权。笔者在香港廉政公署调研期间了解到，廉政公署的一大特色便是其防贪教育机制。内地在监察体制改革之前对扼住腐败源

① 魏昌东．国家监察委员会改革方案之辨正：属性、职能与职责定位［J］．法学，2017（03）：3-15.

头问题重视不够，导致许多官员出现“今日反腐，明日贪腐”等滑天下之大稽之事时有发生。

因此，在监察体制改革的进程中，落实监督权是从源头扼制腐败的关键职能，是长久以来积累经验的产物，是我国反腐败问题的现实要求。

2. 有利于转变反腐败治理观念，构建完整监察体系

凭借以往重科刑的腐败治理观念显然会落后于时代的发展，监督权的确立有利于反腐败观念的更新。积极治理的观念是全新的腐败治理观念，是我国监察体制改革努力的方向。这一观念首先在20世纪20年代于英国萌芽，后在90年代流行于欧美。西方的腐败治理观念对我国的监察体制改革有相当的借鉴意义。监察监督权的意义在于让反腐败的观念转变为积极治理，让权力运行在监督权的视线内，进而使得“对事监察”依托于监督权，构建完整的新型监察体系。进一步来讲，监督权的确立是我国从治标性反腐迈向治本性反腐治理的重要一步，在建立起相对完备的反腐架构之后，被监督对象即公职人员才有可能从“不敢腐”进步到“不愿腐”。

（四）强化监督权之实现路径

监察监督权的地位、功能不言而喻，但在《监察法》中有关监督权的规定大多为笼统规定，这给落实监察权带来了挑战。所以，未来我国监察体制改革与完善的方向必定包含监督权的完善。原因在于监察权的规定过于虚化，使得监察机关在实务操作中不能有效把握，长久下去容易导致监察监督权形同虚设。因此，强化监督权之实现路径应当包含对权力职能进行法律规定，在实务操作中不断探索优化策略，运用“对事监察”理念强化对事监督，并且三者应当具有逐级完成的逻辑顺序，完善立法是基础，实务操作是重心，强化“对事监督”是升华。

1. 在立法层面应当完善有关监察权的具体规定

监督权的落实，必然需要法律法规的依托。一方面，法律法规能确定监督权的行使范围，促使监察机关行使监察权，使得监督权的行使有法可依；另一方面，法律法规可以限制监察权的行使，使得权力不能滥用。具体而言，立法机关应当出台相关法律或司法解释，让《监察法》中的监督权更加细致。例如，监察机关的监督职能的行使程序、监督职能的具体对象、监督职能行使过程中的限制等。

2. 在实务操作层面应当不断探索监督路径，反向推动立法完善

现实中遇到的问题总是落后于立法，这是亘古不变的法理。在实务操作中通过现有的法律法规制度建立起实务体系是监察机关的任务，这一任务不但要求监察机关遵守法律法规，还要求监察机关能够在实践中优化监督体系。例如，监察机关在实务中通过运用当下多媒体技术来行使监督职能，监察机关对各部门建立专门的监督对策，探索监察机关与其他机关单位合作机制等。在实践中，监察机关必然会遇到法律法规没有规定的疑难问题，这就需要监察机关反向推动立法的完善，使有关监察的法律法规因此不断完善，我国监察体制也因此不断巩固向前发展。

3. 在“对事监督”与“行为监督”层面应当积极探索，争取升华监督权

监督职能的客体除公职人员行使公权力情况以外，还应当包含国家机关以及公职人员的各种行为。首先，监督权应当覆盖公权力机关。公权力机关行使公权力应当向监察机关公开，监察机关对其权力运行程序，职权范围、行使情况应当监督，对存在腐败嫌疑的公权力机关及时发出“监察建议”，这便是“对事监察”的核心精神；其次，监督权还要覆盖公权力机关的公职人员，一方面监察机关要对公职人员行使公权力情况进行监督，纠出腐败人员并让其受到法律制裁；另一方面有学者呼吁对公职人员的财产进行申报，要求该公职人员对其及其三代以内血亲所拥有的所有财产（含动产、不动产、股票、证券）主动申报，并呼吁未来建立国家财政银行制度和公职人员无货币交易制度以及重大消费报告制度。①

二、调查权的性质及适用

监察机关的调查职能指的是监察机关有权对涉嫌职务违法或者职务犯罪的公职人员行使调查的权力，对涉嫌职务犯罪的，监察机关将调查结果移送人民检察院依法审查、提起公诉，并向监察对象所在单位提供

① 魏昌东. 国家监察委员会改革方案之辨正：属性、职能与职责定位［J］. 法学，2017（03）.

监察建议。[1] 在监督、调查、处置三项职能中，调查权是加强对公职人员监督、实现反腐败全覆盖、有效处置腐败案件的关键职能。[2] 监察体制改革之后，我国实行监察机关和纪委的合署办公，实现了党纪调查、政纪调查、刑事调查的一体化。根据《监察法》的规定，调查权包括谈话、讯问、询问、查询、冻结、调取、查封、扣押、搜查、勘验检查、鉴定、留置措施。

(一) 监察调查权的性质

关于监察调查权的性质，学术界与实务界众说纷纭。决策者认为，监察机关是政治机关，不同于司法机关和行政机关，那么调查职能也不具有侦查的性质，因此调查权不受《刑事诉讼法》的调整。监察机关的调查职能也因此不断受到质疑，如留置场所如何？律师何时介入？被调查人的权利如何？而在学界，大部分观点则是监察调查权有侦查权的意味，其搜集的证据都可以直接移送检察机关并可以作为起诉的证据，但其不受《刑事诉讼法》的调整，被调查人的权利如何得到保障？监察调查权也因此受到学界的广泛质疑。实际上，监察机关和纪委合署办公的特性使我国监察机关调查权具有复合职能的性质，被调查人触犯党纪的，纪委可根据调查结果作出党纪处分；被调查人触犯相关法规的，监察委员会可以作出政务处分；被调查人有职务犯罪嫌疑的，监察委员会可以移送检察机关审查起诉。[3]

1. 调查权具有国家公权力一般属性

调查权是监察机关的一项关键职能，监察机关毋庸置疑是我国的公权力机关。因此调查权有国家公权力的一般属性。具体而言，一方面，调查权具有国家公权力的权威性。监察机关是我国新设立的国家机关，其调查权的行使、制约都符合我国的法律规范，代表的是我国的公权

---

① 《中华人民共和国监察法》第十一条规定："监察委员会依照本法和有关法律规定履行监督、调查、处置职责：（一）对公职人员开展廉政教育，对其依法履职、秉公用权、廉洁从政从业以及道德操守情况进行监督检查；（二）对涉嫌贪污贿赂、滥用职权、玩忽职守、权力寻租、利益输送、徇私舞弊以及浪费国家资财等职务违法和职务犯罪进行调查；（三）对违法的公职人员依法作出政务处分决定；对履行职责不力、失职失责的领导人员进行问责；对涉嫌职务犯罪的，将调查结果移送人民检察院依法审查、提起公诉；向监察对象所在单位提出监察建议。"

② 陈瑞华．论监察委员会的调查权［J］．中国人民大学学报，2018，32（04）：10-20.

③ 陈瑞华．论监察委员会的调查权［J］．中国人民大学学报，2018，32（04）：10-20.

力，因此调查权具有权威性。另一方面，调查权具有强制性。例如，在行使调查权的措施中，查封、扣押、留置等措施的行使都具有国家强制性，在合法的程序下，被调查对象有义务不得阻碍监察机关实施调查权，因此监察机关调查权具有强制性。

除此之外，监察机关还具备所有的公权力一般属性，如程序性等，在此不一一赘述。总而言之，监察机关的调查权作为一种崭新的国家权力，同样具有国家公权力拥有的一般属性。

2. 调查权具有“政治性”

调查权的“政治性”主要体现在监察机关的党纪调查和政纪调查职能。纪委是中国共产党的纪律监察机关，与纪委合署办公的制度使得我国监察机关必然具有政治属性。一方面，针对党内违反党纪的公职人员，我国的纪委、监委内设的审查调查部门负责对其进行调查，经过调查之后，该部门可以将结果提交拥有党纪处分权的党内部门。另一方面，针对党内违反政纪的公职人员，监察机关有权采取调查措施，对其依法处分。根据《监察法》第十一条规定，监察机关对违法的公职人员依法作出政务处分决定；对履行职责不力、失职失责的领导人员进行问责。[①] 有关政务处分的具体规定，将会在下文“处置”部分详述。实践中，党纪处分与政纪处分通常都有纪委、监委内设的不同机构同时进行：监察委员会通过调查权调查、取证，分别由纪委作出党纪处分，监委作出政纪处分。其调查和取证必然受到一定的限制，但显然不是根据《刑事诉讼法》的限制，而是根据其特有的证明要求和证明标准。因此，纪委、监委的调查权具有“政治性”。

3. 调查权具有侦查权的“侦查性”

虽然决策者将监察机关的调查活动定性为调查权，但是调查活动在很大程度上都有侦查权的属性。首先，根据《刑事诉讼法》的规定，

---

① 《中华人民共和国监察法》第十一条规定：“监察委员会依照本法和有关法律规定履行监督、调查、处置职责：（一）对公职人员开展廉政教育，对其依法履职、秉公用权、廉洁从政从业以及道德操守情况进行监督检查；（二）对涉嫌贪污贿赂、滥用职权、玩忽职守、权力寻租、利益输送、徇私舞弊以及浪费国家资财等职务违法和职务犯罪进行调查；（三）对违法的公职人员依法作出政务处分决定；对履行职责不力、失职失责的领导人员进行问责；对涉嫌职务犯罪的，将调查结果移送人民检察院依法审查、提起公诉；向监察对象所在单位提出监察建议。”

侦查活动本身是一种调查活动，再结合《监察法》，侦查与调查有着密切联系：两者都是为了查明有违党纪国法的事实，两者都有强制性且可以采取强制措施，虽然按照法律规定两者的强制措施不尽相同，但却有着相似的作用和意义。其次，从权力从属机构来看，侦查权属于公安机关或者国家安全机关，过去的检察机关也拥有一部分侦查职能，调查权虽属于国家监察机关，但是监察委员会基本由检察院的反贪反渎部门转隶而来，由此可以看出，调查权与职务犯罪侦查权之间有承袭关系。[①]除此之外，从职务犯罪案件的刑事诉讼流程来看，监察机关将有关调查结果移送人民检察院审查起诉，而移送检察机关的前置程序便是侦查活动，因此也可以说明调查活动具有侦查活动的属性。

需要指出的是，虽然侦查权具有侦查性，但是其与侦查权又有区别。一方面，调查权和侦查权的权力来源不同，调查权来源于《监察法》，权力由侦查部门行使，而侦查权来源于《刑事诉讼法》《国家安全法》等，权力由侦查机关行使。另一方面，调查权的权限范围明显大于侦查权，调查权的对象除涉嫌职务违法的公职人员以外，还可以是涉嫌违反党纪或者政纪的公职人员，监察机关对这三类对象都可采取强制措施，而侦查权的对象仅是犯罪嫌疑人。

4. 调查权的复合性

有关监察委员会调查权属性的问题，学界的争议主要集中在有无侦查权属性的问题。认为调查权为侦查权的学者主要是看到了监察机关的刑事调查权力；认为调查权不是侦查权的学者则是主要看到了监察机关调查活动中的党纪调查和政纪调查。两者的争议都各有道理，因为监察机关在实践中既存在刑事调查活动，也存在党纪调查和政纪调查活动，因此笔者在此和其他学者一样，认为调查权具有双重属性。[②] 其复合性主要体现在两个方面：第一，调查权在行使职务犯罪调查时具有侦查权属性，在行使党纪调查和政纪调查时具有政治性，但是在实践中，三者之间的取证调查过程往往是交叉进行的，因为一个涉嫌违法的公职人员往往伴随着违纪行为，而涉嫌违纪的被调查对象同样很可能涉嫌违法。

---

① 杨宇冠．监察法与刑事诉讼法衔接问题研究［M］．北京：中国政法大学出版社，2018：84-85.

② 秦前红，叶海波．国家监察制度改革研究［M］．北京：法律出版社，2018：163-166.

第二，既然决策规定了监察人员的调查职能，那么割裂地看待其“调查”或者“侦查”职能并无多大意义，然而实际上调查权同时具备调查权和侦查权的双重属性，因此不如将调查权定性为狭义“调查”和“侦查”结合的复合性权力。

（二）行使监察调查权的措施

《监察法》规定的各项调查措施中，谈话、调取、查询、冻结、限制出境、技术调查是源自纪委的初核和审查措施；扣押和冻结是原行政监察部门的权限；讯问、询问、勘验检查、查封、扣押、冻结、搜查、鉴定、留置、技术侦查、通缉、限制出境则来自检察机关职务犯罪侦查措施。从中也不难发现，监察调查措施与刑事侦查有着不可分割的联系，在此也体现出调查权的复合性质。① 但是作为我国新型调查措施，与传统的刑事侦查措施相比，在证明标准和方式等方面又相差甚远，因此值得我们研究与探讨。笔者在此将上述十二种调查措施分为非强制性调查措施、有关限制财产权利的调查措施、有关人身权利的调查措施和技术调查措施。

1. 非强制性调查措施

非强制调查措施包括谈话、讯问、询问等措施。根据《监察法》的规定②，谈话指的是监察机关对可能发生职务违法的监察对象，直接或者委托有关机关、人员以交流、谈话形式进行的为了了解有关情况的调查措施。谈话的对象是可能发生职务犯罪的监察对象，针对细小问题进行谈话工作，符合我国“预防型反腐败”的要求，有利于从源头遏制腐败。在实践中，谈话工作应当在谈话结束后的规定时间内，由承办部门写出情况报告和处置意见后报批，根据不同情况作出相应处置：（1）反映不实，或者没有证据证明可能发生职务违法行为的，予以了结澄清；（2）有证据证明可能发生职务违法行为但情节较轻的，按照管理权限，由监察机关直接或者委托有关机关、人员进行批评教育、责令检查，或者予以诫勉；（3）反映问题比较具体，但被反映人予以否

---

① 杨宇冠．监察法与刑事诉讼法衔接问题研究［M］．北京：中国政法大学出版社，2018：81.

② 《中华人民共和国监察法》第十九条规定：“对可能发生职务违法的监察对象，监察机关按照管理权限，可以直接或者委托有关机关、人员进行谈话或者要求说明情况。”

认，或者其说明存在明显问题的，应当再次谈话或者进行初步核实。[①]

讯问指的是监察机关对涉嫌贪污贿赂、失职渎职等职务犯罪的被调查人进行讯问，要求其如实供述涉嫌犯罪的情况的措施。讯问的对象是涉嫌职务犯罪的公职人员，不包含涉嫌违反党纪和违反政纪的公职人员，讯问的主体也不同于谈话，讯问的主体只能是监察人员，不允许委托。实践中，讯问的方式采用监察人员问，被调查人员答的方式，监察机关采用这种方式取得被调查人有关职务犯罪的证据。因此在讯问过程中，一般要求按照《刑事诉讼法》标准，严格规范程序制度，如全程同步录音录像、严禁刑讯逼供等。

询问指的是监察调查人员询问证人等人员的调查措施。询问的目的是向知情人员了解、证实涉嫌违法人员的相关情况，以此来获得案件线索或者证据。询问的对象是证人等相关人员，主体是监察人员。虽然目前《监察法》没有明确规定有关询问的程序性规范，但是在实践中，一般要求监察机关告知被询问人的权利和义务，所收集的证据也要符合《刑事诉讼法》的相关规定。

综上所述，谈话、讯问、询问三者都具有非强制性，三者在主体、对象、目的方面差异明显，三者共同构建形成监察调查措施中的非强制调查措施体系。

2. 有关限制财产权利的调查措施

在十二项调查措施中，有关限制财产权利的调查措施包括查询、冻结、调取、查封、扣押、搜查等。

根据《监察法》第二十三条的规定，[②] 查询、冻结指的是监察机关对调查对象根据工作需要、依照规定限制财产权利的措施。查询、冻结的主体是监察机关，对象是涉嫌贪污贿赂、失职渎职等严重职务违法或者职务犯罪的单位或个人，目的是收集、保全财产性证据，防止证据流失或者被隐匿，确保在后续工作中对违法犯罪所得予以没收、追缴、返还、责令退赔。值得注意的是，查询、冻结需要满足必要性要件，即监

---

① 绥化市纪委监委宣传部。

② 《中华人民共和国监察法》第二十三条规定："监察机关调查涉嫌贪污贿赂、失职渎职等严重职务违法或者职务犯罪，根据工作需要，可以依照规定查询、冻结涉案单位和个人的存款、汇款、债券、股票、基金份额等财产。有关单位和个人应当配合。"

察机关采取查询、冻结措施，必须满足“根据工作需要”，这主要是指涉案单位和个人为达到伪造、隐匿、毁灭证据的目的，有可能提取、转移其存款、汇款、债券、股票、基金份额等财产，以及其他情形，不采取查询、冻结措施不足以防止这些情形的发生。[①]

根据《监察法》第二十五条的规定，[②] 监察机关采取的调取、查封、扣押措施指的是监察机关采取强制措施依法取得用以证明被调查人涉嫌违法犯罪的财物、文件和电子数据等信息的占有权。调取、查封、扣押的目的在于收集、掌握、固定证据，防止犯罪嫌疑人藏匿、毁灭证据，以便将来的刑事诉讼活动，调取的主体是监察机关，对象是监察对象涉嫌违法的财务、文件和电子数据。中央纪委国家监委法规室编写的《〈中华人民共和国监察法〉学习问答》中说明：“调取、查封、扣押的范围要同时具备以下两个条件：第一，需要调取、查封、扣押的财物、文件、电子数据必须是监察机关在调查过程中发现的；第二，上述这些财物、文件、电子数据必须与监察机关调查的职务违法犯罪行为有关联，能够或者有可能证明该违法犯罪行为的真实情况。”因此可以看出，在实践中，调取，查封、扣押的对象受到更加严格的限制。

根据《监察法》第二十四条的规定，[③] 搜查，是指监察机关对涉嫌职务犯罪的被调查人以及可能隐藏被调查人或者犯罪证据的人的身体、物品、住处和其他有关地方进行搜索检查的活动。搜查的目的在于搜集、掌握、固定犯罪证据。值得注意的是，搜查的对象除涉嫌职务犯罪的被调查人及其物品、住处以外，还包括可能隐藏被调查人或者犯罪证

① 国家纪委、监委网站.【监察法释义（23）】监察机关运用查询、冻结措施调查案件的规定［DB/OL］. http：//www. ccdi. gov. cn/yaowen/201804/t20180427_ 170809. html。

② 《中华人民共和国监察法》第二十五条规定：“监察机关在调查过程中，可以调取、查封、扣押用以证明被调查人涉嫌违法犯罪的财物、文件和电子数据等信息。采取调取、查封、扣押措施，应当收集原物原件，会同持有人或者保管人、见证人，当面逐一拍照、登记、编号，开列清单，由在场人员当场核对、签名，并将清单副本交财物、文件的持有人或者保管人。”

③ 《中华人民共和国监察法》第二十四条规定：“监察机关可以对涉嫌职务犯罪的被调查人以及可能隐藏被调查人或者犯罪证据的人的身体、物品、住处和其他有关地方进行搜查。在搜查时，应当出示搜查证，并有被搜查人或者其家属等见证人在场。搜查女性身体，应当由女性工作人员进行。监察机关进行搜查时，可以根据工作需要提请公安机关配合。公安机关应当依法予以协助。”

据的人及其物品、住处，搜查的主体，搜查的主体除监察机关以外，在需要时还可以要求公安机关进行配合。

3. 有关人身权利的调查措施

在十二项调查措施中，留置措施是限制对调查对象人身权利的一项调查措施，留置措施引发的关注最多，也颇受争议，因此将在后面“留置措施”这一部分详述。

4. 技术调查措施

勘验检查，鉴定措施因其具有技术性调查的特点，因此笔者在此归纳为技术调查措施。勘验检查和鉴定的目的在于运用专业的技术手段，快速地查明案情，保证监察调查活动的客观公正。根据《监察法》第二十六条、第二十七条的规定，勘验检查的主体既可以是监察人员，也可以是监察人员指派、聘请的专业人员，而鉴定的主体只能是被指派、聘请的专业人员。实践中，勘验检查的具体行为包括现场勘验，物证、书证检验，人身检查。鉴定的对象是“专门性问题”，实践中主要包括（1）法医类鉴定，包括法医病理鉴定、法医临床鉴定、法医精神病鉴定、法医物证鉴定和法医毒物鉴定；（2）物证类鉴定，包括文书鉴定、痕迹鉴定；（3）声像资料鉴定，包括对录音带、录像带、磁盘、光盘、图片等载体上记录的声音、图像信息的真实性、完整性及其所反映的情况过程进行的鉴定和对记录的声音、图像中的语言、人体、物体作出种类或者同一认定，此外，有的案件还需进行会计鉴定，包括对账目、表册、单据、发票、支票等书面材料进行鉴别判断；（4）技术问题鉴定，包括对涉及工业、交通、建筑等方面的科学技术进行鉴别判断等。①

（三）留置措施

留置措施是我国监察体制改革之后唯一限制被监察对象人身自由的措施，代表了中国特色监察体制，在吸引学界目光的同时也遭到了许多质疑。

留置，是指监察机关在调查严重违法的职务犯罪案件时，在掌握部分违法或犯罪事实证据之后，仍有重要问题需要进一步调查的，经法定

① 国家纪委、监委网站.【监察法释义（27）】监察机关运用鉴定措施对案件中的专门性问题进行调查的规定［DB/OL］. http://www.ccdi.gov.cn/yaowen/201804/t20180427_170865.html。

程序，将被调查人依法带至并留在特定场所的调查措施。从留置措施的定义可以看出，留置措施的对象是涉嫌严重违法的职务犯罪嫌疑人，留置的主体是监察机关，采取留置措施的目的是使调查活动有序进行，保障调查活动的客观真实性。《监察法》中大量篇幅规定了留置措施，又因为这是一种崭新的调查措施，因此笔者认为在此有单独讨论的必要性。

1. 留置措施的性质

有关留置措施的性质，主要体现在以下两个方面：第一，留置具有复合性。改革决策者明确了“留置”取代过去的“两规”措施，过去行政监察中的“两指”措施也不复存在，留置措施具有承袭党内调查措施和行政调查措施的性质。同时，留置措施是处理违法犯罪嫌疑人，因此留置措施就同时具备了党内纪律调查性、违反政纪调查性和职务违法调查性。监察体制改革之后，唯一限制人身自由的强制措施将不只拥有单一性质，而是一种复合型措施。第二，留置措施具有强制性，从监察法可以看出，被留置人由监察调查人员带到“留置地点”进行强制隔离调查，在一定时间内，其人身自由被严格限制。有学者认为，留置措施与刑事诉讼活动中的逮捕类似。① 因此留置措施具有国家强制权力保障，有着明显的强制性。

2. 适用留置措施的要件

留置措施在所有的调查措施中程度最强，对被调查对象的威慑作用最大，因此厘清留置措施的适用要件十分必要。根据《监察法》第二十二条第一款规定，② 留置的要件有三个：一是程度要件，指的是被调查人必须涉及严重职务违法或者职务犯罪；二是证据要件，指的是监察机关预警掌握了部分违法犯罪的事实及证据，但仍需进一步调查；三是还需要满足下列情形之一：（1）涉及案情重大、复杂的；（2）可能逃

---

① 杨宇冠．监察法与刑事诉讼法衔接问题研究［M］．北京：中国政法大学出版社，2018：101.

② 《中华人民共和国监察法》第二十二条规定：“被调查人涉嫌贪污贿赂、失职渎职等严重职务违法或者职务犯罪，监察机关已经掌握其部分违法犯罪事实及证据，仍有重要问题需要进一步调查，并有下列情形之一的，经监察机关依法审批，可以将其留置在特定场所：（一）涉及案情重大、复杂的；（二）可能逃跑、自杀的；（三）可能串供或者伪造、隐匿、毁灭证据的；（四）可能有其他妨碍调查行为的。”

跑、自杀的；（3）可能串供或者伪造、隐匿、毁灭证据的；（4）可能有其他妨碍调查行为的。上述三个留置要件必须全部满足才可以对被调查人实施留置。

对此，学界的争议焦点主要集中在批准的条件是否足够明确。首先，严重的职务犯罪如何界定？按照目前的法律法规并没有明确的标准，笔者认为，可以制定相关法规来确定严重职务犯罪的标准，如规定具体的涉案标的额或者规定涉案公职人员的级别。其次，四种法定情形如何明确？笔者认为，重大、复杂的案情在未来可以有一个量化的标准，界定“可能逃跑或者自杀的”和“可能串供或者伪造、隐匿、毁灭证据的”应当规定被调查人的具体表现，或者制定相关程序法规规定调查人员在申请采取留置措施时将理由书面化记录，以便后续申诉之用。

3. 留置措施的程序

按照决策者的改革意图，监察机关的留置措施是为了取代“两规”，缓解过去“两规”措施饱受程序问题争议的局面。因此，严格规范留置措施的程序问题成为必然。根据《监察法》第四十三条的规定，[①] 监察机关采取留置措施应当由领导人员集体研究决定，除此之外，还需要报上一级监察机关备案。这体现出监察机关内部集体决策的运行机制，有利于防止监察机关内部滋生腐败问题。

各界对于留置程序的争议焦点和实践中的难点主要集中于提请采取留置措施的主体和程序如何规范，参与讨论的领导人员及其人数要求以及后续的决策机制如何规范。虽然《监察法》规定了审批采取留置措施的程序，但却没有具体规定由谁来提请，对此，有学者认为监察机关可以借鉴采取检察机关的做法，由承办人提出意见、部门负责人签署、分管领导决定提交监察委员会领导研究决定的流程。[②] 对于参会领导人数以及如何决策的问题，笔者认为可以借鉴“多数表决”的做法，即以所有领导的三分之二表决权通过并决定采取留置措施。

---

① 《中华人民共和国监察法》第四十三条第一款规定：“监察机关采取留置措施，应当由监察机关领导人员集体研究决定。设区的市级以下监察机关采取留置措施，应当报上一级监察机关批准。省级监察机关采取留置措施，应当报国家监察委员会备案。”

② 杨宇冠．监察法与刑事诉讼法衔接问题研究［M］．北京：中国政法大学出版社，2018：105.

4. 留置场所、期限

留置措施的场所和期限是最直接关乎调查人切身利益的问题。对于留置的期限，根据《监察法》第 43 条的规定，[①] 留置期限一般不超过三个月，特殊情况下，可以延长一次，因此留置措施的最长期限为六个月。需要注意的是，省级以下的监察机关决定延长留置期限的，需要本级、上一级监察机关两者批准。对于留置的场所，目前《监察法》并没有明确规定，仅在第 22 条第 3 款说明留置场所的设置、管理和监督依照国家有关规定执行。

《监察法》出台后，各界对于留置场所以及期限的争议最多，原因在于留置措施关乎人身权利，但留置的地点没有明确规定且各界对留置的期限褒贬不一。按照留置的承袭性以及政治性来分析，留置场所应当在过去“双规”措施的办案场所，但是按照调查程序的侦查性来分析，留置的场所应当在看守所。对此，笔者认为应当如是分析：若被调查对象仅涉及党纪违法和政纪违法，那么留置的场所应当在过去“双规”措施的办案场所；一旦被调查对象涉及职务犯罪，那么其被留置的场所应当在看守所。根据留置措施的要件来分析，被留置对象只能是职务违法或者职务犯罪，所以在通常情况下，留置的地点只能是看守所，不仅因为看守所拥有比较完善、齐全的规章制度，有利于保障被调查人的人身权利，还因为留置措施承袭职务犯罪侦查的特点。有关留置期限的问题，人民群众大多认为留置期限过长，某些实务部门认为期限过短，学界对此也褒贬不一。对比其他法律法规中的强制措施期限：《人民警察法》第 9 条规定留置期限为二十四小时，可延长至四十八小时；《刑事诉讼法》规定拘传不得超过二十四小时；取保候审不得超过十二个月；监视居住不得超过六个月；刑事拘留不得超过三十七日……规定三个月的留置期限似乎找不到相关渊源，唯一与之相同期限的便是《中国共产党纪律检查机关案件检查工作条例》第二十八条第二款规定纪委机关的审查时间。若是对比香港特别行政区廉政公署采取的“配合调查”的最长期限“四十八小时”，内地的三个月显然过长。对此，笔者认为

① 《中华人民共和国监察法》第四十三条第二款规定：“留置时间不得超过三个月。在特殊情况下，可以延长一次，延长时间不得超过三个月。省级以下监察机关采取留置措施的，延长留置时间应当报上一级监察机关批准。监察机关发现采取留置措施不当的，应当及时解除。”

只要在保障被调查人基本权利的前提下，较长的留置期限也无可非议，我们在未来需要完善的或许是如何在留置期间保障被调查人的各项权益。

（四）监察调查权的未来展望

在过去几年的监察改革进程中，我国的反腐败建设道路已经迈出了一大步。我国现阶段的改革进程就像一个刚刚步入青春期的少年，不断进步，但也需要不断引导，朝着正确的方向前行。因此，我们需要不断地反省，不断地发现问题，寻求问题的解决方案。

在被调查人权利保障方面，相较过去的纪委办案，已经有了显著的进步。针对监察对象的调查活动，《监察法》主要通过对各项调查措施的程序规范来保障监察对象的权利。《监察法》规定，调查人员在采取讯问、询问、留置、搜查、调取、查封、扣押、勘验检查等措施时均被要求出示证件、书面通知，两人以上进行，形成笔录、报告、录音录像等，并且要求调查人员或者相关人员签章。在调查取证时收集、固定、审查和运用证据时，调查人员也受到相应的程序限制，如非法证据排除的规定等。在程序方面约束调查权有利于保障被调查人的各项权利。例如，调查人员不能在没有书面通知的情况下进行搜查可以保障被调查人的财产权，在询问、讯问的时候全程录音录像有利于保障被调查人的人身权利，有效防止了出现刑讯逼供、诱供等情况的出现。诚然，我国的监察体制改革在保障被调查人权利方面已经有了飞跃，但是仍需要进一步完善。未来我国监察体制改革中关于保障被调查人权利的提升空间还很大，至少有以下几个方面：第一，规定调查过程中的缄默权与律师帮助权。监察委员会在调查过程中无法会见辩护律师，这不仅容易导致调查过程中被调查人的权利无法得到保障，出现非法取证问题，而且容易使调查活动受阻，难以顺利进行。实践中某些监察机关认为留置期限不够长可能也与被调查人没有律师帮助权有一定联系。第二，严格规范留置场所。《监察法》虽然规定了讯问时应当录音录像，但却没有明确规定留置地点，这极易导致出现逼供、诱供的情况，更何况被调查人在不知身处何地时的情况下容易紧张，那么就难以保证获得证据的真实性。第三，通过建立对调查人员的监督机制来保障被调查人的权利。“徒法不足以自行”，就算法律规定再严密，总会有百密一疏的地方，而人总能找到细微的疏漏，所以只有通过建立监督调查人的机制，被调查人的权利才会受到动态的保障。

在监察体制改革之后，我国已经建立了专门的反腐败机关。在调查权的细化方面，仍有提升的空间。实现“政治性”调查与“职务犯罪侦查性”调查很可能成为我国未来改革的方向。虽然我国采用纪委、监委合署办公模式，但“政治性”调查和“职务犯罪侦查性”调查终归不同，若将两种调查职能分配到不同的部门独立行使，将会有利于反腐败工作更加走向专门化，资源也更加容易整合。不但如此，如果将职务犯罪调查活动重新归入刑事诉讼活动，那么被调查人的权利就更加容易保障。例如，在调查中赋予职务犯罪调查对象律师会见权的同时并不会妨碍“政治性”调查工作，因此无论是在学界还是实务界抑或是普通百姓中间，上述被调查人权利保障的问题都不会成为议论的焦点。

三、处置权的性质及适用

不同于过去的检察机关，监察机关拥有依据有关监督、调查结果处置的权力。监察机关的处置权是监察机关监督权、调查权之后的保障，是一个反腐败机关独立性的体现。

根据《监察法》第四十五条的规定，① 监察机关的处置权主要包括轻微违法处置权、政务处分权、问责权、移送起诉权、提出监察建议权、撤销权。《监察法》第四十五条分别作出详细的介绍与规定，笔者在此不再赘述。值得注意的是，监察机关的监察建议不同于检察机关的检察建议，根据中央纪委国家监委法规室编写、中国方正出版社出版的《〈中华人民共和国监察法〉释义》，监察建议具有一定的法律效力，“这里所说的‘具有一定的法律效力’，是指监察建议的相对人无正当

---

① 《中华人民共和国监察法》第四十五条规定：“监察机关根据监督、调查结果，依法作出如下处置：（一）对有职务违法行为但情节较轻的公职人员，按照管理权限，直接或者委托有关机关、人员，进行谈话提醒、批评教育、责令检查，或者予以诫勉；（二）对违法的公职人员依照法定程序作出警告、记过、记大过、降级、撤职、开除等政务处分决定；（三）对不履行或者不正确履行职责负有责任的领导人员，按照管理权限对其直接作出问责决定，或者向有权作出问责决定的机关提出问责建议；（四）对涉嫌职务犯罪的，监察机关经调查认为犯罪事实清楚，证据确实、充分的，制作起诉意见书，连同案卷材料、证据一并移送人民检察院依法审查、提起公诉；（五）对监察对象所在单位廉政建设和履行职责存在的问题等提出监察建议。监察机关经调查，对没有证据证明被调查人存在违法犯罪行为的，应当撤销案件，并通知被调查人所在单位。”

理由必须履行监察建议要求其履行的义务，否则，就应当承担相应的法律责任。因此，监察建议不同于一般的工作建议。一般来说，监察机关遇有下列情形时，可以提出监察建议：拒不执行法律法规或者违反法律法规，应当予以纠正的；有关单位作出的决定、命令、指示违反法律法规或者国家政策，应当予以纠正或者撤销的；给国家利益、集体利益和公民合法权益造成损害，需要采取补救措施的；录用、任免、奖惩决定明显不适当，应当予以纠正的；依照有关法律法规的规定，应当给予处罚的；需要完善廉政建设制度”；等等。

第五章　其他地区和国家的反腐败制度体系

一、香港的反腐败制度体系

香港是亚洲公认的清廉排名第二的国家（第一是新加坡），清廉社会的背后离不开香港反腐败机构的努力，即香港特别行政区廉政公署（以下简称廉政公署）。在2010—2018年世界著名非政府组织“透明国际”发布的全球清廉指数排名中，香港的排名一直稳定在前20名（见表5-1）。2017年，廉政公署接到了2835起与选举不相关的贪污投诉，与上年相比降低了2%，根据廉政公署的分析，香港贪污现象得到了有效控制，目前并没有出现特别需要关注的贪污新模式。①

表5-1　香港地区2010—2018年清廉指数排名情况②

香港	2010年	2011年	2012年	2013年	2014年	2015年	2016年	2017年	2018年
排名	13	12	14	15	17	18	16	13	18
参评国家数（个）	178	182	174	175	174	167	177	180	180

廉政公署的成立可以说给20世纪六七十年代的香港带来了一丝光明。当时的香港社会贪污情况非常严重，导致民不聊生，而因贪污入狱的警司韩德表示，当时在警察队伍中的贪污就像晚上睡觉、早上刷牙一样，已经成为警员日常生活中的一部分。促使香港反腐败机构成立的是

① 参见2017年《廉署年报》。
② 参见“透明国际”2010—2018年全球清廉指数排行榜。

当时正在被调查的涉嫌贪污的总警司葛柏逃离香港事件。市民们在这件事情被曝光后，不满情绪终于爆发了，纷纷示威抗议，港督麦理浩爵士为此成立专案小组，并在几个月后成立独立的专职反贪污机构——总督特派廉政专员公署，后更名为现在的香港特别行政区廉政公署，最后成功把葛柏遣返受审。通过对廉政公署组织架构及职权的研究，从而进一步明晰香港的反腐败廉政体系。

（一）香港反腐败机构组织架构

香港廉政公署的组织架构是著名的“三管齐下”式。“三管”，是指执行处、防止贪污处和社会关系处，分管贪污犯罪的调查、预防和教育工作。三个部门的工作相辅相成，通过法制预防、廉政教育和职务犯罪案件的调查处置，为香港营造一个廉洁的社会环境。廉政公署日常的行政工作则是由行政总部负责。

1. 执行处

执行处即主要调查部门，主要负责接受市民举报贪污和接到举报或者发现有贪污现象存在时对其进行调查。在香港，大部分贪污犯罪行为都是依靠群众举报发现的。当廉政公署接到举报后，执行处的负责调查工作的执行处首长，会在每天早上开会讨论过去 24 小时收到的举报材料是否需要展开调查。决定开展调查主要具备两个条件，一是举报内容是否和贪污犯罪有关；二是如果举报线索符合贪污行为，举报人所提供的资料是否足够开展调查。例如，有个市民如果在街道上听到路人说有一个高官收了别人的钱，在招录时录取了那个人的亲戚，于是前往廉政公署进行举报，但是举报人不清楚对话中指的是哪一个高官，也不知道对话中的官员属于哪一个部门，因此这种情况下并没有足够的证据可以展开调查。如果举报材料有足够证据可以展开调查，廉政公署会在 48 小时内联系举报人安排会面，进一步询问详细情况。在调查过程中，举报人可以随时向调查主任询问调查进展，在调查结束后，廉政公署会把调查结果告知举报人。

执行处的另外一项重要职能是依据《廉政公署条例》《防止贿赂条例》《选举（舞弊及非法行为）条例》三部法律条例对涉嫌贪污的人员开展调查活动。在执行处下设了五个调查科，分别分管（1）政府机构、公共部门和选举；（2）私营机构；（3）行动支援，如线人处理及卧底行动、证人保护及枪械使用、跟踪及技术支援；（4）国际及内地

(行动) 联络、行政及行动支援、法证会计、统计资料研究、资讯科技及计算机资料鉴定等；(5) 内部调查。[1] 由此可见，执行处的调查范围几乎已经涵盖了所有贪污犯罪所涉及的区域，而且能使用一定的技术手段开展调查活动。在整个调查活动过程中，工作人员需要对调查工作进行全程保密，如果涉及向社会机构调取被调查人的资料，被调取机构的员工在法律上是要求要保密的。

2. 防止贪污处

防止贪污处的主要职责是预防贪污犯罪，其法定职责是审查各个政府或者公共机构的规章制度、工作流程中是否存在易引发贪污现象的漏洞，并针对这些漏洞提出相应的建议和程序修订方案，从而达到预防的效果。防止贪污处所提供的服务包括规章流程审查研究、咨询工作和前往单位开展防贪讲座。而且，防止贪污处服务的对象不仅仅是公共机构，还会应私营机构和个体企业的要求针对他们的特点提供建议，由于商业机构具有一定的保密性，因此廉政公署并没有权力去主动展开针对于商业机构的贪污审查工作或者查看公司的规章制度，只有得到同意后或者收到主动请求才能对此进行查看。近几年，香港大部分的商业机构都积极主动寻求廉政公署的帮助，因为当他们和美国、英国等国家的企业有相关规定合作时，企业需要设立相应的防贪措施。

对于由廉政公署发现的漏洞，公共机构是否会为此所采纳的问题，笔者为此专门咨询了廉政公署的工作人员。对于廉政公署所提出的修改意见，廉政公署并没有职权要求相关单位强制修改或者执行，但是公共机构或企业由于害怕触犯法律，带来一定的政治后果，所以一般来说建议都会被采纳。

为了针对不同公司、不同职业提出可行性的意见，还要处理公共或者私人企业的相关领域的资料审查工作，为此廉政公署聘请了具有会计、核数及财务分析、法律、测量等相关领域专业知识、经验丰富的队伍，甚至其中还包括资深的前政府人员。

通过对政策法规、公司企业的部门规章制度的审查并提出修改意见，防止漏洞被利用，提前对贪污犯罪进行预防，有效控制了贪污犯罪的发生，达到了“不能腐”的目的。

---

① 参见香港廉政公署官方网站，https：//www.icac.org.hk/sc/ops/struct/index.html。

3. 社会关系处

社会关系处主要负责香港公民的廉政教育事项。香港的廉政教育主要分为两个方面，一是教育公众认识贪污的危害后果；二是通过教育倡导公民支持肃贪倡廉工作，积极主动和贪污现象进行斗争。

开展面向公众的防止贪污公益培训活动。通过职业特征或年龄把香港居民具体细分为不同的群体，譬如政府雇员、商业机构、青少年、社区组织等，根据不同群体的特点，开展一系列深入的交流活动。如对于公司企业，前往公司内部举办讲座，廉政公署工作人员和公司职工交流在工作过程中容易碰到的贪污问题有哪些、风险是什么；对于警察，前往警察局，与警察交流若在街道上巡逻维持治安时，容易发生哪些贪污现象，通过哪些方法可以避免堕入贪污的陷阱；而针对小区居民，如果社区举办了社区活动，活动的主办方通常会把一部分活动时间分给廉政公署，由廉政公署工作人员向社区居民普及廉政知识，从而让居民了解贪污对社会的危害。廉政公署会以公益培训的方式连续不断地开展类似的培训班，平均每个不同的群体每 3～5 个月就开展一次这样的培训。虽然这些培训班不会强制公民参加，但是活动形式和活动内容都受到了广大群众的喜爱。大家由于害怕触犯法律、失去工作，因此在举办时几乎每一个公务员都会自发参加，社区居民也对这种培训方式喜闻乐见，起到了很好的教育效果。

此外，廉政公署还会利用新媒体或传统宣传媒介，通过廉洁公益广告、电视剧、公交站牌、地铁广告牌等形式对肃贪倡廉进行宣传，从而向市民推广清正廉洁的社会价值理念，支持廉政公署的工作，共同营造廉洁社会。

（二）香港反腐败法律特点

香港主要有三部反腐败法律，分别是《廉政公署条例》《防止贿赂条例》《选举（舞弊及非法行为）条例》，通过规范反腐败组织架构和权限、设立专门的法律规定贪污犯罪的罪名和刑罚构成了香港反腐败法律体系。《廉政公署条例》主要是对廉政公署的设立，对廉政公署拥有的职能权限和调查手段、廉政公署工作人员的职责和权力进行了规定。《防止贿赂条例》针对贪污犯罪相关罪名的认定、刑罚、起诉和证据的合法性来源等进行规定。香港的反腐败法律体系具有以下特点：

1. 职务犯罪的主体具有广泛性

在香港廉政公署成立前，即1970年开始，香港的反贪条例就已经将私人机构的腐败问题纳入监察对象范围内了。无论涉案人是什么背景，无论他是政府官员还是商业或者私人机构的老板、小职员，只要涉嫌贪污犯罪对其采取的调查工作、手段以及程序是一样的。因此在香港，所有人都有可能成为调查对象，而不是仅仅受制于“公务员”或者政府机关工作人员等。例如，机动车驾驶考核过程中的教练员也可能成为廉政公署的调查对象。究其渊源，因香港长期被英国殖民统治，在“一国两制”方针下沿袭英国的制度，公有、私有并没有明确的界限区分，所以才有了“全覆盖”式的反腐调查对象。如果要对此进行区分，主要是根据案件的复杂性来决定。上市公司的资金流动性大，案件调查存在一定的难度。在香港，法律上有相关条例规定私人企业有义务配合廉政公署进行职务犯罪的案件调查工作，如果公司或者企业不愿意配合，廉政公署可以采取相应的强制措施，如直接联系银行提供某一个人或者公司的财政状况资料。

2. 贿赂数额没有最低标准

《防止贿赂条例》第4条规定：“任何订明人员未得行政长官一般或特别许可而索取或接受任何利益，即属犯罪。”法条对“订明人员”的解释是：“指担任政府辖下的受薪职位的人，不论该职位属永久或临时性质。”即我们通常所说的公职人员。由此可见，只要公职人员接受或者索取利益，则可以被认定是犯罪，需要接受罚款10万以及监禁1年的刑事处罚。

3. 行贿与受贿同罪同罚

《防止贿赂条例》第12条提到，如果行贿，无论是出于何种原因，都需要接受刑事处罚，最高刑罚可达10万元和刑期最高达10年的监禁。受贿者则同样需要接受刑事处罚。

4. “利益”的范围广泛

《防止贿赂条例》中第2条对“利益”作出了解释：“（a）任何馈赠、贷款、费用、报酬或佣金，其形式为金钱、任何有价证券或任何种类的其他财产或财产权益；（b）任何职位、受雇工作或合约；（c）将任何贷款、义务或其他法律责任全部或部分予以支付、免却、解除或了结；（d）任何其他服务或优待（款待除外），包括维护使免受已招致或料将招致的惩罚或资格丧失，或维护使免遭采取纪律、民事或刑事上的行动或程序，不论该行动或程序是否已经提出；（e）行使或不行使任何权利、权力或职责。”① 由此可见，在香港法律中，利益包括了财物，也包括非财产性质的物品如职位、合同、免于处罚等。

5. 明确公共机构的范围

《防止贿赂条例》附件 1 明确列出了香港除政府、行政会议、立法会、各区议会以及各委员会外的公共机构的名称，截至 2012 年修订版，在条例中列出的公共机构共 133 个。而在附件 2 中也列出了附件 1 中的 133 个公共机构有 11 个公共机构的工作人员属于公职人员，从而进一步明确了公职人员的范围。

（三）香港廉政公署的内外监督机制

由于香港法律赋予了廉政公署广泛的职务犯罪调查权力，因此也设置了专门的监督力量防止权力滥用的现象发生。

首先是从属关系的监督，即上级监督下级，如果发现下级作出了不当行为，需要及时向上级反映，并决定是否需要开展调查。

其次是内部监督——内部调查组。内部调查组（L 组）设立在执行处下面，专门负责调查涉及廉政公署内部人员的违纪行为和贪污指控，以及涉及廉政公署或其职员的非刑事投诉。如果有居民投诉或者发现某个工作人员的操守有问题或涉及违法行为，则由内部调查组对此进行调查，若发现确有其事，则会对此作出相应的处分建议。所有关于廉政公署工作人员的刑事投诉，无论其是否涉及贪污罪行，均需告知律政司司长，由律政司司长决定是否应当由廉政公署内部进行调查，或转交其他执法机构对此开展调查。廉政公署对此得出的所有调查结果必须向律政司司长及审查贪污举报咨询委员会报告。如果举报人或外界公民对此调查结果不满意，可以向廉政公署事宜投诉事务委员会进行投诉。廉政公署事宜投诉事务委员会设置在政务司司长办公室下，是香港政府的重要职能部门，委员会的成员均由行政长官进行任命。

最后是外部监督——四个咨询委员会，分别是贪污问题咨询委员会、审查贪污举报咨询委员会、防止贪污咨询委员会和社区关系市民咨询委员会，成员包括廉政专员、行政处处长、香港警务处处长、律政司

---

① 香港法例《防止贿赂条例》，第 2 条。

委员等，廉政公署需要定期向委员会报告调查进度。其中，审查贪污举报咨询委员会负责监督廉政公署开展的调查工作，通过听取廉政专员报告廉署接获的所有贪污举报及廉政公署如何处理这些举报、听取廉政专员报告调查进展、听取廉政专员报告调查结果和处理办法等，对调查结果或者调查内容进行修改。如果案件移送到律政司后，律政司决定不对被调查人进行起诉，也需要向委员会报告并告知原因。

通过内部监督和外部监督相结合，从而构建完善的监督机制，有利于工作及时高效地开展和保持工作的廉洁性，防止职权滥用。

二、新加坡的反腐败制度体系

新加坡是公认的亚洲最清廉的国家，同时在世界上以其政府部门的廉洁性所著称。在“透明国际”发布的 2018 年全球清廉指数排名中，新加坡的排名从 2017 年的第 6 位上升至第 3 位，2010—2016 年，新加坡也一直稳定在前 10 位，且在 2010 年拿到了清廉指数第一位（见表 5-2），这样的成绩有赖于政治领导层坚决的肃贪决心及其所制定的综合性反贪战略。新加坡政府设立了一套严厉的打击腐败手段和完善的反腐败法律体系，从而为新加坡营造了一个清正廉洁的环境。

表 5-2　新加坡 2010—2018 年清廉指数排名情况

新加坡	2010 年	2011 年	2012 年	2013 年	2014 年	2015 年	2016 年	2017 年	2018 年
排名	1	5	5	5	7	7	7	6	3
参评国家数（个）	178	182	174	175	174	167	177	180	180

（一）注重反腐败立法，完善反腐败法律体系

新加坡政府相继出台了《防止贪污法》《公务员惩戒程序规则》《没收贪污所得利益法》《公务员纪律条例》等一系列法律，形成了较为完善的反腐败法律体系。《防止贪污法》于 1960 年 6 月 17 日颁布，代替了原殖民地时期的《防止贪污条例》，全文共 6 章 37 条，对反腐败机构人事关系及其任命、腐败犯罪的类型和惩治、调查贪污犯罪的职权范围、证据的合法性来源以及妨碍腐败犯罪调查的后果等进行了规

定。这部法律具有以下特点：

1. 明确规定了“腐败”的定义

新加坡在《防止贪污法》第1章第5条中对“腐败”的定义进行了解释：“（a）为本人或他们利益非法索取、收受或同意收受任何贿赂；（b）为他人或第三人的利益向该人非法给予、允诺或提供贿赂，以此作为下列事实的诱因或者报酬（Ⅰ）任何人，实际上或者打算对任何事务或者交易作为或者不作为；（Ⅱ）要求任何公共团体的成员、官员或者服务人员，在该公共团体的职权范围内，实际上或者打算针对任何事务或者交易作为或者不作为。”① 此外，在《防止贪污法》第1章第2条的法律名词解释中，对“贿赂”也进行了法律解释：“贿赂包括（a）金钱或任何赠品、贷款、费用、酬金、佣金、有价证券或者其他财产或任何形式的财产性利益，不论是动产还是不动产；（b）任何职务、职业或者协议；（c）任何贷款、义务或者其他债务的支付、让与、清偿或者免除，无论是部分的还是全部的；（d）任何其他服务、便利或任何形式的好处，包括免于刑罚或者资格丧失，或者免于纪律或者有刑法性质的措施或者程序，无论这些措施或者程序是否启动，还包括任何权利、法定权力或者职责的行驶或者不行使；（e）上述（a）、（b）、（c）、（d）各项中的任何提供、许诺或者约定报酬的行为。”② 通过这两个法条我们可以看到，新加坡在制定法律时，为避免出现定义模糊不清，定性判罪拿捏不准的情况，对什么是“贿赂”或者“腐败”，哪些行为属于“贿赂”或者“腐败”进行了解释。科学地界定“腐败”的定义，是保证反腐败法律体系有效运行的前提条件和必要条件。

2. 设立反腐败专门机构并规定了相关职责权限范围

新加坡于1952年成立了专门的反腐败机构——贪污调查局，但是成立初期成效甚微，直到1959年修订了专门的防止贪污法律，扩大了贪污调查局的权限，并改为由总理直接领导后，才日渐发挥其作用。

贪污调查局从原警察局反贪污小组中独立出来，现隶属于总理公署，既属于行政机关也属于执法机关。总理可以直接任命贪污调查局的局长、副局长，局长直接向总理汇报工作，由总理负责；总理也可以在

---

① 新加坡《防止贪污法》（1993年修订），第5条。

② 新加坡《防止贪污法》（1993年修订），第2条。

必要条件下，设立不同级别的局长助理和专门调查员，并对一定数量的副局长、局长助理和专门调查员进行任命。贪污调查局下设专门调查员，贪污调查局的调查员即贪污调查局的局长、副局长、局长助理和专门调查员均属于公职人员。在《防止贪污法》中，规定贪污调查局享有的职能包括：

（1）逮捕权。《防止贪污法》规定了只要涉嫌违反《防止贪污法》、收到合理控告或者有可靠线索表明是其犯罪所得的人，贪污调查局局长或者专门调查员有权将其逮捕，并对其进行搜查。

（2）调查权。贪污调查局的局长和专门调查员在涉嫌职务犯罪的案件中可视为警官，具有调查权。在这里需要提到除了《刑法典》第68章和第224章规定，以及《刑事诉讼法》第122条的规定外，检察官还可以以命令的方式，授权局长或者专门调查员行使《刑事诉讼法典》规定的警方调查权中的有关权力。①

（3）特殊调查权。检察官在调查案件过程中，如果有充分理由怀疑涉嫌犯《防止贪污法》中的罪名，则可以授权调查局局长命令一名警官或者专门调查员以其要求的方式，如调取银行账户资料、股票账户、消费记录等进行调查取证。

（4）搜查扣押权。法官或者调查局局长在有充分理由的条件下，认为某处藏匿有犯罪证据或者可以证明犯罪的证据，以及延迟搜证可能会使证据遭到破坏的情况下，有权授权一名警官或者专门调查员进行搜证并对材料进行扣押。

（5）检察官享有获取调取各类书面证据材料的权力。

3. 明确“贿赂”的定义以及职务犯罪的主体范围

《防止贪污法》第2条提到“贿赂”的内容除了通常意义上的财产性利益，还包括以非金钱或财产形式表现的利益及好处，如“免予刑罚或者资格丧失，免予纪律或者有刑法性质的措施或者程序”②，若出现对上述报酬的承诺或者行为，则可以被认定为“贿赂”。此外，在《防止贪污法》中，虽然立法的对象针对的是议员和公职人员，但是在法条中多次提到了任何人，即私人企业或个人都可以成为腐败犯罪所惩

① 新加坡《防止贪污法》（1993年修订），第19条。

② 新加坡《防止贪污法》（1993年修订），第2条（a）款。

处的对象。

新加坡还在《刑法》中列明了有关公务员贪污腐败犯罪的相关规定，其中第161条至第169条规定了公务员不得利用职务行为接受法定报酬之外的任何报酬，任何人不得接受贿赂并以非法手段或施加个人影响而影响其他公务员的公务行为，公务员不得教唆他人以非法手段或施加个人影响实施影响其他公务员的公务行为，公务员不得非法经商。[①]

新加坡通过多部法律对腐败行为进行立法规定，多方面约束公职人员的行为，有效防止了公职人员钻法律的漏洞实施违法行为。

（二）从严打击，对腐败“零容忍”

李光耀曾提到：“廉是立国之本，清为当政之根。”[②] 因此，新加坡在打击职务犯罪方面的态度可以说是“零容忍”。《防止贪污法》规定，无论是个人还是集体，对腐败的刑事处罚最高可达10万美元的罚款和7年的监禁。而且，新加坡的职务犯罪并没有规定最低限额标准，也就是说，只要收受钱财，无论金额大小，一个小小的物品，就可以被认定为受贿。更重要的是，新加坡对受贿的认定并不以受贿人为行为人牟取利益为必要条件，只要受贿人接受了馈赠，不管受贿人是否承诺为行贿人牟取利益，就可以构成职务犯罪。另外，在《没收贪污所得利益法》中对潜逃国外的官员也规定了一系列条款，只要有充分的理由证明潜逃国外的官员与贪污腐败犯罪相关，就可以下令没收其财产。

惩处和预防双管齐下。除了通过在《防止贪污法》和《没收贪污所得利益法》对公职人员行为进行规定，设立严格的惩处措施，新加坡还制定了《公务员守则和纪律条例》和《公务员惩戒程序规则》，通过约束公务员的行为从而达到预防贪污腐败犯罪的目的。《公务员守则和纪律条例》对公务员的行为规范，如公务员不得经营私人企业或者兼职、不得接受任何人赠送的礼物、不得接受宴请等，通过条例的形式对公务员的工作规矩和日常行为规范进行了细化，有利于判定其是否构成贪污腐败犯罪。《公务员惩戒程序规则》的主要内容是针对尚未构成职务犯罪的公务人员的贪污腐败行为或其行为构成渎职而设立的一系列行政处罚程序和在调查过程中程序规范。

---

① 新加坡《刑法》，第161~169条。

② 新加坡《防止贪污法》（1993年修订），第5条。

新加坡对有贪腐行为的公务员毫不留情。新加坡设立了公积金制度，这个制度规定所有公职人员都需要缴纳一定的公积金，级别越高交得越多，逐月累积。公务员每月累积的公积金可用于购买政府组屋、看病治疗、为子女交付教育费和未来退休后可领取的养老金，一旦官员被发现实施了贪腐行为，将会失去工作，永远失去入选公职人员行列的机会，并且取消公积金上缴国库和其他享有的一切优厚待遇，这对临近退休或高级别的公职人员来说是非常严厉的打击。

此外，新加坡针对职务犯罪的隐蔽性，在《预防腐败法》中还规定了一系列实用高效的惩治腐败犯罪的特别诉讼程序，如有罪推定、禁止适用习惯抗辩、污点证人制度等，从而降低贪污腐败犯罪搜证的难度，有效提高职务犯罪查处的效率，维持公共部门执法的廉洁性，提高公共部门的公信力。

(三) 实行高薪养廉，注重廉洁教育，自觉做到廉洁自律

在新加坡，公务员的工资并不比医生、律师，甚至是企业员工的低，真正实现了“高薪养廉”。除此以外，新加坡政府还设立了一系列提供给公务员的优厚待遇，如新加坡的公积金制度。从反腐效果来看，新加坡公积金制度既是“防腐利器”，也是“定海神针”，公务员队伍丰厚的物质待遇让公务员不想腐，而就算实施贪腐，一旦被发现，则会取消一切优厚待遇。

新加坡的治国理念以中国古代的儒家思想文化为基础，新加坡人民把儒家所倡导的“八德”作为道德准则和行为规范，“八德”同时也是新加坡国民尤其公务员的廉政价值观。1991 年，新加坡政府发表《共同价值观白皮书》，确立了新加坡社会各阶层、各民族所接受和认同的五大“共同价值观”，即“国家至上，社会优先；家庭为根，社会为本；关怀扶持，同舟共济；求同存异，协商共识；种族和谐，宗教宽容”，从而进一步奠定了新加坡清正廉洁的社会文化氛围。

三、美国的反腐败制度体系

(一) 美国反腐现状简述

美国在世界上可以称得上是比较清廉的国家之一。根据“透明国际”发布的 2010—2018 年全球清廉指数排名，美国虽然没有进入前十名，但排名一直稳居前二十，这与美国建立严密的腐败惩治体系有密切联系。

美国官方对“腐败”的定义是：“社会活动家、国务活动家、政治家、官员及所有公职人员利用职务之便进行的经济违法活动。”① 第二次世界大战后，美国逐步建立了一套反腐败机制，由《政府道德准则》《政府道德法》和《联邦竞选法》以及执行这些规章和法律的机构组成。《政府道德准则》实际上属于道德规章，用于规范政府工作人员的行为，并不会接受法律的惩处。《政府道德法》具有法律效力，如果政府工作人员违反了《政府道德法》，需要受到法律的制裁。《联邦竞选法》是为了防止在竞选过程中发生腐败行为。

美国联邦政府公开制度是美国预防和惩治腐败机制中一项重要的内容，这一制度被世人称为“阳光法案”。这一制度包括 1966 年颁布、后经 6 次大改的《信息自由法》以及《隐私权法案》和《阳光下的政府法案》，其中，《信息自由法》是美国政府公开制度体系中最重要的内容，它包括信息公开的方式、行政机关对申请信息公开处理的相关规定、免于信息公开的内容、《信息自由法》诉讼的内容、政府信息公开监督制度的规定以及政府文件中除外信息的范围。《信息自由法》授权公众可以查阅美国 15 个政府部门和大部分的联邦行政机关与独立规制机构的档案以及文件，并允许任何人申请查看由联邦政府和行政机关保管的档案与相关信息。美国的信息公开制度极大限度地保障了群众的知情权，使政府的会议、信息以及政策的决策过程让公众知悉，并自觉接受公众的监督。“阳光法案”在广义上还包括了官员财产申报制度，这些制度都让美国的反腐倡廉得以有效推行。

（二）美国反腐败法律体系

美国反腐败法律制度建设中最重要的法律规章包括《政府道德法》《道德改革法》《行政部门雇员道德行为准则》《美国法典》。

1.《道德改革法》

《道德改革法》的适用范围是包括国会议员在内的所有公职人员，内容涵盖美国政府工作人员的财产申报规定、美国政府工作人员收受礼物和旅行资助的相关规定、禁止退休人员从事利益冲突的代理行为、对

① 李晓明等．控制腐败法律机制研究［M］．北京：法律出版社，2010：19. 另参见中国社会科学院《社会主要国家反腐败体系比较研究》课题组：“国际上关于腐败概念及其行为的界定”。

海外工作的限制规定和取消佣金的相关内容、国会的立法权以及美国行政人员工资、礼金的调整内容。通过上述内容详细规定了政府层面工作人员的日常行为，避免了逃避惩处的可能性。

2.《行政部门雇员道德行为准则》

《行政部门雇员道德行为准则》主要对公职人员在行使公权力或进行公共服务时的收受礼物、经济利益冲突、公正执法、进行兼职、滥用职权和介入政府以外六个方面的活动进行了规定，并规定了违反的后果及处罚措施。

3.《美国法典》

在《美国法典》中，详细规定了政府公职人员贪污、受贿的各种罪名和处罚方式，如“贿赂公职人员、证人罪”“公务员受贿罪”“证人受贿罪”“国会议员及其他政府官员非法收受报酬罪”等罪名，并对“公职人员”“公务行为”的定义进行了解释。

4.《政府道德法》

《政府道德法》于1987年颁布，先后经历了三次修订，是一部适用于规范美国政府工作人员职业道德的法律。在《政府道德法》中，还设立了“独立检察官”（Independent Councel）制度，通过授予特别检察官独立的调查权限和起诉权力，建立了独立检察官制度。需要注意的是，独立检察官和特别检察官（Special Prosecutor）是两种不同的制度。在1974年的“水门事件”时，特别检察官发挥了重要作用，为避免总统对特别检察官的影响，1978年制定了《公职伦理法》，在当中新增了一种检察官制度，直至1983年《公职伦理法》再一次进行修改时，仍把这种检察官称为特别检察官。而实际上，《公职伦理法》中提到的检察官是独立检察官，独立检察官是联邦检察组织外的临时性制度，与政治联系密切，当涉及高官或者政治家腐败案件时才会设立。特别检察官存在于《联邦检察组织法》，是联邦检察组织内的经常性“特别制度”，基本不受政治影响，不因案件的特殊性而设置。[①] 独立检察官制度几经废除，但只要发生高官或者政治家腐败案件，该制度会被立刻恢复。最近一次恢复则是在现任美国总统特朗普“通俄门”事件中，美国司法部任命前联邦调查局局长罗伯特·穆勒担任这次事件的独立检察官。

---

① 杨富斌．美国廉政制度与文化研究［M］．北京：中国法制出版社，2016：187.

（三）独立检察官的相关法律规定

1. 独立检察官的适用对象

独立检察官的适用对象包括总统、其他行政高官（副总统、正负部长、司法部部长助理、联邦情报局长官及副长官、国内税务收入厅长官等）、联邦议会议员、选举责任人员（参加或蝉联总统选举的候选人、在国家选举委员会中的所有官员）在内的人员，只要涉嫌联邦刑事法律所规定的、非轻微以外的所有罪名，均会任命独立检察官负责案件的侦查和起诉工作。而一旦任命独立检察官负责案件侦查起诉工作后，司法部和联邦检察组织都无权干涉独立检察官的工作，除非其得到了独立检察官的授权。同样，特别检察官只有在独立检察官没获得“再授权”或处于失权状态时，才能介入侦查工作。

2. 独立检察官的任命条件

首席检察官如果在90日内的初步调查中发现，需要进行进一步调查或在90日内初步调查并未完成的，则需要向法院申请一名独立检察官开展单独的调查活动。

3. 独立检察官的职责权限

其职权包括调查权、传讯权、提起特别诉讼权、组织人事权、向国会汇报和提供弹劾案案情。独立检察官可以参与诉讼活动和必要的立法活动，他在调查管辖范围内与司法长官、司法部、司法部官员拥有同样的侦查权、起诉权和相对独立的权限，即独立检察官在合理并合法使用开支的情况下，可以雇用他人，也可以寻求司法部的协助，司法部对此应当予以协助。独立检察官需定期向联邦议会报告侦查和起诉状况，但可以隐去自己认为是秘密的内容。

4. 独立调查官的任期和解除

司法部长基于独立检察官被弹劾、被判处有罪、身心障碍或因司法部长的个人原因时，才能解除独立检察官的任命。当独立检察官完成其职责内的所有事项或提出最终报告书时，则其任期自动结束。

四、德国的反腐败制度体系

（一）德国廉情概述

德国是最早“政党入宪”的国家，其在反腐败工作上有不俗的成绩，甚至是在欧盟所有国家里反腐成绩最好的国家之一。在“透明国际”

2018 年发布的世界清廉指数排名中，德国位于第 11 位，2010—2017 年，德国的排名均在 15 位以前（见表 5-3）。根据 2013 年欧盟关于腐败的民意调查结果显示，92%的德国受访者在日常生活中不认为自己受到腐败的影响，而整个欧盟平均值为 70%。在公共部门工作的人当中，如果身边同事涉及职务犯罪，愿意对此事提起刑事诉讼的人相对较多。德国有如此显著的反腐成效，离不开其较为完善的反腐败体制，控制和预防犯罪都是德国打击腐败犯罪的关键。通过设定一系列的法律法规，成立反腐败机构，完善公务员制度，制定预防腐败方针，从而达到防治腐败的目的。

表 5-3　德国 2010—2018 年清廉指数排名情况

	2010 年	2011 年	2012 年	2013 年	2014 年	2015 年	2016 年	2017 年	2018 年
排名	1	5	5	5	7	7	7	6	3
参评国家数（个）	178	182	174	175	174	167	177	180	180

（二）德国反腐败机构

德国联邦政府的司法部被普遍认为是德国的“反腐败机构”，但是德国的 16 个联邦州均下设了反腐败部门，有 8 个州通过检察机关设立专门的反腐败部门，其余的几个联邦州则在不同的地方或者政府部门设置反腐败机构，也就是说，德国各州的反腐败部门的设立由各州自己决定，这些反腐败部门被认为是德国反腐败过程中的主干力量。各反腐败部门由检察官、警察局局长和专业警察组成，隶属州司法部。各级政府部门内设一名腐败预防联系人，通过发现、处理和预防犯罪，发现腐败现象，处理腐败举报信息等，向上级领导汇报，情况严重时还可以直接向检察院报告。各部门反腐败联系人会每年召开会议，由内政部组织，对是否需要在反腐败方面出台新的规定进行商榷。因此可以说，德国的反腐败联系人是德国反腐的重要力量，在预防腐败方面起着重要作用。

另外，德国还完善了权力监督体系，通过行政监督、司法监督、议会监督和舆论监督全方面、多角度约束权力滥用，让官员干部“不能腐”。值得一提的是，德国的舆论监督在反腐败工作中起到了重要作用。德国具有高度的言论自由，使得德国媒体为吸引读者，以营利为目的，专门雇用线人收集政府官员干部的政治丑闻，一旦发现被曝光后将会面临群众指责和刑事处罚。[①]

（三）德国反腐败法律体系

德国在刑事立法防治腐败方面，有几部比较重要的法典，如德国《刑法典》和1997年颁布的《反腐败法》。《反腐败法》从严格意义上来说不属于法律，只是一个对如何加强反腐败力度的指导性方案。德国《刑法典》则针对公务人员行贿、受贿的相关情形，规定了相应的刑事处罚方式。而《刑法典》第11条对公务人员的范围作出了解释："2. 公务人员依德国法是指：a. 公务员或者法官，b. 具有其他公法意义上的职务关系的人员，c. 其他被聘用在行政机关或者其他机构从事公务的人员，获授行政机关委托，在不妨碍未完成任务所选择的组织形式的情况下从事公务的人员；3. 法官指：依德国法律担任的职业法官或者名誉职务法官；4. 对公务负有特别义务的人员指：非公务人员，而a. 在行政机关或者其他机构从事公务，或b. 在为行政机关或其他机构执行公务的社团或其联合体、企业就职或为其工作，且依法正式宣誓认真履行其职责的人员。"[②] 由此可见，再结合《刑法》，公职人员包括市长在内等民选官员，在给予或收受贿赂时犯下了刑事罪，需要受到相应的刑事处罚。但是，议会议员和市议会议员等集会成员并不属于公职人员的定义，他们在只有不行使立法权力但具有行政能力的情况下才有资格成立公职人员，因此，他们在做出与腐败有关的行为时，并不需要承担相应的刑事责任，适用他们贿赂犯罪的情形只有《刑法》第108e条中规定的，出于买卖选票的，才会因其被动或主动贿赂行为而受到刑事处罚，这也是德国《刑法典》中被忽略的一点。

除通过《刑法》规范公务人员行为外，德国还制定了《德国联邦公务员法》和《德国联邦公务员惩戒法》，对公务员的遴选、任命、升迁、委派和调动、解聘、退休、福利、接受报酬礼物、住房、义务等事项进行了严格的规定，有效约束了公务人员的权力，从而进一步达到让

---

① 邱学强，徐伟新等．国家命运：反腐攻坚战［M］．北京：中共编译出版社，2015.

② 徐久生，庄敬华．德国刑法典（2002年修订）［M］．北京：中国方正出版社，2004：07.

公务人员“不能腐”的目的。

1. 公务人员入职

在德国，公务员关系是指：“公务员与其上级主管部门之间的关系是公法上的工作关系和信赖关系。”① 公务人员在入职前，需要经过试用期的考验，试用期结束后才会正式成为政府公务人员。试用期公务员和正式公务员均会收到任命书，且正式公务人员入职前需要进行就职宣誓。此外，《德国联邦公务员法》第 23 条规定，如果某一职位的公职人员是因贿赂方式得到任命的，将会撤回该职位的任命。

2. 公务员的升迁

德国会定期对公务员的能力、才华和专业水平进行评价。公务员的升迁方式包括择优原则和资历原则，择优原则是根据上级对其的官方评价，从遴选决定开始的时刻开始计算往前最多参考三年工作的评价情况。资历原则是根据公务员在职的资历、年限来决定是否有资格进行晋升。无论是哪种晋升方式都需要进行相关的晋升考试，且一般来说需要逐级晋升，不得越级晋升。

3. 公务人员离职

德国公务人员的离职包括退休、解聘、丧失公务员权力或被剥夺公务员关系。其中，对解聘的情形、退休的申请、因刑事诉讼被判决后丧失公务员权力等方面的公务员待遇进行了具体的规定。

4. 严禁接受报酬、礼物

《德国联邦公务员法》第 71 条中规定，公务人员严禁利用职务之便接受报酬、礼物和其他利益，即使在其离职后也同样被禁止。如果违反该项要求，需上交或没收所得之物，并给予相应的惩处措施。若在重大节日期间，公务员收到节日邀请函需经上级批准后才可出席，且期间不能收取节日礼物，否则将会因此受到惩处。

5. 惩处措施

德国在《德国联邦公务员惩戒法》中规定了 5 种针对公务员的惩戒措施，包括警告、罚款、降低薪金、降级和解除公务员关系。其中，如果被强制解除公务员关系，将会在其社会信用记录留下污点信息，从而影响未来的生活。这只是纪律处分，如果情节严重，将会进入司法程

---

① 《德国联邦公务员法》2009 年修订版，第 4 条。

序，根据《刑法典》的要求对公职人员进行相对严厉的刑事处罚。

（四）德国预防腐败相关措施

德国联邦政府于2004年7月30日颁布了《德国联邦政府关于联邦行政管理中的预防腐败方针》（以下简称《方针》）。《方针》中主要是针对特别有可能腐败的岗位或者个人，通过多种方式，如对容易产生腐败的部门或单位实行公开原则、对工作人员进行教育和继续教育、通过上级监督等对可能发生的腐败行为进行及时阻止。《方针》还包括了两个行为准则，即《反腐败行为准则》和《上司和机关领导的主导思想》。《反腐败行为准则》主要目的是提醒有可能出现腐败行为的公职人员，要尽职合法地履行职责并向其说明做出职务犯罪行为的后果。《上司和机关领导的主导思想》虽然标题是思想的形式，但是是针对领导干部而设立的管理行为准则。《上司和机关领导的主导思想》明确提出，对于高腐败风险岗位，应当每五年更换工作人员。除此之外，对腐败的征兆进行了分类，并且具体列出了相应征兆的情形，希望通过上级领导对下属的腐败行为进行及时阻止或及时揭发，并在准则的最后一条告知，如领导发现了下级的腐败行为而没有及时揭发，有可能面临渎职犯罪的处罚。由此可见，德国通过对公职人员进行思想教育，强调上级对下级的监督作用，并通过刑罚处罚对腐败行为进行震慑，从而形成了一个廉洁的社会环境。

第六章　监察法在实践运用中的问题研究

一、监察调查权限的问题研究

监察体制改革后，监察委员会作为行使监察职能的专责机关，《监察法》赋予监察委员会三大职权：监督、调查、处置。在其行使调查职能时，监察委员会有权使用《监察法》中规定的监察权限和调查手段：一是包含谈话、询问、讯问、查询、冻结、扣押、勘验检查、搜查、调取、查封、鉴定在内的措施；二是可以对被调查人进行留置；三是根据需要，经过严格的审批手续后，可以请有关机关采取技术调查、通缉和限制出境措施。《监察法》赋予监察委员会的检查权限和调查手段有助于职务犯罪调查的开展，高效行使监察职能。

（一）11种常规调查措施使监察职能有序开展

《监察法》规定，监察委员会可以使用谈话、询问、讯问、查询、冻结、扣押、勘验检查、搜查、调取、查封、鉴定等调查措施。在这些调查措施中，查询、冻结、扣押、封存是原行政监察法中所规定的措施，在经过完善和调整后，并借鉴公安机关和原检察机关反贪反渎部门使用的侦查措施，最终总结形成《监察法》的这些调查措施，并且规定了每项调查措施都需要进行严格的审批程序和执行方法。其中，搜查、扣押属于强制性措施，在使用时应当受到严格的限制。

监察委员会在使用搜查、扣押、查封、调取等调查手段时，因涉及被调查对象的合法权益和切身利益，属于对公民人身、财产和信息采取的强制性措施，如果使用不当，可能会给被调查对象或者公民的人身、财产和隐私权带来侵害，因此在使用时需要依法进行。例如，搜查措施在使用时需出具《搜查证》，保障公民权利不受侵犯。在实际操作中，广东省某市在《市纪委市监委机关审查调查措施使用规范（试行）》中对搜查措施的使用进行了如下规定：“采取搜查措施的，应当经市监委主要负责人批准并开具《搜查证》，由两名以上调查人员执行。调查人员应当出示工作证件和《搜查证》，并由被搜查人或其家属签名，如拒签应当记录在案。搜查过程应当全程录音录像。录音录像资料交案件监督管理室存查。”“采取搜查措施在遇到紧急情况时，审查调查部门可以口头报请市监委主要负责人同意实施搜查。”由此可以看到，各地监察委员会在使用搜查手段时都对此进行了严格的要求，以保证公民的合法权利。又如，监察机关在使用扣押或查封、调取手段时，需要出具书面通知或《查封决定书》《扣押决定书》，由两名以上工作人员进行，并出示工作证件，进行查封、扣押时还应全程录音录像，且将录音录像资料交由案件监督管理室存查。

监察委员会在使用勘验检查和鉴定两种调查措施时，由于这两种措施具有一定的专业性，可以指派或聘请具有专业知识的工作人员参与其中，在广东省某市的《市纪委市监委机关审查调查措施使用规范（试行）》中，对适用鉴定的情形、主体、结果和采用均进行了详细规定。

（二）留置措施使用的相关问题

留置措施是监察委员会的12项调查措施中最严厉的一项调查措施。习近平总书记在党的十九大报告中指出，用留置代替以前的“两规”措施，从而使纪检监察机关对限制调查对象的人身自由合法化。《监察法》中规定了留置的事实条件、程序条件和情节条件：有犯罪事实、经检察机关依法批准、有留置必要，从而严格规范留置措施的使用，防止被调查对象的权利被随意侵害。同时，《监察法》中规定需要保障被留置对象的基本权利，包括其基本饮食、休息和安全，另外还需配备医疗服务，保障被留置对象的基本身体健康，降低风险的发生。在实际操作过程中，监察机关在留置时为保证被留置对象具备清醒的精神状态，通过合理安排讯问时间和时长，在晚上11点前结束问话，由此保证被留置对象的休息时间。此外，在《监察法》中还规定了留置的时长期限、通知程序和折抵刑期，进一步完善了适用留置的情形，推进了法制化进程。

在实际操作过程中，纪检监察机关严格遵循党纪国法，也对留置点的设置和管理办法进行了详细的规定。G省出台了留置点设置和管理办法，规定了留置点的场所（非公安机关看守所）所需配备的设施如医务室、活动室、居室、餐室、卫生间等。医务室配备医生全天驻点值班，所有可能涉及被留置对象人身安全的设施都进行软包处理，并在讯问室安装实时录音录像，其他留置点只安装实时监控，充分保护被留置对象的隐私。在该方法中还提到被留置对象休息的时间安排，下午 1 点至 2 点，晚上 12 点至次日 7 点为留置对象的休息时间，讯问时间为早上 8 点半至晚上 11 点，且连续讯问时间不得超过 6 小时，时间安排充分保障了其休息时间，符合《监察法》的要求。

留置在实际办案过程中也起到了关键作用，留置的适用对象不仅是国家工作人员，还可以对贪污贿赂当中的行贿人或者共同职务犯罪人进行留置。而在《监察法》中规定，留置时长最长可达 6 个月，随着时间的深入，对于破除行受贿人之间的攻守同盟、打破熟人社会的樊篱具有重要作用。此外，在留置过程中，通过对被留置对象进行思想政治教育，从而感化被留置对象，让被留置对象真心悔过，留置充分发挥了其政治性。

然而，由于留置是一项新的调查措施，当今学界对留置措施的完善方面还存在很大的争议。有学者对留置的以下几个方面提出了疑问。

1. 留置场所的问题

学界一直对此存在疑问，《监察法》中并没有明确规定留置的场所，而监察体制改革一年时间内，监察机关使用留置措施时往往选择两个地点：原纪委“双规”场所和公安机关的拘留所，这就导致了法治不统一的现象。纪委的“双规”场所并不像公安机关拘留所那样具备固定的程序规范，留置时的成本较高，公安机关对于留置对象的看管也是力不从心。由于反腐败打击力度加大，即使是两个场所同时使用也可能存在场所不够用的情况，因此还存在“走读”的现象。“走读”前如果公安机关没有对留置对象做好心理工作，纪检监察机关又疏于管理，则可能出现问题后存在责任难以界定的问题。

2. 留置期限问题

《监察法》规定留置期限一般为三个月，如果有需要可以延长三个月，即六个月。但是，《监察法》中规定检察机关可以两次退回监察机关补充侦查，每次补充侦查的时长是一个月，因此，实际上留置的期限是八个月。而在实际办案过程中，留置时间过长可能会消耗监察机关过多的人力和物力，而一般来说，办案机关在前期是突破口供的最佳时期，因此留置的时长期限还需通过实践进行证明。

3. 留置的安全性问题

基层监察机关的办案条件有限，如果在原纪委“双规”场所进行留置，如何保证监察机关办案人员的安全性问题。是否可以对被留置对象采取强制措施，如戴手铐、办案人员配枪等，或者从公安机关调配人员至监察机关协助办案，这些问题都需要进一步在实践中证明。

(三) 监督执纪过程中纪检监察机关与公安机关的衔接问题

在《监察法》中，还明确了监察机关使用技术调查、通缉和限制调查对象出境的调查权限，而这些措施的使用，离不开公安机关的协助，此时就涉及监察机关和公安机关的衔接问题。《监察法》第二十八条、第二十九条、第三十条规定，以上三项调查措施的使用，公安机关应当予以配合：“监察机关调查涉嫌重大贪污贿赂等职务犯罪，根据需要，经过严格的批准手续，可以采取技术调查措施，按照规定交有关机关执行。”“依法应当留置的被调查人如果在逃，监察机关可以决定在本行政区域内通缉，由公安机关发布通缉令，追捕归案。”“监察机关为防止被调查人及相关人员逃匿境外，经省级以上检察机关批准，可以对被调查人及相关人员采取限制出境措施，由公安机关依法执行。”同时，在印发的《广东省公安机关支持配合监察委员会查办案件工作办法（试行）》（以下简称《办法》）中，详细规定了公安机关和监察委员会的衔接具体做法：开设部门与监察机关对接。公安机关专门设立了一个部门与监察机关进行工作对接，负责监察委员会向公安机关提出的配合要求。

对于管辖模糊的情况。职务犯罪案件由监察委员会管辖，如果既涉及职务犯罪案件又涉及其他犯罪，以监察委员会调查为主，公安机关予以协助。如果主罪属于公安机关管辖，在侦查终结后需与监察委员会沟通。

监察委员会在使用技术调查、通缉和限制出境措施时，需要公安机关协助配合的，公安机关应当予以协助。

在实际办案过程中，不仅是技术调查、通缉和限制调查对象出境等调查手段需要公安机关的协助，在上述搜查措施的使用中可能也需要公安机关的协助，《监察法》第二十四条第三款规定：“监察机关进行搜查时，可以根据工作需要提请公安机关配合。公安机关应当依法予以协助。”此外，在监察体制改革后，监察机关和公安机关可能还存在管辖竞合的问题。如果公安机关在办案过程中发现职务犯罪，将职务犯罪线索移交监察机关开展调查后，监察机关依法对被调查对象进行留置，此时就存在律师是否能介入的问题。

为深化监察体制改革，巩固发展反腐败斗争压倒性胜利，应当将扫黑除恶专项斗争与反腐和基层“拍蝇”相结合，由公安机关负责查处涉黑涉恶案件，纪检监察机关负责查处背后的“保护伞”，这也涉及了在案件查处过程中公安机关与纪检监察机关的衔接问题。通过加强公安机关与纪检监察机关的横向联系，侦查与调查工作同时开展，各部门及时沟通，设立专门部门或专门负责人进行案件的对接，从而提升整体协作合力，巩固和发展反腐败斗争压倒性胜利。

二、“纪法贯通、法法衔接”的问题研究

党的十八届四中全会通过了《中共中央关于全面推进依法治国若干重大问题的决定》。该决定指出，依法执政，要求党既要依据法治国理政，也要依据党规管党治党。党纪国法是国家治理体系中不可缺少的内容，进一步加强纪法贯通和法法衔接，有助于实现社会主义法制化进程，深化监察体制改革。

监察体制改革之前，我国一直遵循纪在法前、纪法分开的原则。检察机关、纪律检查机关和行政监察机关分别监督不同领域的职务犯罪对象，存在查处力量分散、资源浪费、成本增加的问题。三者的监督对象仅仅包括党员、国家行政机关工作人员，国家机关公职人员的腐败问题、违法行为由检察机关查处，党员的违纪行为由纪律检查机关处理，行政机关工作人员的违纪违法行为由行政机关进行监督，三个部门职能重叠，但还有一部分行使公权力的公职人员却得不到有效的监管。对于非党员的公职人员，并没有纳入监察范围，从而导致其权力行使无人监管、违纪违法无人问津。

此外，从处罚方式上来说，检察机关查处职务犯罪时，因为没有相关规定检察机关在查处职务犯罪后有责任需要将党员移送纪律检查机关追究其违纪行为，检察机关也不会特意查看其查处对象是否属于纪律检查机关管辖范围，所以往往会出现先移交检察机关诉后移送纪律检查机关或者先进行刑法处罚后进行党纪处分的问题，甚至有时候还出现了在监狱服刑时也并未受到党纪处分，以至于违法官员还保留党籍的情形，

违反了纪在法前的原则，阻碍了纪律检查机关工作的开展，党纪得不到较好的警示效果。

在过去，纪律检查机关使用调查手段时受到各方面的限制。纪律检查机关不能像检察机关使用各种职务犯罪侦查手段，在进行党员违纪行为调查时，往往只能使用“两指”措施。虽然有一定的效果，但效果不显著，可能还消耗了大量的时间、人力、物力，因涉及人身自由的问题，其合法性也受到社会质疑。

国家监察体制改革有效促进“纪法贯通”。2017 年 1 月，第十二届全国人大常委会第二十五次会议通过《在北京市、山西省、浙江省开展国家监察体制改革试点工作的决定》正式启动我国监察体制改革。通过进行监察体制改革，整合行政监察机关和检察机关的反贪污贿赂调查局以及反渎职侵权调查局的资源，成立监察委员会，与纪律检查机关合署办公，将三者资源有机整合，由党进行集中领导，有效、独立行使纪检、监察职能，实现了职务犯罪调查工作的领导体制、手段措施和资源力量的统一。

监察体制改革后，纪委行使监督执纪问责职能，监委行使监督调查处置职能，纪委、监委的衔接主要以出台《监察法》和 2018 年修订《中国共产党纪律处分条例》的形式表现在以下三个方面：

1. 实现监察对象全覆盖

监察委员会成立后，《监察法》也随之出台。在《监察法》中明确规定了六类行使公权力的工作人员为纪检监察机关的监察对象，从而解决无人监督区域的问题，实现党内监督和国家行使公权力人员的监察全覆盖。

2. 纪法章程有效衔接

2018 年 7 月 31 日，中共中央审议通过了《中国共产党纪律处分条例》。新修订的《中国共产党纪律处分条例》里，增加了纪法衔接的内容，从而进一步推动纪法衔接，修改内容包括增加与《监察法》中规定一致的职务犯罪行为种类，《监察法》规定了依法调查 7 种职务犯罪行为，包括贪污贿赂、滥用职权、玩忽职守、权力寻租、利益输送、徇私舞弊以及浪费国家资产。新修订的条例中同样规定了需要对上述 7 种行为予以党纪处分。而且，为促进纪法贯通，新条例中还第一次增加了“留置”的内容，从而与《监察法》相对应，新条例第三十条规定：

"党员被依法留置、逮捕的，党组织应当按照管理权限中止其表决权、选举权和被选举权等党员权利。根据监察机关、司法机关处理结果，可以恢复其党员权利的，应当及时予以恢复。"① 留置在《监察法》中有详细的规定，包括其适用条件和适用程序，使纪委使用留置程序时有法可依，推动我国法制化进程。《监察法》中规定了监察委员会在进行职务犯罪调查过程中，可以使用 12 项调查措施，从而进一步保证了纪委执纪过程的及时高效，提高了办案的效率。

3. 解决"纪在法后""先法后纪"的现象

纪委、监委合署办公后，办公模式实际上是两块牌子，一套班子，在党员干部涉嫌违纪、违法和犯罪情形的情况下纪检监察机关均有处理权限，有效解决了党员的违纪违法或犯罪行为查处发生"纪在法后"的情况。新条例还修订了纪在法前的程序性规定："党组织在纪律审查中发现党员严重违纪涉嫌违法犯罪的，原则上先作出党纪处分决定，并按照规定给予政务处分后，再移送有关国家机关依法处理。"② 在内容上和程序上有效加强了纪法衔接，保证了纪在法前，使纪法衔接更加彻底。

随着监察体制改革的深化，进一步加强纪法贯通和法法衔接，切实提高反腐败力度，可以从以下三个方面着手：

（1）分清纪委、监委两者的职责内涵。纪委的监督执纪问责和监委的监督调查处置是纪检监察机关的双重职责，但是在实际办案过程中，存在部分纪检监察干部认识不清，监督和审查调查轻重不分，甚至还出现对"监督"抱有偏见，认为审查调查才是第一要务的错误思想。通过完善纪检监察机关内部运行机制，既要涵盖执纪监督，也要进行审查调查，执纪监督部门负责日常监督，审查调查部门负责案件调查工作，同时强化审理和案管部门职能，充分发挥监督执纪问责和监督调查处置两项职能，熟练运用好纪律和法律"两把尺子"，打造清正廉洁的干部队伍。

（2）打造高素质专业化纪检监察队伍。纪检监察机关的工作人员包括原纪律检查机关人员和从检察院反贪反渎部门转隶人员，两个部门

---

① 《中国共产党纪律处分条例》（2018 年修订），第 30 条。

② 《中国共产党纪律处分条例》（2018 年修订），第 29 条。

工作人员在原部门办案时通常来说只接触相关的法律或条例，而在纪委、监委合署办公后，既要处理党员违纪案件，也要处理国家工作人员的违法或犯罪案件，需要同时运用《中国共产党纪律处分条例》和《监察法》的内容，转隶后的纪检监察干部在监督执纪工作上拿捏不准，部分原纪检干部在刑事诉讼流程的标准上仍缺乏经验。因此，需要加强纪检监察干部的综合能力，认真学习党章党规党纪和相关法律，转隶干部和原纪检干部相互搭配，联系过往办案经验，及时交流沟通，成为适应监察体制改革发展的纪法皆通的全能型办案人员。

（3）加强监察法与各类法律之间的法法衔接。法法衔接是纪检监察机关高效开展工作的前提，法法衔接更多的是指纪检监察机关在履行监督调查处置的职能后与检察机关公诉职能之间的有效对接。《监察法》第三十三条规定，纪检监察机关依法收集的物证、书证、证人证言、被调查人供述和辩解、视听资料、电子数据等证据材料，可以在刑事诉讼法中作为证据直接使用，从而形成完整的证据链，排除证据之间的合理怀疑，更好地促进了纪法贯通、法法衔接，解决了以往纪检监察机关获取的证据不能直接作为刑事诉讼中证据材料的弊端。

除实质意义上的衔接外，法法衔接还包括监察程序和检察程序之间的程序对接。当纪检监察机关审查调查程序结束后，需要移交检察机关提起公诉，此时就涉及两个部门之间程序上的对接问题。广东省部分城市的检察院探索成立职务犯罪公诉科，专门负责职务犯罪的公诉案件，处理内容包括纪检监察机关移送公诉后的内容和程序对接具体事项、是否需要退回补充调查等，真正建立起《监察法》与《刑事诉讼法》有效对接的工作机制。

三、监察对象全覆盖的问题研究

全面深化监察体制改革，巩固和发展反腐败斗争压倒性胜利，实现监察全覆盖对确保党中央重大决策部署坚决落实具有重要意义。监察全覆盖意味着对公权力的运行和公职人员监督全覆盖，消除权力监督的空白地带，实行无死角监督。通过拓宽监督范围，拓展监督方式，逐步实现监察对象全覆盖、派驻机构全覆盖、巡视巡查全覆盖，深化监察全覆盖。

（一）监察对象全覆盖

监察体制改革前，我国对公职人员的监督范围仅包括公务员及行政机关工作人员，纪律检查机关对党员监督的力度不够。党的十八大提出全面从严治党，2017 年全面推行监察体制改革，整合检察机关、纪律检查机关和行政监察机关的力量，成立监察委员会。2018 年 3 月 20 日，十三届全国人民代表大会通过了《监察法》。《监察法》第十五条规定六类人被纳入监察范围：“（一）中国共产党机关、人民代表大会及其常务委员会机关、人民政府、监察委员会、人民法院、人民检察院、中国人民政治协商会议各级委员会机关、民主党派机关和工商业联合会机关的公务员，以及参照《中华人民共和国公务员法》管理的人员；（二）法律、法规授权或者受国家机关依法委托管理公共事务的组织中从事公务的人员；（三）国有企业管理人员；（四）公办的教育、科研、文化、医疗卫生、体育等单位中从事管理的人员；（五）基层群众性自治组织中从事管理的人员；（六）其他依法履行公职的人员。”与以往的行政监察法监督对象相比，过去的行政监察法监督对象仅包括全体公务员及各级行政部门任命的其他人员[①]，由此可以看出，《监察法》极大地拓宽了监察对象的范围，使监督对象不仅包括公务员，还包含公办单位的管理人员和基层组织的工作人员。而且，监察体制改革后监察机关与党的纪律检查机关合署办公，有效加强了监督党员的力度，由此实现了我国监察机关依法对所有党员和国家所有行使公权力的公职人员的全覆盖。

推动监察职能向镇、村一级延伸，实现监察全覆盖。基层一级的党员和国家公职人员由于过去没有配备完善的监督机制，基层一级的国家公职人员没有被纳入监察对象范围内，导致基层“微腐败”现象严峻。由于“微腐败”损害、啃食人民群众的切身利益和获得感，因此群众都对身边的“微腐败”问题深恶痛绝。各地纪检监察机关为加强基层监督，各显神通，积极探索监察职能在基层有效行使的监督方式，贯穿“最后一公里”，防止“微腐败”发生，切实维护人民群众的利益。通过成立网格化监督机制，在乡镇一级派出监察机构，在村居一级设立监

① 袁柏顺．范围、界限与动态发展：也论监察对象“全覆盖”［J］．河南社会科学，2019（01）．

察员，紧盯基层权力规范运行，实现镇、村监察全覆盖，有效改善了过去镇、村一级难监督、监督难的问题。

（二）派驻机构全覆盖

改革和完善纪检监察派驻制度是以习近平同志为核心的党中央作出的重大决策部署。① 党的十八大以来，派驻机构改革就在有条不紊地进行。2018 年 6 月 20 日，中央纪委国家监委宣布统一设立派驻机构，并将其命名为中央纪律检查委员会国家监察委员会派驻纪检监察组，代替了以往的中央纪律检查委员会派驻纪检组。派驻是纪检监察机关实现对各部门、各单位深入了解的有效方式，有助于纪检监察机关开展日常监督，发现问题并督促整改，盯住监察对象，真正实现监察全覆盖。

派驻机构的派驻对象可以分为三类：一是党和国家机关、政协机关、各民主党派机关和工商联机关；二是国有企业；三是法律法规授权或者委托管理公共事物的组织和单位。派驻机构作为国家纪检监察机关的一部分，通过纪检监察机关授权，隶属于纪检监察机关，独立于纪检监察机关并对其负责，因而派驻机构主要行使纪检监察机关的监督执纪问责职能。

派驻机构通过执行纪检机关的监督执纪问责职能，监督驻在部门的日常工作和工作细则，通过常态发现问题。派驻机构要敢监督、常监督，落实监督责任，完善考核评价制度，发现现存廉政制度的风险薄弱环节。通过日常监督、督促整改、提出建议等方式，强化驻在机构、部门的党组主体责任，加强与党组的沟通联系，督促党组整改驻在部门的问题，并提供解决、改善建议，确保落实中央政策。同时，派驻机构也要调动驻在部门党组的积极性，主动与派驻机构联系，与派驻机构同向发力，发现现有问题，积极整改，合力推进全面从严治党。各地纪检监察机关也在进一步落实派驻工作机制，通过要求派驻机构每季度进行一次谈话、每半年开展一次督查、每年对派驻工作进行总结，从而强化派驻纪检监察组的监督执纪问责工作效果。派驻作为纪检监察机关实现监察全覆盖的重要举措之一，对深化监察体制改革、推行全面从严治党有重要意义。

---

① 陶治国．构建“四个全覆盖”监督新格局［J］．党建研究，2018（10）．

（三）巡视全覆盖

2019年3月20日，全国巡视工作会议暨十九届中央第三轮巡视动员部署会在北京召开，这是自党的十八大以来第一次召开全国巡视工作会议，为总结党的十九大以来巡视工作所取得的新成就进行总结，并对新时代巡视工作进行再部署。巡视作为党内监督的重要力量，为实现全面从严治党提供了有力支撑。

自党的十九大召开以来已开展三轮巡视工作，第三轮巡视正在进行。党的十九大第一轮巡视为常规巡视，多板块安排巡视对象。第二轮巡视为脱贫攻坚专项巡视。截至目前，第三轮常规巡视已全部进驻，以国务院国有资产监督管理委员会、国家能源局、国家国防科技工业局3个中央单位，以及中国航天科技集团有限公司等42家中管企业①作为巡视对象。在第一轮巡视过程中，巡视组针对福建省现有问题提出整改意见，在两个月的时间里，福建省委作为第一责任人，带头对巡视发现的问题进行了集中整改，并对此发布了整改情况报告。在报告中，省委提到针对巡视组提出的反馈意见，研究制定了4个方面、31项整改任务、165条整改措施，从而有效改善了巡视中反馈的问题。

既要用好常规巡视，也要用好专项巡视，保证党员的先进性，实现对公权力运行的监督全覆盖。巡视的本质是政治监督，政治监督即对党的组织建设、政治建设和作风建设进行监督，加强各级党委的主体责任，落实各级党委的主体监督。通过开展巡视监督，把巡视监督作为改善整治工作作风问题和规范公权力运行的重要“利器”，有助于健全党和国家的监督体系。

通过整合各类监督的力量，将监察的震慑力覆盖到公权力运行的全过程，有利于推进全面从严治党、党风廉政建设和反腐败斗争进程，巩固发展反腐败斗争压倒性胜利，保障决胜全面建成小康社会。

---

① 全国巡视工作会议对新时代巡视工作作出部署在新的起点上把巡视工作不断引向深入[DB/OL]. 中国纪检监察报，2019-03-22，http://www.ccdi.gov.cn/special/19zyxsgz/yw_19zyxsgz/201903/t20190325_191095.html。

下 篇
实践探索

第七章 “不敢腐、不能腐、不想腐”长效机制的构建

“廉耻，立人之大节；盖不廉则无所不取，不耻则无所不为。”习近平总书记在中国共产党第十九次全国人民代表大会上的报告指出：“强化不敢腐的震慑，扎牢不能腐的笼子，增强不想腐的自觉，通过不懈努力换来海晏河清、朗朗乾坤。”[①] 构建“不敢腐、不能腐、不想腐”的有效机制，既是对反腐败工作的一个长期规划，也是夺取反腐败斗争压倒性胜利的重要举措之一。

一、加大违纪违法处理——构建“不敢腐”

进入新时期以来，查处职务犯罪可谓“风雨兼程，铸就辉煌”。随着经济水平的不断发展，人民对物质生活的要求也越来越高，但纪法意识却没有跟上经济发展的步伐。很多官员法纪意识不强，认为吃拿卡要、收取红包是小事情，而在查处违纪违法行为过程中，很多机关单位认为这样的小拿小用无伤大雅，崇尚好人主义和庸俗关系学，因此放任自流，对相关官员干部姑息养奸，以致社会风气一度变成“没有红包不好办事”。为保证清正廉洁的政治本色，各时期领导人都对反腐工作作出了重要指示，并不断深入推进，加强惩治腐败的力度。邓小平同志曾提出：“做几件使人民满意的事情。主要是两个方面，一个是更大胆的改革开放，另一个是抓紧惩治腐败。”[②] 江泽民同志在 2000 年就提出了“反腐倡廉”的概念，为建立“不敢腐、不能腐、不想腐”的反腐

---

① 习近平．决胜全面建成小康社会 夺取新时代中国特色社会主义伟大胜利［N］．人民日报，2017-10-18.

② 邓小平．邓小平文选（第三卷）［M］．第三代领导集体的当务之急．北京：人民出版社，1989.

败机制提出了初步构想："反腐倡廉，既要治标，更要治本。坚持标本兼治，教育是基础，法制是保证，监督是关键。通过深化改革，不断铲除腐败现象滋生蔓延的土壤和条件。"① 党的十七大报告中，首次提出"反腐倡廉建设"的概念，将反腐倡廉与党风廉政建设和反腐败斗争相结合，把反腐倡廉工作上升至一个显著地位，放在更加突出的位置："中国共产党的性质和宗旨，决定了党同各种消极腐败现象是水火不相容的。坚决惩治和有效预防腐败，关系人心向背和党的生死存亡，是党必须始终抓好的重大政治任务。"② 随着各时期领导人对反腐败工作的深入开展，如今，我国正处于决胜全面建成小康社会时期，对于反腐败斗争丝毫不能松懈，反腐败斗争进入了一个新的阶段。习近平总书记在党的十九大报告中对反腐败工作作出了新的指示："人民群众最痛恨腐败现象，腐败是我们当前面临的最大威胁，只有以反腐败永远在路上的坚韧和执着，深化标本兼治，保证干部清正，政府清廉，政治清明，才能跳出历史周期律，确保党和国家长治久安。"③

（一）重拳惩治"老虎""苍蝇""狐狸"，对腐败"零容忍"

由古至今，没有因反腐而衰败的国家，只有因腐败而灭亡的政权。2012 年，中央政治局召开会议，出台中央"八项规定"，重拳整治不正之风，推进全面从严治党。自党的十八大以来，着力开展"打虎""拍蝇""猎狐"，做到有腐必反，有贪必肃，有案必查。习近平总书记在第十八届中央纪委三次全会上提出，继续保持反腐败的高压态势，坚决以零容忍的态度惩治腐败。从数据中可以看到，自党的十八大以来，反腐力度在不断加强，2013—2018 年，查办省部级及以上干部近 300 人，厅局级干部 8000 余人，涉及民生和扶贫领域的"蝇贪"近 40 万人（见表 7-1）。自 2015 年连续四年开展国际职务犯罪追逃追赃"天网"专项行动，已从 120 多个国家与地区劝返和追回 5000 多名外逃人员，以及包括杨秀珠在内的 56 名"百名红通人员"。

---

① 江泽民．江泽民文选（第三卷）［M］．推动党风廉政建设和反腐败斗争深入开展．北京：人民出版社，2000.

② 胡锦涛．胡锦涛文选（第二卷）［M］．高举中国特色社会主义伟大旗帜，为夺取全面建设小康社会新胜利而奋斗．北京：人民出版社，2007.

③ 习近平．决胜全面建成小康社会　夺取新时代中国特色社会主义伟大胜利［N］．人民日报，2017-10-18.

表 7-1　2013—2018 年查处干部级别人数统计（人）

年份	县处级	厅局级	省部级	“蝇贪”	总数
2013	2871	253	8	34147	51306
2014	4040	589	28	9913	55101
2015	4568	769	41	20538	54249
2016	2882	446	21	17410	47650
2017	15234	2405	120	62715	254419
2018	2.6 万	3500 余	51	20.1 万	62.1 万

2017 年正式启动监察体制改革，全国范围内中央、省、市、县四级监察委员会全部挂牌成立，与纪律检查机关合署办公，同时行使监察和监督职能，整合纪检监察力量，共同推进全面反腐进程。自监察体制改革以来，全国纪检监察机关在 2018 年共立案 63.8 万件，处分 62.1 万人，其中 52.6 万人为党纪处分，与往年相比分别增长了 20.9%和 17.8%，达到重建纪律检查机关 40 年的峰值。对腐败零容忍，誓与腐败现象抗争到底，让全面从严治党成为新常态绝不成为一句空话，巩固发展反腐败斗争压倒性胜利。

（二）加强巡视，保持反腐败高压态势

2014 年 3 月开始进行巡视工作改革，中央第三轮巡视工作以“专项巡视”的形式开展，主要对象是科技部、复旦大学和中粮集团，主要针对科研经费的管理和使用、科研项目管理等腐败频发领域进行巡视。专项巡视是指不针对特定的单位或个人，只针对特定事项或问题开展的巡视工作。自开展专项巡视以来，对各项工作形成了强有力的震慑，通过“点穴式”“巡查式”“回访式”三种形式，对群众反映强烈的问题开展巡查，做到巡查单位全覆盖，并在巡查过后对已巡查单位进行回访，谨防腐败现象或不良风气重现。“回访式”又被群众戏称为“回马枪”，对于检查巡查单位整改有良好的成效，体现了中央惩治腐败的决心和对腐败零容忍的态度。

自党的十九大至今，中央开展了三轮巡视工作。巡视作为党的巡视，是党内监督战略性制度安排，对于健全党和国家监督体系的完善起到重要的促进作用，党章中还为巡视巡查制度专门单列一条。巡视监督需要与各项监督有机结合，如纪律监督、监察监督、派驻监督和外部监督，形成监督“全覆盖”，使公权力在监督下运行，从而形成清正廉洁的用权环境，保证反腐败斗争的顺利推进。

党的十九届中央第二轮巡视的最大亮点是开展脱贫攻坚专项巡视，这是中央巡视组首次围绕一个主题、集中一个领域开展专项巡视工作，也是中央脱贫攻坚战略部署中的重要举措。脱贫攻坚专项巡视的主要目的是确保脱贫攻坚的政策确实落实到位，贫困群众真正实现脱贫，巡视围绕 13 个省市和在脱贫攻坚工作中承担重要责任的 11 个中央国家单位以及 2 个中央金融企业党组织开展，主要任务是围绕是否做到“四个落实”、明确“八看”重点，从而对脱贫政策各项方针的落实情况以及各级党组织的主体责任进行检查和督促。通过专项巡视的方式，使巡视对象更有针对性，巡视内容更聚焦，也有助于脱贫攻坚工作有效落实。

自开展巡查以来，发现的问题线索超过办案总数的 60%。随着巡查力度的不断增强、强化监督责任、落实方针政策，把发现问题作为主要任务，盯住重点的人员、岗位和问题，保持反腐败高压态势，构建不敢腐的有效震慑，从而进一步推动全面从严治党和巩固发展反腐败斗争压倒性胜利。

二、加强廉政制度建设——构建“不能腐”

（一）把权力关进制度的笼子里，建立公开透明的政务公示制度

邓小平曾于 1989 年 5 月末分析国内反腐形势时指出：“是一就是一，是二就是二，该怎么处理就怎么处理，一定要取信于民。腐败、贪污、受贿，抓个一二十件，有的是省里的，有的是全国范围的。”如何做到取信于民，关键的一点是坦诚，即向公众公开政务信息，让群众放心、对政府有信心。党的十八届四中全会进一步强调了全面推进政务公开。当前已有一部分公权力机关在逐步公开年度以及季度财务报告供人民群众检阅。“阳光是最好的防腐剂。”因此，建立公开透明的党务政务公示制度，让政务公开成为常态，为群众提供一个有效监督的平台，有助于制约公权力，防止权力滥用。

1. 赋予权力的过程要公开透明

通过公开干部的选拔、任用、考核流程，公开授权公共部门管理公共事务的过程，着力提高授权的透明度，为公众营造一种公平、公正、

公开、廉洁的公务授权程序和选人用人环境。

2. 行使权力的过程要公开透明

权力的行使过程要依法依规，通过逐步向公众公开政府部门工作制度，将公务活动的程序、条件和结果进行公开，如现行的集中招投标中心，让公民明晰工作制度，对权力的运行过程开展监督，有利于防止腐败的滋生和蔓延。未来通过简化政务流程，发展办公电子化，使用大数据监管的方式，从而预防权力滥用或者公职人员不作为的情况发生。

3. 权力运行的结果要公开透明

凡是和群众相关的重要事项需要及时告知群众，认真听取群众意见和建议，接受群众的监督和质疑。现在镇、村一级在大力推行“微腐败”防治工作，其中一项措施就是镇政府、村务公开制度，通过张贴“三资”发放情况和村务运行情况，让村民安心、放心。村务公开透明化，最大限度地保证了村民的知情权和监督权，对于监督打通“最后一公里”有良好的促进作用。

（二）从源头上抑制腐败滋生，健全廉政“大监督”体系

阿克顿曾说：“权力导致腐败，绝对权力绝对腐败。”因此需要对权力进行监督，防止权力滥用或执法不公，监督公权力的运行过程以及公职人员的日常行为规范需要各机构、各部门和广大人民群众的配合。监察体制改革后，各级纪检监察机关承担了大部分的监督职能，但是仅凭一己之力远远不够。习近平总书记在中国共产党第十九届中央纪律检查委员会第三次全体会议上指出，强化主体责任，完善监督体系。整合各机关、各部门的党委、纪检监察机关和行政执法部门的监督力量，强化各级党委的监督主体责任，加强纪检监察机关的各项监督效力，形成总体监督合力，构建党内外结合、上下级贯通、各部门横向联通的监督体系，充分发挥监督效力。此外，还需要整合群众和社会舆论监督力量，不断健全完善监督体系，有利于防止腐败的发生，从而巩固发展反腐败斗争压倒性胜利。

1. 法律监督

人民检察院作为法律监督机关，代表人民依法行使法律监督权，法律监督是保证法律正确行使的手段之一，包括过去的侦查监督和诉讼监督。我国推行“以审判为中心”的原则，监察体制改革后，职务犯罪侦查权转交给国家监察委员会成为职务犯罪调查权，检察院也失去了过

往的职务犯罪的侦查和监督权限。现在检察院对监察委员会行使职权的法律监督主要表现在证据的收集过程、被调查对象移送检察机关的逮捕审批和证据不足退回纪检监察机关补充调查，法律监督与以前相比薄弱了许多，而且由于监察体制改革开始时间不长，在纪法衔接方面存在问题，两个机关对接不够畅顺，使得法律监督并没有发挥较大的功效。通过加强纪法衔接，畅通纪检监察机关与检察机关之间的对接途径，发挥“以审判为中心”的原则，做到无缝衔接，实现法律监督的真正作用。

2. 巡视监督

巡视监督作为党内监督的重要制度，是实现全面从严治党的重要举措。深化巡视监督，推动新时代巡视工作需要强化主体责任，强化组织领导。巡视工作是落实主体责任的重要内容，各级党委要强化政治担当，把党中央部署的重大政策是否落实监督好，巡查工作组通过督促第一责任人整改巡查巡视所发现的问题到位。而党委书记作为党组织的第一责任人，需要亲力亲为。通过督促各级党委和领导干部进行整改，把巡视巡查责任主动担当起来，作为加强党的政治建设的一个重要抓手，亲自部署，采取约谈的方式督促巡视巡查的整改到位。巡视监督让党内监督常态化，起到了良好的震慑作用，遏制了腐败继续蔓延。

3. 派驻监督

《监察法》第十二条规定：“各级监察委员会可以向本级中国共产党机关、国家机关、法律法规授权或者委托管理公共事务的组织和单位以及所管辖的行政区域、国有企业等派驻或者派出监察机构、监察专员。”派驻机构同样被赋予了监督职能。派驻监督作为党内监督的重要形式之一，对实现监督全覆盖起到了关键性作用。通过加强派驻建设，强化派驻监督作用，将监督执纪的范围延伸到各个单位及个人，从而做到全方面、无死角监督。

4. 民主监督

民主监督作为“自下而上”的监督方式，对监督政府机构，提出改善意见起重要作用。如何更好地发挥民主监督的效力，有效施展群众在监督体系中的力量，各地纪检监察机关正在积极探索新途径。各地纪检监察机关在加大查处力度的同时，尝试创新监督工作模式，改变现有形式，完善民主监督机制，充分发挥群众监督作用，已有一定成效。

各地纪检监察机关迎合当今科技发展趋势，将新媒体工具与纪检监察工作相结合。通过设计举报投诉二维码，制作成宣传牌放置于公共场所，群众通过扫描二维码即可对腐败问题线索进行举报，拓宽群众投诉举报途径。设置指定负责人对投诉举报按照信访举报办理的程序进行统一处置，及时向上级反馈，保障举报投诉人的信息不被泄露，让群众放心投诉、大胆举报，调动群众监督的积极性。为监察机关提供更多有用可查的信息，共同参与建设廉洁村居环境，有效解决群众不懂举报、不敢举报的问题。四川省内江市威远县纪委监委还设立了流动信访室，改变信访举报现有形式，要求纪检监察干部主动走出机关、走进群众，把信访模式改为干部主动问访、入户下访，进一步畅通了信访举报的渠道。通过采取逐户问访的方式，深入基层，聆听群众意见、受理群众举报、解决群众诉求，从而健全纪检监察机关常态化发现问题的机制，对于推动整治群众身边的腐败和不良作风问题，切实维护群众切身利益，抑制腐败滋生蔓延取得了良好的成效。

此外，除信访举报途径外，群众还可以通过政府的政务公开信息对政府公权力的行使是否正确以及是否合理进行监督，因此完善政务公开制度是有效开展民主监督的有力举措。

（三）推进反腐败立法进程，建立官员财产申报制度

早在20世纪80年代，我国就已经开始探索建立财产申报制度，全国人大起草了《国家行政人员报告财产收入的规定草案》。90年代初，由于当时的贪污腐败现象日趋严峻，为加强查处力度，中共中央办公厅、国务院办公厅于1995年联合发布了《关于党政机关县（处）级以上领导干部收入申报的规定》，这是新中国成立以来的第一个涉及财产申报性质的规定，也是有志于推动建立我国财产申报制度的专家学者们用于研究的样本。至今，我国尚未出台相关的官员财产申报法，仅在党规中提及相关要求，即2010年颁布的《关于领导干部报告个人有关事项的规定》和《关于省部级现职领导干部报告家庭财产的规定》，而这两项规定由于受众面较窄，影响范围不大，所以并没有起到良好的震慑作用。

观察其他地区和国家的反腐败法律，我们可以发现基本上所有较为清廉的国家和地区均在法律中体现了较为完善的财产申报制度，包括美国、新加坡、瑞典、日本以及中国台湾地区、中国香港特区等。其中，美国的财产申报规定可以说是所有国家中的典范。它在《1989年道德

改革法》的第2章中详细规定了联邦工作人员关于财产申报的相关事项，包括财产申报的时间、需要进行财产申报的主体、需要申报的内容、向哪个部门进行申报、不提交报告或提交虚假申报的处理结果、对申报内容的审查公开与保管等。而且美国的财产申报制度是建立在“利益冲突”的基础上的。“利益冲突”是指当官员与某项特定的政策有利害关系，而同时他对该政策具有一定的影响力，那么他可能会为了自己的利益而去损害该项决策所决定的公共利益。此时，美国的法律就对这种“利益冲突”的情况作出了规定，官员有四种途径去解决这种利益冲突：被动取消资格、主动放弃、进行财产处理和将涉及本人的证券委托给一个匿名者，最后一种方式也被称为合格的蒙眼信托。

通过学习、消化、吸收国外关于财产申报制度可借鉴之处，结合我国国情，尝试运用大数据模式，制定一套切实可行的财产申报法律对于有效遏制腐败发生、巩固和发展反腐败斗争压倒性胜利意义重大。

1. 确定财产申报对象范围

2018年3月20日《监察法》出台，其中第十五条规定了监察法的适用对象：“（一）中国共产党机关、人民代表大会及其常务委员会机关、人民政府、监察委员会、人民法院、人民检察院、中国人民政治协商会议各级委员会机关、民主党派机关和工商业联合会机关的公务员，以及参照《中华人民共和国公务员法》管理的人员；（二）法律、法规授权或者受国家机关依法委托管理公共事务的组织中从事公务的人员；（三）国有企业管理人员；（四）公办的教育、科研、文化、医疗卫生、体育等单位中从事管理的人员；（五）基层群众性自治组织中从事管理的人员；（六）其他依法履行公职的人员。”财产申报对象应当包含上述人群。然而上述人群的队伍过于庞大，实现所有人员财产公开有一定难度，因此可以按行政区域划分的方式，在省、市、县相对应的政府网站或者纪检监察机关的网站上公开其政府所在编制人员或下设单位人员的财产信息状况，既包含纪检监察机关的监督审查，又方便广大群众对此进行监督。

2. 确定财产申报的时间

国外进行财产申报的时间一般分为三类：就职前申报、在职申报、离职申报。我国也可以参考国外财产申报的时间，采取类似的形式，要求官员在规定的时间内进行财产申报。就职前申报可以在发布任职公示后一个月（30 天）内向纪委、监委报告现有财产状况；在职申报是指在职期间每一年年初的一个月时间内汇报上一年的财产状况；离职申报是指离职后一个月内申报其全部财产状况。

3. 确定财产申报的内容

财产申报的内容应当包括申报对象及其配偶和子女的动产、不动产、债权债务、有价证券及境外的财产等，并注明财产的属性、来源及价值。如果申报对象的配偶或子女经商办企业或从事其他经营性活动，也需要对其进行申报。

4. 确定财产申报需要承担的法律责任

经过群众举报或单位调查发现申报主体存在拒绝申报或者进行虚假申报的情况时，应当视情节轻重和主体对象身份，给予党纪、政务处分，并处以罚款，情节严重者应当承担刑事责任，没收相应财产。

（四）建立预警系统，对职务犯罪严加防范

结合大数据技术，建立各机构官员职务犯罪预警系统。通过建立官员干部电子资料信息卡，录入本人基本信息，任职情况以及直系亲属基本信息情况，结合财产申报制度，要求官员在电子信息系统上对相关财产进行填报。结合当今大数据技术，对可能发生腐败的情况如个人消费情况、亲属从商或从事营利性活动、借贷借用、公务回避等涉及公职人员利益冲突的事项设置电子预警信号，从而进一步掌握官员财产信息状况，防止职务犯罪的发生。

三、完善教育预防机制——构建“不想腐”

（一）树立廉洁自律的价值观，从源头上预防职务犯罪

自党中央提出全面从严治党后，加大了打击腐败和不良作风问题的力度，有人对此发表了自己的意见：“这做官做得越来越难受了。”习近平总书记对这句话的回应是：从来没有好当的官。随着时代的高速发展，不少官员干部抵挡不了钱和权的诱惑，思想懈怠，法治意识不足，不是一心为民而只想着一心为己，导致官场风气一度乌烟瘴气。全面从严治党的提出和加强反腐败斗争有效整治不正之风并打击了不作为、乱作为的官员，广大人民群众为之拍手称快。而这仅仅是加大了惩治力度和廉政制度建设，如果要想从根本上预防职务犯罪，应当从思想入手，通过宣传“不想腐”的社会价值观，深入干部思想根部，从内心对腐

败行为说“不”。

一个官员的思想道德信念是其为人处世的基本原则，犯罪动机的萌发和实施贪腐行为，有可能正是由于其道德准则不坚定所以抛弃了原本的信仰。如果官员具有崇高的道德原则，则其在产生违法违纪念头时会因内心的理想信念而放弃这一想法。可见，通过思想政治教育和法制党规教育能培养官员形成“不想腐”的社会价值观，从而正面引导官员树立廉洁自律的价值观和职业观，提高政治素质和业务能力，筑牢防腐拒变的思想道德底线。

（二）加强反腐廉政教育宣传，发挥群众作用

人民群众是反腐败斗争的重要力量，任何反腐败斗争所取得的良好成效都离不开人民群众在背后的努力。我们应当充分利用广播、电视、电影、报刊等传统媒介，善用互联网等新媒体工具，搞好反腐倡廉的宣传教育，让人民群众充分认识腐败犯罪的危害性，有序参与反腐倡廉建设，积极配合纪检监察机关开展职务犯罪调查工作，营造崇尚廉洁、倡导廉洁的文化氛围。

让人民群众充分了解反腐败历史和信息，着力引导群众增强廉洁意识，做纪检监察机关行使监察职能强有力的主力军。通过深挖本地历史资源，打造底蕴深厚的廉政文化。佛山市南海区纪委监委在象征着古代监察官的狮中村御史大夫祠举行了一系列廉政文化进社区活动，以廉洁文化漫画、图解、小品和微访谈等寓教于乐、群众喜闻乐见的形式宣传清正廉洁的风气。南海区纪检监察干部通过与群众互动答疑，对《监察法》和新修订的《中国共产党纪律处分条例》进行了解读，让群众深刻理解廉洁理念，从而达到弘扬清正社会风气的目的。贵州省贵阳市修文县利用当地特有的王阳明文化资源，修建王阳明文化园，举办阳明“九进”工程：进学校、“重德修文”大讲堂、随着扶贫攻坚进入乡村街道，6 次举办国际性阳明文化节，对内外推介其思想，对党员干部起到正面引导作用。

在日常生活中，完善廉政文化建设，廉政文化建设是指廉政建设和文化建设相结合，以廉政为思想基础，文化为展现方式，通过廉政漫画墙、廉政标语、廉政格言等表现形式，结合微信、微博等当代新媒体工具，推送典型案例和营造清正廉洁、浩然正气的廉政干部群体，在对典型案例进行批判的同时，也对干部廉政的一面进行宣传，形成强大的舆

论声势，从而宣扬中国传统的廉勤文化，让广大群众发现干部蓬勃朝气、昂扬朝气的形象，成为人民群众的标杆。四川省达州市大竹县采用涂鸦墙教育方式，将“微腐败”的真实案例以漫画形式植入涂鸦墙上，对基层干部起到了反面警示教育的效果，也提升了群众的监督意识，在潜移默化中让廉政文化的思想根植于群众当中，积极投身到反腐败斗争中。

（三）发布各省市廉政指数，时刻掌握廉洁动态

世界著名非政府组织“透明国际”每年通过收集各国商人、学者及风险分析人士对世界各国腐败程度的感觉和评判数据，基于各个机构的调查，发布全球清廉指数并进行排名，指数越高，则说明廉洁程度越高。全球清廉指数是一个综合指数，综合民意调查的结果，利用各种著名机构如世界银行、世界正义项目、非洲开发银行、经济学人智库等收集的与腐败有关的数据，反映来自世界各地观察员的观点，其中包括在被评估国家或地区生活和工作的专家。

“透明国际”认为腐败即滥用职权牟取私利，关注的主要是政府公共部门的腐败问题，其中包括贿赂公职人员、政府公共采购中的回扣、挪用公共资金，以及调查公共部门反腐力度和有效性的问题。因此，也有专家学者对该排名提出质疑，仅仅根据在政府公共部门的腐败问题和商人、学者对国家腐败程度的感觉是否就能准确代表这个国家的清廉程度。

通过仿照全球清廉指数，结合我国实际情况，制作我国廉政指数。“透明国际”的评估数据的收集对象主要是商人和学者，并不具有代表性和普遍性。在我国，基层腐败的严重程度不亚于高层，因此，应当收集我国各阶层人民对当地政府的腐败状况感受。除此之外，还可以通过细化廉洁指标，收集各个时期内腐败官员干部人数比例、腐败案件类型、各地政府廉政建设动态等廉洁度样本，制定各省市廉政指数，对廉洁指数较高的省市进行廉政建设经验收集，并推广值得借鉴的做法。对指数较低的省市进行重点监控，加强巡视力度，督促整改监督，要求其定期向上级汇报，保持反腐败高压态势，遏制腐败继续蔓延。

（四）开展党风廉政建设，创新具有地方特色的廉政文化活动

通过开展廉政文化教育活动，结合当地的党风廉政建设，立足当地民间传统文化内涵，推广清正廉洁的价值观，潜移默化，提高官员干部

的廉洁操守，培养官员干部高尚的道德品质和高度的社会责任感，增强拒腐防变的良好心理品质，将克己奉公、清正廉洁、全心全意为人民服务的思想牢记于心。

打造本地区的廉政文化特色，助力培养清正廉洁的价值理念。上海市宝山区纪委监委结合当地特色文化，打造“滨江清风”品牌，开展“滨江清风”系列活动，如家风助廉活动、微视频征集活动、大讲堂等，推动廉政文化全覆盖，引领廉政宣传与廉政文化建设常态化、制度化。宝山区纪委监委通过举行“滨江清风助家风”家风助廉活动，以向全区政府官员家属发放倡议信、向干部家庭赠送廉洁信物、组织干部及其家属参观廉政教育基地等形式，积极营造廉洁的家庭生活环境，筑牢家庭防腐内部阵线；开展“滨江清风·微视频”征集活动，以系列活动主题“滨江清风”为主线，围绕全面从严治党、党风廉政建设、弘扬优良传统文化等方面征集微视频，并将作品放在宝山电视台、区政府网站、区廉政教育基地等多个平台进行播放，让廉政文化出现在广大人民群众的日常生活中，使廉政意识深入人心；开设“滨江清风·讲堂”活动，组建市、区两级的优秀干部讲师，以“点题宣讲、点师授课”的方式对各单位干部开展纪律和规矩宣讲活动，教育警戒广大党员干部坚守法律和道德底线，还举办了各类活动以提高纪检监察干部的综合素质，构建一支高效、忠诚、有担当的反腐干部队伍。

创新工作模式，廉政文化的创建离不开党政基础。宝山区纪委监委通过设立“初心工程”，开展新型党建模式，紧密联系群众，以设立党建指导员、收集发现解决群众需求等方式调动党员积极性和提高党员干部责任感，从而发挥基层党组织的作用，有效提高基层党组织的凝聚力和战斗力。

最好的警示教育，即运用身边的“活教材”。各地监察委员会组织官员前往反腐倡廉教育基地，用教育触动心灵。桂林市自成立桂林廉政教育基地以来，通过组织各政府官员干部、国企领导干部、党员干部前往学习，以视频影像、3D 图像、立体展板、文字材料的方式，生动形象地展示了我国的廉政历史文化，深入学习党和国家领导人的治国政策理念，并观看警示案例、参观实物展厅进行自我警醒，每次参观都是一次净化心灵、荡涤灵魂的现场教育，起到了良好的警示和教育成效；通过梳理当地典型的违法违纪案例，制作警示录，发放到每一位党员干部的手中，用鲜活的案例敲警钟、明底线；公开曝光典型案例，以组织各级官员、纪检监察干部前往观摩职务犯罪庭审过程的方式，将庭审现场作为警示课堂，以案学法，安徽省监委还印发了《庭审观摩工作暂行办法》，将庭审观摩工作进一步制度化、规范化。[①] 通过警示教育，对各种形式达到廉政教育的目的，让广大干部引以为鉴，自省、自警、自励、自纠，筑牢防腐拒变的思想道德底线。

（五）加强对当代大学生的廉政教育，培养社会建设接班人

当代大学生既是未来社会主义建设的骨干力量，也是未来公职人员的接班人，通过在大学阶段开展廉洁教育，以学习党和国家政策法规为主，来培养大学生清正廉洁、克己奉公、服务人民的意识。2005 年中共中央发布的《建立健全教育、制度、监督并重的惩治和预防腐败体系实施纲要》中指出：“教育行政部门、学校和共青团组织要把廉洁教育作为青少年思想道德教育的重要内容，培养青少年正确的价值观念和高尚的道德情操。积极引导企业廉洁诚信、依法经营，开展农村廉政文化建设活动，增强全社会的反腐倡廉意识，形成以廉为荣、以贪为耻的良好社会风尚。”[②] 使得大学生在校期间就能养成遵纪意识和法律常识，进入社会后树立清正廉洁的思想道德观，从而更好地为社会主义建设贡献才华。

---

① 中纪委国家监委官方网站．安徽：把庭审现场当业务课堂　开展庭审观摩评议［DB/OL］.http：//www. ccdi. gov. cn/yaowen/201811/t20181129_ 184137. html。

② 中共中央．建立健全教育、制度、监督并重的惩治和预防腐败体系实施纲要［R］. 2005.

第八章　监察体制改革背景下“警”“监”合作机制构建

2018年是我国法治建设不平凡的一年，国家监察体制改革深入推进，扫黑除恶专项斗争也在全国范围内掀起风暴。监察委员会的成立无疑极大地解决了以往我国监察体制中存在的监察资源分散、同体监督乏力、异体监督薄弱、监察对象难以周延的问题。① 但同时，针对这一整合了纪委、检察院反贪部门、行政监察机关三方力量的超级反腐败机构，其在行使监察调查权时所面临的操作技术问题应当予以精细化处理。因此，我们首先面临的便是如何将这一独立于立法、行政、司法的第四权与原有的国家司法制度相结合，如何建立监察机关与公安机关、人民法院、人民检察院的工作衔接机制，如何实现《监察法》与《刑事诉讼法》有效对接的问题。这些法律以及各机关之间的工作衔接机制架构能否得到妥善处理，将直接影响到我国监察体制改革的成效。在对各地区公安、监察工作的调研中笔者发现，由于监察体制改革试点的周期相对较短，《监察法》立法秉承之“宜粗不宜细”思路，仅靠现有的单薄的法律文本难以肩负起在执法工作中面临的复杂情况，加之各机关间的协同办案机制尚未建立，实践部门在办理案件的过程中已经存在诸如管辖分配、证据资格转化、互涉案件介入等大量法律依据不明、协同作战路径不清的难题，亟须建立一套兼具强化反腐力度和广度、符合法治要求的监察执法协同办案机制。

---

① 秦前红，叶海波．国家监察体制改革研究［M］．北京：法律出版社，2018，4.

一、监察体制改革背景下“警”“监”合作面临的实施困境

（一）监察体制改革背景下“警”“监”合作的法律程序困境

在“四个全面”战略布局的背景下，改革与法律的关系是改革中首先面临的问题。自国家监察体制改革以来，因同为刑事诉讼程序之起点的监察调查权与刑事侦查权在内涵及外部体现的高度一致性，所以公安、监察机关在办理涉及协同作战案件时所要解决的工作机制构建难点，同样也凸显在其与法律的关系处理上，加之管辖问题厘清对案件侦办工作开展的必然前置性，而监察委员会这一国家反腐败专职机关的成立，无疑打破了各司法机关之间原有的管辖划分格局。① 实践中，公安、监察机关两方办案人员在这个领域所反映的问题呈现出了高度的一致性（见图 8-1），其中最为尖锐、紧迫的便是在反腐、扫黑高压态势下，涉及需要双方协同作战的案件比例提升，监察机关管辖范围、互涉案件中双方管辖权分配界定模糊，以及由此引发的诸多程序困境（见图 8-2）。

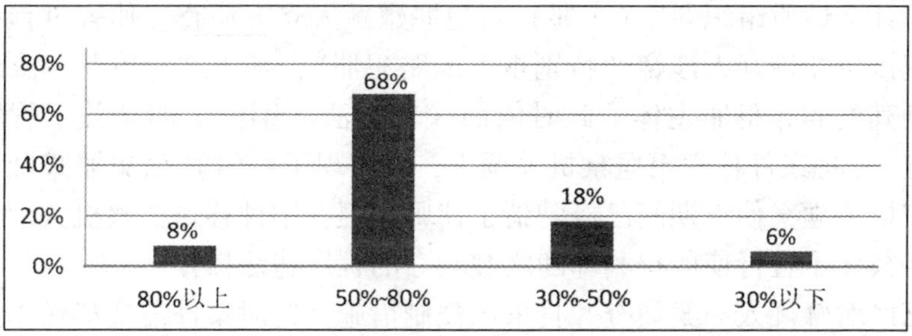

图 8-1　遇见涉及需协同作战的案件的占比

① 《中华人民共和国刑事诉讼法》第十九条规定：“刑事案件的侦查由公安机关进行，法律另有规定的除外。人民检察院在对诉讼活动实行法律监督中发现的司法工作人员利用职权实施的非法拘禁、刑讯逼供、非法搜查等侵犯公民权利、损害司法公正的犯罪，可以由人民检察院立案侦查。对于公安机关管辖的国家机关工作人员利用职权实施的重大犯罪案件，需要由人民检察院直接受理的时候，经省级以上人民检察院决定，可以由人民检察院立案侦查。自诉案件，由人民法院直接受理。”

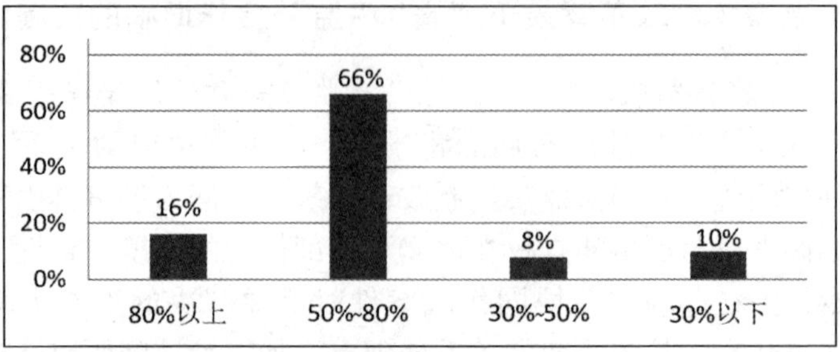

图 8-2　涉及案件线索交叉管辖的案件占比

从调研情况来看，各地公安、监察机关在刑事侦查（调查）实践中大量地反映出因基层群众性自治组织中从事集体事务管理人员的职务侵占罪（《刑法》第二百七十一条）、挪用资金罪（《刑法》第二百七十二条）、受贿罪（《刑法》第三百八十五条）、行贿罪（《刑法》第三百八十九条）等，引发的职权重叠及其并发产生的案件侦办的难题。例如，在笔者跟办的一起案件中，公安机关以涉嫌“组织、领导、参加黑社会性质组织罪”（主罪）对犯罪嫌疑人立案侦查，侦查过程中又发现该犯罪嫌疑人涉嫌“特别重大贿赂犯罪”，基于这一犯罪事实还牵连到其他职务犯罪主体，此时依照《监察法》第三十四条关于管辖之规定①，将案件移送至监察机关调查，就出现了：（1）该犯罪嫌疑人在公安机关立案侦查期间已经聘请了律师，但在案件移送监察机关后，其已经被赋予且行使的权利却随之被剥夺的程序违法操作②；（2）公安机关已经对嫌疑人立案侦查并且采取强制措施，此时案件需要移送由监察机关为主调查，便引发了嫌疑人在公安逮捕期间被监察委员会留置，原逮捕措施效力及羁押场所的确定困难；（3）受《刑事诉讼法》所规范的强制措施、侦查措施与受《监察法》所规范的监察调查措施在运用时产生的时限、证据资格等问题冲突的困境；（4）对于职务犯罪与一

---

① 《中华人民共和国监察法》第三十四条第二款规定：“被调查人既涉嫌严重职务违法或者职务犯罪，又涉嫌其他违法犯罪的，一般应当由监察机关为主调查，其他机关予以协助。”

② 《中华人民共和国刑事诉讼法》第三十八条规定：“辩护律师在侦查期间可以为犯罪嫌疑人提供法律帮助；代理申诉、控告；申请变更强制措施；向侦查机关了解犯罪嫌疑人涉嫌的罪名和案件有关情况，提出意见。”

般刑事犯罪并存的案件，不加区分的一概由监察机关为主进行调查，因为其对于普通刑事案件侦办能力不足，致使破案战机贻误，造成了监察机关似乎什么都能管却又无力统揽的尴尬局面。这一系列操作技术难题能否得到妥善处理，将直接影响我国监察体制改革的进程。

（二）监察体制改革背景下“警”“监”合作案件的侦办困境

1. 线索流转机制问题

线索流转易跑风，案件侦办干扰大。从目前监察机关和公安机关的线索流转机制来看，其各自线索的分发与整理大都是通过本机关内网平台，由案件管理室统一调配进行。此种“一部门一平台”统一管理分配的工作模式，以其整合性、高效性的优势在公安机关线索管理机制中得到了广泛的应用，但是在涉及职务犯罪案件需要双方协同作战时，由于各机关内网、办案平台分设，此种工作模式便无法再发挥其应有的效能，线索无法通过线上平台进行通畅流转，职务违法犯罪较之于普通刑事犯罪具有特殊性。笔者在扫黑除恶工作实践中还遇到了当线索仅在公安机关内部平台流转时就已经跑风漏气，惊动被调查对象，导致公安方面案件侦办中断，以致职务违法犯罪线索根本无法流转至监察机关的情况发生。

2. 协同作战模式短板

从现有的经验来看，倘若有线索或案件的查办需要两个机关协同作战的，通常有两种解决模式：一是双方各自为战，针对一案多人的情况，由监察机关负责调查监察对象的违法犯罪，由公安机关负责侦查一般主体的违法犯罪模式。此模式虽严格地实现了两办案单位各司其职，避免了对对方行使职权的过度干预，但同时也造成了在案件侦办的过程中双方互相配合的缺失。二是监察机关从公安机关抽调人员，把公安机关人员的编制临时转入监察机关，待案件办理结束后再转回原单位的模式。这种模式的优势之处在于极大地适应了政策性要求，通常在面对一人多案时，监察机关在对于普通刑事案件查办的能力相对缺乏或该案件先由公安机关侦查后转交监察机关调查时，为了与前期侦查工作有效衔接，从公安机关抽调人员，既保证了公安人员介入监察调查的政策合理性，又避免了公安人员因编制在原单位而在案件调查中受到多方掣肘的情况发生。但这又导致了案件线索的知情面过广以及抽调人员的人事关系等各方面管理难题出现。在实务中，以上两类协同作战的具体工作开展机制的老化问题，已经成为公安机关、监察机关的配合联动的严重桎梏。

3. 配合机关介入难点

涉及协同作战时，公安机关介入监察调查联合办案时间节点的把控，也是实践中较为棘手的问题。在调研访谈过程中，就有不少侦查人员表示，通常在案件办理过程中遇到一个犯罪嫌疑人同时涉嫌职务违法犯罪和一般刑事犯罪的案件时，因为该类案件犯罪嫌疑人往往具有党员身份且担任党内职务，线索会由纪委、监委对其职务违法犯罪率先进行查办，倘若公安机关在此时贸然进入开展一般刑事案件侦查便会处于比较尴尬的局面。特别是线索还停留在纪委进行违纪审查阶段时，公安机关的介入配合便更加需要注意对“红线”区域的特别把控。在这种情况下，如果仅是基于共促性原则，为纪检监察机关“搜查、调取、查封、扣押、发布通缉令”等调查措施的运用提供必要帮助固然不存在太大疑难之处，但是若此时因为一般刑事犯罪侦查活动开展、打击犯罪的时效性要求，需要公安机关立刻对犯罪嫌疑人进行控制、展开侦查，同时犯罪嫌疑人又可能涉嫌“严重职务违法犯罪”，正在接受党内审查调查，那么公安机关介入违纪审查活动是否符合政策性要求？如何才能符合政策要求？目前，实务部门在针对这一介入时间点以及介入方式的选择问题上存在较大分歧与困惑，再加之缺乏精细化指导文件的方向指引，侦查人员在涉及此类案件侦办的过程中呈现出了不敢介入，甚至在纪检监察机关调查结束之前索性就不进行介入的情况。反观自纪检监察机关建立以来的政治机关定位，及其在案件审查调查过程中所呈现的高度政策性要求，实践中这一问题的模糊处理无疑给公安机关、纪检监察机关在开展协同作战工作时造成了极大束缚，严重阻碍了打击犯罪效能的提升。

二、监察体制改革背景下“警”“监”合作实施困境原因分析

（一）法律实施及其外部衔接机制薄弱

为了推进全面依法治国，深入开展反腐败工作，实现国家监察全面覆盖，2018 年 3 月 20 日第十三届全国人大第一次会议最终表决通过了《监察法》。根据其第六十九条法律文本内容显示，我们不难明晰《监察法》是一部集监察官法、监察机关组织法以及监察程序和监察机关

职权于一身的综合性法律。侦查（调查）乃是刑事诉讼程序之起点，也是在厘清两法衔接困境上问题最多、最关键之处。同时，据 2019 年 1 月 7 日中共中央办公厅印发的《中国共产党纪律检查机关监督执纪工作规则》就调查措施行使的相关规定①，我们可以确定监察机关的职务违法犯罪调查权（Investigation）也具有侦查权之属性，案件办结之后同样需要通过检察机关提起公诉，其职务违法犯罪调查行为理应纳入刑事诉讼程序。因此，我们在面临监察机关的管辖范围界定、互涉案件中的管辖分配、协同作战案件中的法律程序问题等困境时，便不得不回到《监察法》本身及其与《刑事诉讼法》等程序性法律法规的外部衔接机制上进行分析。究其根本，笔者总结了以下三点原因：

其一，为顺应新时代改革要有法可依、不立不破的指导思想②，《监察法》立法秉承“宜粗不宜细”之智慧应运而生，这无疑极大地保障了法律的稳定性、灵活性以及一定的超前性，使得监察立法工作紧跟监察改革步伐。但与之同行的更是由于法律规定得过于笼统、抽象，从而造成其可操作性和执行性大打折扣的困境。在《监察法》条文中关于监察委员会职能管辖范围的身份、职务、行为等界定用语都存在一定的不周延之处。首先，对于《监察法》第十一条第二款中的“贪污贿赂、滥用职权、玩忽职守、徇私舞弊”等表述，我们在《刑法》中确实能寻得对应罪名进行处理，但针对“权力寻租、利益输送”这样的表述，却无法在刑法规定的罪名中找到与之对应的说明，也就无法对其从犯罪构成层面进行明确的管辖划分处理。

对于《监察法》第十五条第三款、第四款、第五款中关于“管理”“从事管理”“集体事务管理”等用语的描述依然存在模糊之处，有权机关也并未给出指导性解释。此时，在实务工作中，各机关的办案人员便自然会对上述法条所涉及款项内容产生认定差异，但这些各抒己见的无权解释无疑使案件侦办推进困难。倘若根据其实现反腐败全覆盖之立法原意做扩大解释，那么扩大的边界及解释机关又缺乏清晰界定，从而导致了监察管辖范围的模糊化。

---

① 参见《中国共产党纪律检查机关监督执纪工作规则》第七章规定。

② 袁署宏．正确认识和处理新形势下改革与法治的关系［J］．国家行政学院学报，2015（05）：20-25.

其二，职务违法犯罪通常具有一人多案、一案多人的特点，因此又引发了“一个普通刑事案件中既涉及监察对象又涉及一般主体”“一个职务违法犯罪案件中既涉及监察对象又涉及一般主体”以及“一个职务违法犯罪主体同时涉嫌职务违法犯罪和普通刑事犯罪”该如何确立管辖的问题。基于“新法优于旧法”“特别法优于一般法”“价值位阶”原则①，以往《刑事诉讼法》第十九条②及《最高人民法院、最高人民检察院、公安部、国家安全部、司法部、全国人大常委会法制工作委员会关于实施刑事诉讼法若干问题的规定》（以下简称《六机关规定》）③ 关于管辖界定之“主罪为主”“分别立案”的方法便似乎不得不让位于《监察法》第三十四条④的规定。毫无疑问，在反腐败工作深入开展的大背景下，监察机关扩张其管辖、调查之权限当然有益于巩固这一新兴国家反腐机关的地位，并在短期内迅速提升反腐败工作效率，但长此以往难免又会造成监察机关的权限扩张过大，使得监察机关能够通过过度“长臂管辖”干扰其他司法、执法机关办理案件，从而造成破坏我国原有的司法格局，影响司法公正性的可能产生。⑤

---

① 《中华人民共和国立法法》第九十二条规定：“同一机关制定的法律、行政法规、地方性法规、自治条例和单行条例、规章，特别规定与一般规定不一致的，适用特别规定；新的规定与旧的规定不一致的，适用新的规定。”

② 《中华人民共和国刑事诉讼法》第十九条规定：“刑事案件的侦查由公安机关进行，法律另有规定的除外。人民检察院在对诉讼活动实行法律监督中发现的司法工作人员利用职权实施的非法拘禁、刑讯逼供、非法搜查等侵犯公民权利、损害司法公正的犯罪，可以由人民检察院立案侦查。对于公安机关管辖的国家机关工作人员利用职权实施的重大犯罪案件，需要由人民检察院直接受理的时候，经省级以上人民检察院决定，可以由人民检察院立案侦查。自诉案件，由人民法院直接受理。”

③ 《六机关规定》第六条规定：“公安机关侦查刑事案件涉及人民检察院管辖的贪污贿赂案件时，应当将贪污贿赂案件移送人民检察院；人民检察院侦查贪污贿赂案件涉及公安机关管辖的刑事案件，应当将属于公安机关管辖的刑事案件移送公安机关。在上述情况中，如果涉嫌主罪属于公安机关管辖，由公安机关为主侦查，人民检察院予以配合；如果涉嫌主罪属于人民检察院管辖，由人民检察院为主侦查，公安机关予以配合。”

④ 《中华人民共和国监察法》第三十四条规定：“人民法院、人民检察院、公安机关、审计机关等国家机关在工作中发现公职人员涉嫌贪污贿赂、失职渎职等职务违法或者职务犯罪的问题线索，应当移送监察机关，由监察机关依法调查处置。被调查人既涉嫌严重职务违法或者职务犯罪，又涉嫌其他违法犯罪的，一般应当由监察机关为主调查，其他机关予以协助。”

⑤ 刘艳红．监察委员会调查权运作的双重困境及其法治路径［J］．法学论坛，2017（06）：7.

其三，在现行法律规定的适用与侦查（调查）实务中，公安机关由于其需要处理线索、案件量巨大，难以应付，对于线索的处理往往是能移则移，而监委方面由于反腐败高压态势的需要及法律、政治赋予其艰巨的任务使命，往往对公安机关移送的与腐败沾边的案件、线索来者不拒，并且还需要其主动地去发现线索，因此便形成了在处理线索和办理案件时只要发现存在涉腐问题，无论主罪从罪还是犯罪主体管辖认定模糊，大都由监察委员会“扛起了大旗”（见图 8-3）。

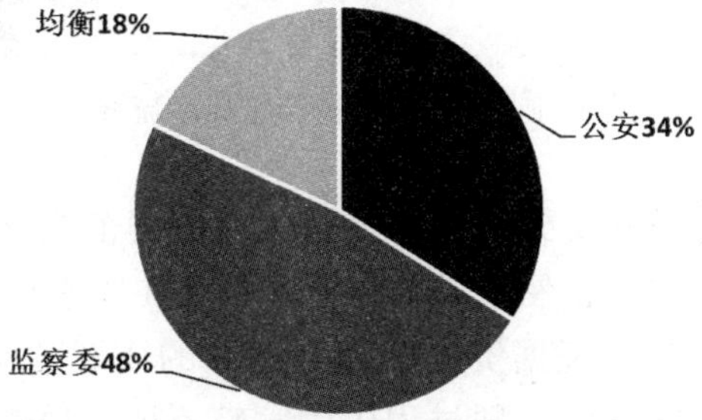

图 8-3　涉及协同作战案件各机关牵头占比

但根据实践调研以及《刑事诉讼法》第一百一十二条①与《监察法》第三十九条②的对比分析来看，监察机关的立案并不完全等同于公安机关的立案。监察立案以涉嫌职务违法为前提即可提出，因此其并不一定进入刑事诉讼程序，而是先进入监察程序。只有在检察机关介入案件，即监察机关调查终结移交检察机关提起公诉或监察机关提请检察机关批准逮捕等采取《刑事诉讼法》意义上的强制措施等情况时，才进入刑事诉讼程序。

---

① 《刑事诉讼法》第一百一十二条规定：“人民法院、人民检察院或者公安机关对于报案、控告、举报和自首的材料，应当按照管辖范围，迅速进行审查，认为有犯罪事实需要追究刑事责任的时候，应当立案；认为没有犯罪事实，或者犯罪事实显著轻微，不需要追究刑事责任的时候，不予立案，并且将不立案的原因通知控告人。控告人如果不服，可以申请复议。”

② 《中华人民共和国监察法》第三十九条规定：“经过初步核实，对监察对象涉嫌职务违法犯罪，需要追究法律责任的，监察机关应当按照规定的权限和程序办理立案手续。监察机关主要负责人依法批准立案后，应当主持召开专题会议，研究确定调查方案，决定需要采取的调查措施。立案调查决定应当向被调查人宣布，并通报相关组织。涉嫌严重职务违法或者职务犯罪的，应当通知被调查人家属，并向社会公开发布。”

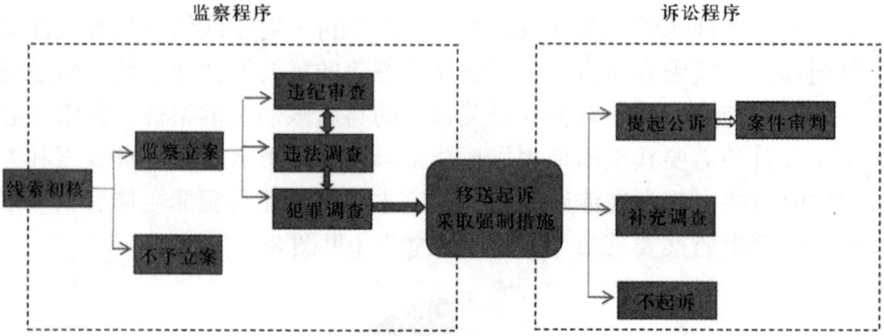

图 8-4　监察程序和诉讼程序流程

由于监察程序无法受到《刑事诉讼法》的规范调整，《监察法》的规定又过于笼统，因此，便造成了对监察机关在监察程序中开展的调查活动合宪性及其所收集证据资格转化合法性的质疑（见图 8-4）。[①] 综上所述，即出现了在案件办理过程中因管辖不明，监察机关争办案件，既影响打击犯罪效能，又侵害嫌疑人基本权利的情况。

（二）“法”“效”兼备的协同作战模式缺失

监察机关与公安机关归根结底是承载了调查（侦查）权的执法机关，合法高效地查明案件事实、打击犯罪，开展案件调查（侦查）是其最为重要的任务之一。因此，对于“警”“监”合作机制建设的合法性与可操作性缺失的原因剖解，除从法律衔接的层面进行分析外，我们还应当回到案件的具体侦办上，从侦查（调查）角度出发，紧密联系实际，厘清其中的疑难节点。前文已述，“警”“监”合作案件的具体侦办困境主要体现在线索流转机制、协同作战模式、配合机关介入三大问题板块，究其原因，笔者认为同样可以从以下几个方面予以具体明晰：

其一，职务违法犯罪的主体身份及其实施手段具有一定特殊性。与一般刑事犯罪不同，职务违法犯罪的主体特殊，其活动能力强、范围广，社会关系网宽泛且复杂，作案前有准备、作案后有对策，具备较强的反调查能力。而公安机关侦查部门虽承担着司法职能，但根本上还是

① 方明．职务犯罪监察调查与刑事诉讼的衔接［J］．法学杂志，2019（04）：123-131.

受制于行政之管理体制。因此，当一般刑事案件掺杂着职务违法犯罪时，公安机关侦查活动的开展（如上述线索流转跑风），便自然会受到多方原因掣肘。

其二，现阶段腐败犯罪呈现出集体犯罪、共同犯罪比率升高的态势，案件量及复杂程度不断增大。一是当适用双方各自为战的协同作战模式时：面临一人多案的情况，由于双方办案工作的高度分离、互不干预，以及职务犯罪案件查办对于口供等证据、线索的高度依赖性，情报资料无法及时互通共促，无疑极大地削弱了案件的侦办效率，甚至贻误战机；面临一案多人的情况，由于犯罪嫌疑人人身的不可分性，便产生了上述法律风险中立案管辖等一系列问题。二是当适用监察机关从公安机关临时抽调人员加入案件调查小组的协同作战模式时，从对公安机关侦查人员的访谈调查来看，这种仅动人员不动编制的抽调办案方式仍会使得被抽调人员因原单位的人事关系等多方面原因制约其工作的开展。

其三，自纪检监察机关成立以来就一直以政治机关的身份自居，这个定位很自然地体现在其对案件审查调查过程中极高的政策性要求上。根据检察机关转隶干部反映的情况，过去检察机关反贪部门与纪检委在开展职务犯罪初查和党内审查工作的“侦查—执纪”联合办案时，便长期因不符合司法程序规定和极易触碰政策“红线”而广受诟病①。中共中央办公厅于 2015 年印发的《关于在查办党员和国家工作人员涉嫌违纪违法犯罪案件中加强办案协作的意见》中明确指出：“检察机关在与纪检监察协作配合的办案工作中，必须坚决做到各司其职、各负其责，做到办案主体明确、职责明确，坚决防止人员混同、身份混同和地点混同，严禁违规联合办案，党内审查与司法审查混用。”因此，虽然如今已整合反腐败“三驾马车”形成纪委、监委的“一马当先”②，检察院反贪部门与纪检监察联合办案中侦查权提前介入调查的程序性风险迎刃而解。因监察委员会与纪委合署办公，其内设办案部门严格地划分为监督检查室和审查调查室（见图 8-5）。

---

① 张逸雪．浅析如何完善职务犯罪初查与纪检监察工作的衔接［J］．法治与社会，2017（11）：125-132.

② 秦前红．困境、改革与出路：从“三驾马车”到国家监察——我国监察体系的制宪思考［J］．中国法律评论，2017（01）：179-180.

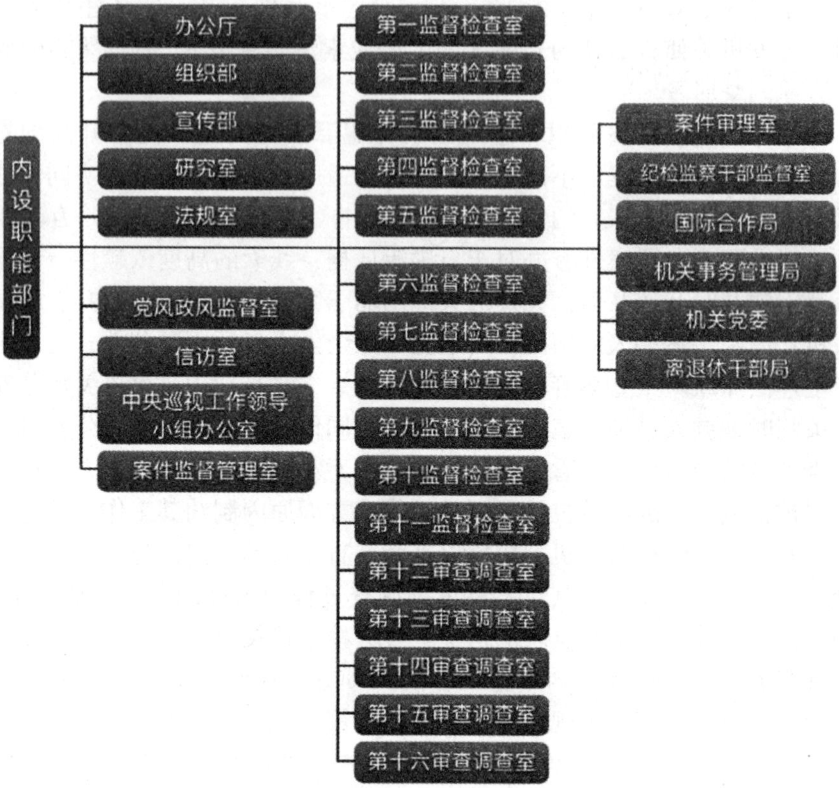

图 8-5　中央纪委、监委内设职能部门框架

前者负责调查违纪案件，后者负责调查职务违法犯罪案件，所以当我们提及同样行使侦查权的公安机关在与监察机关合作办案时，必然要回到公安机关提前介入监察程序的一系列程序合法、合规性问题中进行理性分析。

（三）监察体制创新可鉴经验相对匮乏

纵观我国古代监察制度以及域外监察反腐制度的发展历史，无论是秦汉时期的“三公”并立分设制度，还是近代孙中山先生关于国家机构设置的“五权”思想①，抑或中国香港特区、新加坡等权力整合型监

① 张晋藩．中国古代监察法制史［M］．南京：江苏人民出版社，2017，5.

察机构的构建经验①，均对我国反腐机制建设的宏观架构有着一定的启示和借鉴意义。但国家监察体制改革作为一项立足于我国国情的“体制创新”，既重新配置了国家权力，将监察权与行政权、司法权并列，又重构了国家反腐败体制，在实现监察范围全覆盖的同时，也把分散的监察权力集于一点。因此，面对牵一发而动全身的机制改革，古今经验所起到的作用必然有其局限性。由于我国的全国人民代表大会的国家政治体制，两千多年封建官僚制度的文化渊源，社会主义初级阶段经济发展状况等极具特殊性、本土性的现实国情，决定着与历史上及其他国家和地区在反腐败机制构建中所面临的法律程序衔接、案件侦办等具体操作有着不同之处，这使我们对监察体制改革发展进程的探索可谓处于无经验可循的境地。固然对于实践中可能产生的翔实难点也无法有强大的预见能力予以进行前置性的制度建设预防，只能“摸着石头过河”，在监察调查实务中不断地揭露问题、解决问题。因此，公安机关、监察机关在监察体制改革背景下所暴露出的因立法不完善导致的立案管辖困难，法律外部衔接机制缺失，线索流转、配合机关介入难等多方问题，在很大程度上也是基于此而产生。

三、监察体制改革背景下“警”“监”合作机制构建

现代化治理体系的建立是顶层设计和实践经验的综合体。所以，无论是针对上述提到的法律中的程序衔接问题，还是实践中面临的具体案件侦办困境（例如，对于监察机关管辖范围进行进一步严格细化以及互涉案件中的一系列程序衔接的填补），我们都不能忽视其在改革中可能面临问题的复杂性，进行操之过早的“一刀切”式列举界定。监察机关发挥的作用是“刹车”性的，不宜用力过猛，要解决问题而不是创造问题。因此，在没有经过大量的实践检验之前，一方面我们要加强对监察机关管辖主体、监察程序与刑事诉讼程序衔接等法律层面疑难之处的理论性探讨；另一方面我们需要设计出一套政策性、合法性、可行性兼备的合作办案技战法，以保证在现有条件下最大限度地发挥监察体制改革的反腐败功效，全面落实从严治党的同时减少其对于法治国家构

① 郑智超．国家监察委自身监督与制约的内外途径——兼论香港廉政公署的自身监察与制衡机制［J］．广州开放大学学报，2018（02）：66-71.

建、公民权利保护的侵害，把“一枚硬币消极一面”的影响降至最低[①]。

（一）监察体制改革背景下“警”“监”合作基本原则

1. 坚持机制构建与依法治国相统一

把“依法治国”作为党领导人民治理国家的基本方略，作为“四个全面”战略布局的重要内容来推进，是我国治国方式的一次重大历史进步，也是未来中国发展强盛必须坚持的根本策略[②]。因此，在探析改革之下反腐败具体制度构建时，我们必须明确国家监察体制改革是在全面从严治党、全面依法治国的条件下展开这一原则性要求。法治反腐是国际社会治理腐败的经验之举，也是我国深化反腐败斗争，适应当前社会发展，推动反腐败国际合作的必然选择。监察委员会的成立及《监察法》的颁布为我国反腐败工作深入开展提供了机构保障与法理依据，虽然在较大程度上补充了以往反腐败机构调查权限、手段不足及纪、法衔接留白等诸多病症，但从目前改革实践来看，我国反腐败法规制度在一定程度上仍存在不尽完善之处，离改革与法治有机统一还存在相当大的距离。为此，我们要从健全法治反腐的立法机制，完善法治反腐的实施机制等多方着手，再进一步明晰监察调查的司法衔接、协同作战工作模式，健全反腐配套法律机制等实操问题时，做到兼顾程序正义与实体正义，不能仅用追求效率与秩序价值的机关思维来片面地认识反腐败机制构建，而应当补强性地加入程序性思维对监察体制改革的方法论进行探讨，避免“捡了芝麻丢了西瓜”，使得改革更加符合现代宪法价值[③]。

2. 坚持机制构建与党的领导相统一

党的领导是中国特色社会主义最本质的特征，也是我国最大的制度优势。任何改革最终都必须以有利于坚持和加强党的领导，有利于国家和社会的发展为目的，深化国家监察体制改革同样也不例外。反腐败斗争关乎人心向背，关乎党的生死存亡，是一项严肃的政治任务。在处理

---

① 蓝志勇，魏明．现代国家治理体系：顶层设计、实践经验与复杂性［J］．公共管理学报，2014（01）：10.

② 李林．论习近平依法治国的新思想新战略［J］．法学杂志，2016（05）：1.

③ 童之伟．将监察体制改革全程纳入法治轨道之方略［J］．法学，2016（12）：3-13.

改革与党的关系上，必须始终坚持讲政治顾大局的原则，明确监察委员会国家机关、政治机关的双重属性定位，要坚持以加强监察立法与党纪党规、监察调查与执纪审查在实体上、程序上的有效衔接，明晰国家改革与党的政策、纪律间的界限关系作为进一步推进改革的关键探析节点。“党风廉政建设和反腐败斗争是一项长期的、复杂的、艰巨的任务”，面对依然严峻的改革形势，我们在寻求改革方案、构建具体制度时，只有站在政治和战略的高度，从党和国家事业的全局出发，才能保证国家监察体制改革的纵深推进，实现反腐败斗争压倒性胜利。

3. 坚持机制构建改革与司法改革相统一

“法制建设”是保障国家机器高效运转，实现国家效能的核心所在，在构建过程中保障其内部系统的合理有序运行无疑是一项最基本的要求。梳理党的十八大以来我国法制建设，最为核心的当属司法改革与监察改革两项内容，“以审判为中心”的诉讼制度改革是涉及司法改革全局的重大问题，决定着我国刑事诉讼制度的改革方向。但同时作为一项对刑事诉讼制度具有重大影响的改革措施，以“提高反腐败工作效率”为要点之一的监察改革与刑事诉讼制度的关系该是如何，同样值得我们深思。通过“以审判为中心”的要求倒逼侦查机关提高取证质量在法治实践中取得了显著的成效，也是《中共中央关于全面推进依法治国若干重大问题的决定》中重要规定之一。前文已述监察机关之调查权也具有侦查之属性，因此，我们在探讨监察机关与其他司法机关协同作战的证据搜集等程序性协调衔接脱节问题时，也应当从司法审判的证据规则出发予以审视，尽力探寻“监察中心主义”与“审判中心主义”之间的平衡之处[1]，使得两项改革互促互利，有效推进国家法制建设的良性发展。

（二）清晰界定管辖分配

无论是监察机关的调查还是公安机关的侦查，管辖问题的厘清都是其行使职权、开展工作的前提条件，构建两机关协同作战机制必然也应当回归于此。对此，笔者认为其最关键之处便在于对监察对象进行精细化认定，若监察对象模糊不清，一方面可能会导致监察委员会的权力过

① 潘金贵，王志坚．以审判为中心背景下监察调查与刑事司法的衔接机制研究——兼评《刑事诉讼法（修正草案）》相关条文［J］．社会科学研究，2018（06）：88-97.

于宽泛，诱发权力的滥用，最终削弱监察机关的威信；另一方面则会对其他公职人员的正常履职行为造成困扰。特别针对《监察法》第十五条中的“国有企业管理人员”“公办的教育、科研、文化、医疗卫生、体育等单位中从事管理的人员”“基层群众性自治组织中从事管理的人员”的具体范围、对象，由于实践中犯罪主体身份、从事工作、职务性质、权力行使的复杂性，笔者认为应当据此以“公权”“公职”“公务”“公财”为具体识别标准对其进行限缩性“一对一”列举。[①] 例如，(1) 农村村民小组长，从其职务性质以及《中华人民共和国村民委员会组织法》等法律文件上来看[②]，我们难以认定其是否属于监察范围之列，但根据其从事的具体实务工作来看，其倘若是在协助政府从事救灾、优抚、征地、救济等村集体工作时实施违法犯罪行为，便属于行使“公权”、运用“公财”之列，理应归口为监察机关管辖。(2) 委派到国有控股参股企业从事管理的人员，对于这类人员的管辖，我们不能仅从其从事的具体事务工作来鉴别，而应根据其职务性质来鉴别，即通过分析其是否是由国资委任命到国有控股参股企业或者是否是由党委、党政联席会任命的，在国有控股参股企业的分支机构中担任管理人员，判断其担任职务是否构成委派，如若符合上述两种情况，即应纳入“公职”“公务”的界定范畴，归属监察机关管辖。(3) 公办教育、医疗卫生行业中的教师或医生等人员，这类人员的身份通常会出现在技术岗位和行政管理岗位之间随时切换的问题，如一名公立医院的医生同时承担医疗工作和担任行政职务，我们必然也要根据其具体的工作履行明确其在依托行政职务身份，即利用“公职”，行使“公权”实施违法犯罪时，则应当被列入监察对象之列，否则，若仅为普通医护人员收受回扣、红包行为，即无“公职”“公权”“公财”“公务”四个标准介入，就不应属于监察机关管辖。倘若以此标准，再加之在调查（侦查）实践中不断地进行补白，分析出这些因模糊性表述造成的管辖不当，进而对其内涵进行具体化界定，随之由国家监察委员会出台监察解释予以固

---

① 谭宗泽．论监察对象的识别标准［J］．政治与法律，2019（02）：66-77.

② 《中华人民共和国村民委员会组织法》第六条规定：“村民委员会由主任、副主任和委员共三至七人组成。村民委员会成员中，应当有妇女成员，多民族村民居住的村应当有人数较少的民族的成员。对村民委员会成员，根据工作情况，给予适当补贴。”并未明确村民小组长这一职务的法律地位。

定。最终便能使监察对象与侦查对象在个体层面上的模糊关系得以明晰，从而解决监察机关与公安机关在“单案单犯”案件中的立案管辖冲突问题。①

（三）建立同步合作机制

建立由双方负责人联络，同步通报、同步立案、同步调查、同步移送协同办案机制。在涉及“一案多人”“一人多案”引起的确不可分的两方互涉线索、案件时，公安机关有关部门和同案纪检监察机关审查调查部门，各自明确一名负责人及工作人员具体负责问题线索的管理及线下移送、情况统计、及时定期沟通，保证案件的调查（侦查）活动在各程序、各阶段得以同步开展。（1）针对“一案多人”的案件，由于纪检监察机关合署办公的特殊性质，其既有党内执纪监督权又有国家监察调查权，在仅涉及纪委党内执纪监督时，政策性要求显然是我们必须坚持的路线，但同时纪检监察机关对监察对象究竟是涉嫌普通违纪违法还是严重违法犯罪的认定，以及调查阶段由执纪监督到监察调查又往往是一个渐变式的发展过程，因此在侦查权的介入问题上万不可贸然行事。所以笔者认为，要避开这一困境，只能在双方各司其职、独立办理的基础之上，建立负责人联络机制，一方面满足了政策性要求，另一方面两机关实行线索的双向移送又保证了重点挖掘信息的及时互通，提高了案件侦办效率。基于此，由于情报线索的高效互补，双方各自立案调查的步调也能够在一定程度上趋于吻合，最终达到案件的同步移送审查起诉，解决一案两查造成的移诉分裂可能性问题。（2）针对“一人多案”的案件，由于人身的不可割裂性，必然需要由一方为主、另一方为辅开展调查，这一问题的症结在于当公安机关优先立案的情况下，在侦查过程中发现本案应由监察机关为主管辖或当监察机关优先立案，在调查过程中发现被调查人还涉嫌其他刑事犯罪需要公安机关介入侦查时，后续的案件侦办工作该如何配合开展？从技术操作层面来看，首先，通过双方负责人单线进行联络互通，同步立案调查移送，满足了该类案件高保密性以及监察机关办理案件纪律性突出的要求，在加强公安机关协作配合的同时，避免了证据的重复收集、线索的跑风漏气。其

① 马方，吴桐．监察程序下犯罪嫌疑人确认制度的理论构建［J］．广西大学学报（哲学社会科学版），2018（05）：25-32.

次，在面临监察机关于监察程序中的调查措施（如留置）与公安机关在刑事诉讼程序中的侦查、强制措施（如拘留）的办案时限冲突等问题时，笔者认为在上述协同办案机制的基础上，公安机关则有理由变更时限较长的侦查、强制措施（如取保候审），把已经立案侦查的犯罪嫌疑人移送监察机关进行调查，这样一来又在一定程度上减缓了这一“侦查—调查”措施运用时限冲突在法法衔接上存在的操作难题。最后，在协同配合机制的实施过程中，公安、监察机关双方需要对方予以提供的技术性、辅助性帮助（如技术侦查措施、通缉），也能得到更加及时高效的配合，极大地提升了案件侦办效率。

（四）实现监察措施程序化实施

对《监察法》赋予监察机关的“谈话、询问、讯问、留置、查询、冻结、调取、查封、扣押、搜查、勘验检查、鉴定”12 种监察调查措施的程序和条件进行程序化处理，① 同时对涉嫌违法的监察立案和涉嫌犯罪的监察立案可以采用的调查、强制措施种类和程序进行分立的明确规定。从实践调研来看，粤、渝两地的监察机关已经设立了专门的案件审理室，对案件调查的程序性工作严格把关，实行审查调查与审理分离、审查审理与复议复查分离的办案机制，极大地提高了办案质量，并在一定程度上化解了实践办案中的程序性困境。但针对上述调查措施的实施条件、审批主体、实施期限、救济措施及运用该措施所收集固定的证据的审查排除规则等，笔者认为还有必要对其进行更深入地规范和探讨。特别是自我国监察体制改革以来，监察机关一直是以区别于行政机关、司法机关的政治机关的身份出现，再加之《监察法》对其行使留置措施这一特殊权力的赋予，无疑使得监察机关在运用监察措施的源头上更易产生非法证据。监察机关与公安机关协同作战在实施过程中的程序性症结也正在此处。前文已经论述了监察机关立案与《刑事诉讼法》所述之立案不同，监察机关立案不必进入刑事诉讼程序，而是首先进入监察程序，此时涉及监委、公安皆可管辖，公安已经立案采取强制措施进入诉讼程序，而监委却要将其拉回到监察程序，可能陷入无限期调查导致犯罪已过追诉时效的困境。因此，在这个问题上万不可将内容本质实则等同的“侦查”与“调查”区别对待，必须要将监察机关在调查

① 陈卫东．职务犯罪调查程序若干问题研究［J］．政治与法律．2018（01）：19-27.

职务违法和职务犯罪两类监察程序中，采取调查措施的程序性规范具体到《刑事诉讼法》的相关措施相等甚至更高的标准，在职务违法监察程序中所收集的证据只有达到该标准才可进行向诉讼证据的转化，坚决将其纳入“以审判为中心”的诉讼制度改革调整中，加强对监察机关收集证据的检查监督，才能缓解法律之间衔接缝隙造成不平之处。这在一定程度上解决了监察机关在监察调查各程序阶段所收集证据的刑事证据资格转化难题，缓解了监察机关和公安机关在协同作战时所面临的法律程序上的尴尬局面。

随着从中央到地方三级监察委员会的建立以及监察立法的有效推进，我国国家监察体制改革已经进入全面深化的新阶段。但是，监察法治化、反腐败治理能力现代化的实现绝不能止步于此。目前，各地实务部门也在工作中不断发现问题、总结经验，以此在监察实践深入开展的基础上，以“职务犯罪调查活动”为视角，逐步厘清《监察法》与其他法律规范，监察机关与司法机关、执法机关的外部衔接。在“刑事证据规则”的制约下进一步明朗调查与侦查之间的关系问题，着力解决改革中面临的实践难题，构建“警”“监”合作新机制，保障分工、配合、制约机制的有效实现，从实体上、程序上、理论上、实践上多维度、多层次出发，探寻监察委员会调查权运作，公安机关、监察机关协同高效作战的法治路径，助力监察体制改革纵深发展。

第九章　惩治和预防腐败中的互联网监督机制构建

随着互联网技术的发展和新媒体传播的影响力日益扩大，网络舆论监督逐渐成为惩治和预防腐败的利器，有效遏制了公权力的滥用，促进了公权力能够在阳光下运行。网络舆论监督是互联网时代的一种群众监督新形式，借助互联网人多力量大的特点，携方便快捷、低成本、低风险的技术优势，更容易形成舆论热点，也成为行政监督和司法监督的有力补充。本章通过分析互联网监督公权力的积极与消极因素，提出完善互联网监督公权力的构想。

一、互联网监督概述

孟德斯鸠说过，一切拥有权力的人都有滥用权力为自己谋求私利的倾向。因此权力需要被控制，而监督就是防止权力被滥用的一种有效方式。监督权力的方式多种多样，有政党的监督、权力机关的监督、新闻媒体的监督、公众的监督、网络舆论的监督等。网络舆论监督作为新媒体环境下发展起来的新生力量，拥有旺盛的生命力，逐步成为互联网对公权力监督的主要表现形式。所谓网络舆论，是指在互联网上传播的公众对某一焦点所表现出的有一定影响力的、带倾向性的意见或言论。而网络舆论监督则是指网民运用网络媒体对公权力的行使进行监督，以反映社会公众意识和多数人的共同意见。近年来，诸如“四川严夫人”“重庆帽子姐”等网络舆情事件经媒体报道后，无论是法律界人士还是非法律界人士，都在互联网上积极地发表自己对该案的看法，并通过微博、论坛等平台不断转发自己的观点，从而形成一种舆论狂潮，使这些事件引起社会关注，最终得到深挖事件背后隐藏的腐败行为的结果。

此外，网络舆论监督与传统的舆论监督方式相比，具有无可比拟的优势。首先，网络舆论监督的真实性较高。传统的舆论监督方式主要是公众通过信件、热线电话等与传统媒体进行互动，在互动过程中公众的言论一般要经过传统媒体的核实、审查、编辑等一系列复杂的程序才能向社会公开，这导致传统媒体反映的可能并不是公众内心最真实的声音。新媒体环境下的网络舆论监督却恰恰相反，公众只要利用互联网，就能在微博、论坛等平台上就自己感兴趣的话题发表见解。其次，网络舆论监督的互动性强，传播速度快。网络舆论监督的速度一般是以秒来计算的，一件重大的事情几秒内就能传遍全球各地。相比传统的舆论监督方式而言，极大地提高了新闻的时效性。最后，网络舆论监督的拘束性小。网络舆论具有匿名性，加上其没有严格的法律加以规制，网民可以自由地发表言论，受到较少的约束和限制。

综上所述，正是因为网络舆论监督具有传统舆论监督方式所无法比拟的优越性，所以公众更愿意利用互联网对公权力进行监督。调查显示，公众对有效举报方式的排序依次为：网络曝光（35.8%）、传统媒体曝光（31.3%）、向纪委举报（17.2%）、向检察院举报（11.4%）、向上级政府机关举报（3.3%）、向公安部门举报（0.5%）。可见，网络舆论监督是大势所趋，人心所向。

二、影响互联网发挥监督作用的因素

互联网对公权力的监督具有无限大的潜能，其效用的发挥离不开一些积极因素的促进作用，但也存在一些消极因素导致其失灵，只有正确认识这些积极因素与消极因素，才有利于更好地完善互联网对公权力的监督。

（一）人民群众的政治参与意识、权利意识、法治意识的增强

我国《宪法》第四十五条明确规定了公民的监督权，公民对于任何国家机关和国家工作人员享有提出批评建议的权利。过去，绝大部分群众没有意识到这一权利的存在，即使遇到公权力滥用的情形，也不敢举报。随着互联网技术的普及与发展，网民规模的日益庞大，互联网监督的优越性以及近年来网络反腐取得一系列成就，致使网民的价值感增强，责任意识增强，政治参与度增强，更加注重保护自己的合法权益，而网络舆论监督恰恰能满足广大网民的这种心理需求。

此外，由于互联网技术的普及，也使得人们举报和监督的成本更

低。调查发现，如果人们见证了腐败行为，36.4%的人表示会去举报，34.6%的人表示会视情况而定，17.7%的人则表示“不举报”，还有11.3%的人表示只有在涉及自身利益时才会举报。调查中，公众给出的阻碍举报的部分因素包括：担心举报“石沉大海”，得不到反馈（36.4%）；担心举报后遭到打击报复（34.9%）；担心没有“铁证”，举报没有结果（15.5%）；不知道有效的举报渠道（7.1%）。中央编译局当代马克思主义研究所所长何增科曾表示：[①]“改革开放30年来，评出的10个反腐名人，其中9人都遭到打击报复。现在的越级上访现象，也说明举报受理机制方面存在问题。很多举报得不到有效回应，甚至经过层层转批后回到被举报单位，出现被举报人拿着举报信找举报人谈话的尴尬局面。”而通过虚拟的互联网，在很大程度上可以减少或避免这样尴尬的局面出现，起到更好保护举报人隐私的效果。

（二）国家机关重视互联网监督作用

网民对公权力监督的最终目的就是追寻公权力机关给予当事人一个公平正义、合情合理、公开透明的答复。如果网民只是单方面的监督，而公权力机关也只采取漠视的态度，不与网民进行互动，那么无疑会导致互联网监督失衡，无法发挥它应有的效果。随着信息化社会的高速发展，政法部门越来越支持网络舆论监督。例如，2003年最高人民检察院开始建立网络举报平台；2005年中央纪委监察部首次公布了中央纪委信访室监察部举报中心的网址；2009年最高人民检察院更新举报网站以及各地方政府均设置了官方微博平台。

在国内的基层实践中，互联网监督的创新方式已经走入了千家万户。四川省大竹县开发了阳光惠民互动平台（互联网形式），确保村务公开透明。该平台将农林、民政、扶贫移民、卫生计生、食品药品监督等11个涉农部门纳入民生资金监管体系，主要公开政策法规、办事流程、资金发放等情况；将51个乡镇（街道）、443个村（社区）全部纳入“三资”管理体系，主要公开资金、资产、资源管理处置、工程项目竞拍等情况。截至目前，累计公开事项30万余件次，监管各项资金22亿元，集体资产2万余件、价值约30亿元，集体资源近1万宗，

---

① 十个反腐名人九人遭报复　有效举报排序网络曝光居首［N］．黑龙江晨报，2009-03-018.

受益人数达 334 万人次。群众可运用计算机、手机等设备，登录主题网站浏览各类公开信息，输入姓名、身份证号可查询自身关注的民生资金、“三资”管理动态信息。同时，当地群众可运用触屏设备，通过扫描第二代居民身份证，查询各类公开信息。平台开通以来，访问量达 550 万人次，查询量达 86 万人次。大竹县还研发了“百姓问廉”评价软件，开通“百姓问廉”评价网，按乡镇（街道）、涉农惠民部门、窗口服务单位三个序列分类评比。群众可通过网络，对各单位信息公开、“百姓心声”办理回复等情况进行客观评价。平台自动统计群众评价并按照序列排名，对连续一周排名最后三位的单位，平台以红色字体预警；对连续一个月排名最后三位的单位，由县纪委约谈单位主要负责人及纪检组织负责人。每年 8~9 月，由县统计局组织测评工作，进行社会满意度评比。截至 2017 年 3 月底，累计受理廉情民意 4286 个，解决问题 4198 个。

互联网舆论监督主要具有以下四个作用：

1. 互联网舆论监督的倡导作用

对于社会上的正向舆论，反映党员干部清正廉洁作风的行为，要及时发现并加以聚集，积极地宣传，并予以热情的支持。互联网舆论监督的倡导作用，主要用生动的事实、先进的典型、充分的说理唱响主旋律，是倡导作用的主要体现，也是互联网舆论监督引导的根本任务。

2. 互联网舆论监督的抑制作用

对于社会上可能涉及贪污腐败问题的负面舆情，要进行揭露、批评，防止出现复杂的舆论局面。例如，陕西“8 · 26”特大交通事故中的“表哥杨达才”、江西 2014 年水灾救援现场被背的干部、南京玄武区乘快艇查水灾被多人扶着的女领导、四川广安在家长微信群中耍官威的“严夫人”、重庆保时捷女车主“帽子姐”等事件，都是因为主人公言行失当引发网络舆情，从而让公职人员受到查处。互联网舆论监督的首要任务是对错误思想倾向进行揭露批评，将抑制作用渗透到社会生活的方方面面，这样才能使矛盾转化，收到互联网舆论监督的良好效果，促进社会正向风气的形成。

3. 互联网舆论监督的沟通作用

互联网舆论监督是政府与公众之间加强交流、增进理解的一项重要手段。除要引导人们积极支持国家方针政策，也要让人民群众理解国家经济社会改革、发展中存在的一些不可避免的经济问题和社会问题，同时，努力让直接关系群众利益的各类问题能够及时得到解决，维护国家行政权威，保护群众积极性，增进人民群众对政府的信任，进一步密切政府同人民群众的联系。

4. 互联网舆论监督的整合作用

国家的改革和发展是一项长期的、艰巨的、复杂的社会系统工程。这一过程涉及我国经济基础和上层建筑的诸多领域，在政治、经济、科学、文化、教育等方面都需要探索，需要解决由此产生或派生的一系列矛盾。互联网舆论监督必须对经济社会发展过程中出现的各种矛盾进行有效整合，对其中形成的尤其是涉及政府、官员腐败问题的舆论能够加以正确引导，充分发挥舆论引导的张力，在全社会形成“贪污腐败，人人喊打”的氛围，为国家经济社会发展提供清正廉洁的舆论环境。

（三）网络失范带来的无效参与

由于媒体之间存在激烈的竞争关系，因此部分媒体为吸引眼球，违背了媒体人应有的职业操守，通过断章取义、夸大其词、偷换概念、无中生有等多种方式对事件的内容进行歪曲。这种网络参与的无序效应、网络声音主体的片面化可能造成网络民意失真。网络表达的自由性、开放性往往使其与现实生活表达相比更加尖锐、偏激，网络发帖、跟帖，往往使非理性的声音占据上风，网上民意可能只代表了部分利益群体的主张，甚至只是个人不满情绪的发泄和聚集，容易使民众对事件整体作出错误的判断，使政府作出不符合社会大众主流意见的错误决策。

网络的不可控性容易滋生网络暴力。网络空间高度自由、互相影响、交织放大，网络世界信息源头不可控、传播速度不可控、内容分散不可控、舆论易放大不可控等特点容易酝酿公共事件。一些在现实中影响不大的事情，在互联网上立刻演变得群情激奋，由于一些极端、不理智、不符合主流道德标准甚至违法的言论充斥于网络，使简单问题复杂化、单一问题普遍化、个别问题扩大化，甚至形成“网上群体性事件”，对人民群众有序参与反腐倡廉建设造成不利影响，不仅不能实现多数人的权利，甚至还会威胁到社会稳定和国家安全。如果不加以有效引导，就会加深埋怨、偏激、仇恨的社会群体心理，这种泄愤的社会情绪和心理也为群体性事件的多发、高发埋下隐患。

（四）公权力机关对互联网监督平台的管理缺失

虽然政法部门对互联网的监督重视逐步加强，建立了许多互联网监督信息交流平台，但是如何更好地保障民意的及时传达和回应，依然是一个任重道远的问题。除此之外，面对强大的网络舆论，某些公权力机关视民意为敌情，不仅删帖、屏蔽，甚至对某些网民还进行恶意抓捕。可见，某些公权力机关对其官方平台缺乏严格的管理，这样一来不仅损害了公权力机关的公共形象，还扰乱了正常的互联网监督秩序。

1. 涉贪腐舆情信息研判机制不完善

缺乏涉贪腐舆情信息的收集监测机制，涉贪腐舆情信息收集工作滞后于舆情发酵速度；缺乏专门的涉贪腐舆情信息分析研判力量和队伍，没有规范的涉贪腐舆情信息报送、研判、应用和评估机制，涉贪腐舆情信息为纪检监察实务工作服务的预警能力和保障能力较低；各部门之间的涉贪腐舆情信息的共享程度较低，使涉贪腐舆情信息的可靠性、完整性和关联性均受到一定程度的影响。

2. 整体协同作战能力较差

当突发事件或者涉贪腐舆情发生后，纪委、监委的新闻宣传和舆情引导部门大都不能第一时间介入事件主动开展处置工作，通常也很难得到第一手的真实情况和信息，要在其他直接相关部门处理结束予以定性后，才会介入调查事件中可能存在的贪腐问题，贻误了涉贪腐舆情处理的最佳时机。

3. 反应迟钝，行动迟缓

其主要表现有两种情形：一是当突发敏感事（案）件发生后，涉事的直接相关单位和纪检监察机关的新闻宣传部门反应迟缓，不能及时采取措施或者主动报告上级，缺乏争取上级部门工作支持的意识，使得上下级联动及时开展处置工作受到制约，很多时候会处于被舆情牵着鼻子走的被动状态；二是涉事部门不主动开展舆情收集、研判和处置工作，虽然在第一时间上报舆情，但被动地等待纪检监察机关介入调查，忽略了舆情发展变化的形势和特点，从而造成与事（案）件情况、舆情发展情况衔接不准、处置错位等情况，甚至造成次生舆情问题，严重损害公众对于纪检监察机关的公信力，直接影响着涉贪腐舆情的有效处置和引导。

4. 纪检监察机关与公众的网络互动性不足

网络沟通的互动性不足或欠缺，同样也会影响和反噬公权力的公信力。网络扁平化的特点要求公权力机关注重与网民沟通的即时性、交互性、平等性。在当前很多重大舆情问题前，很多都是因为有关方面在初始阶段消极地面对网络，让事件迅速演变为公共舆论危机，虽然贪腐官员最终受到惩处，却影响了当地政府的公信力。这也说明，纪检监察机关在反腐倡廉中如果不能与网民形成良性互动，未及时、有效地回复舆情，就会造成网民对公权力的不信任。在很多突发事件或政策讨论中，官方声音经常受到质疑和批评正是这种不信任累积的表现，也容易为敌对势力和别有用心的人提供“靶子”和口实，构成中国社会转型期潜存的不稳定因素，反而使公权力机关常常被网络舆论所左右、所“绑架”。

三、互联网监督机制的构建

（一）确立网络舆论监督合法地位，加快其法治建设步伐

网络舆论监督虽然在防止公权力的滥用上发挥着日益重要的作用，但是没有相关的法律确立其合法的地位，导致其缺少法律的强制性。也正因为此，一些公权力机关漠视网络舆论的监督力量，造成网络暴力盛行，部分媒体从业人员造谣，传播失真。这些不利因素使公民的知情权、表达权、参与权不能及时得到法律的保障。所以，确保网络舆论监督的合法地位刻不容缓，在确立法律地位的同时，要加快其法治建设步伐。明确公权力机关、媒体、网民之间的权利与义务；明确诽谤、侵犯隐私权、人身攻击、造谣之间的法律界限；对危害国家安全、恶意散布虚假信息、诬陷他人的行为要依据情节轻重，追究其法律责任，让法律真正保障公民的网络舆论监督权。

（二）重视网络舆论引导机制，弘扬网络文化主旋律

首先，公权力机关要强化互联网作为工具重在运用的意识，抛弃旧有的管控方式和思维模式，正确处理“堵”与“疏”的关系，充分认识互联网在增进公民参与、强化社会主义民主监督、加强社会主义民主政治建设等方面重大而又独特的作用。既要坚决摒弃“互联网表达主要是情绪宣泄和不实信息，可以置之不理”的观点，也要改变在快速变幻的网络舆情中被动“灭火”、疲于应对甚至被网络信息“牵着鼻子

走”的局面。

其次，公权力机关要第一时间关注舆论态势，当发现舆论偏离社会主义核心价值观这一主旋律，要积极采取行动对舆论进行引导。例如，通过召开新闻发布会及时澄清相关问题真相，发挥权威人士与专家学者以及重要的网络意见领袖对舆论态势的引导作用，使网民的舆论态势走向正轨。正如习近平总书记强调的，要“创新改进网上宣传，运用网络传播规律，弘扬主旋律，激发正能量，大力培育和践行社会主义核心价值观，把握好网上舆论引导的时、度、效，使网络空间清朗起来。”

在全民网络时代，互联网就是阵地，网络舆情就是民情。党政机关的领导干部应认真学习网络知识，掌握基本技巧和沟通方法，消除网络恐惧症，积极而不是被动地、坦诚而不是应付式地、平等而不是居高临下地对待网络监督，善于运用先进网络技术推动解决实际问题。公权力机关应该有与网络舆情发展相适应的应对处理速度，不能总是慢半拍、拖几步，应该有与论坛、微博沟通的话语系统，注重与网民沟通的即时性、交互性、平等性，真正与广大网民同网共振、与群众愿望同频共鸣、与社会呼声同声相应，与民间良性互动，从而不断提升公权力的公信力、凝聚力与亲和力。

涉贪腐舆情研判处置包括以下关键环节：

1. 信息收集

通过纪检监察机关内部、相关部门、新闻媒体、社会层面等多种渠道，全面收集舆情信息，力求及时、全面、准确地掌握事（案）件的舆情动态。涉及贪污腐败舆情研判处置的主体是纪检监察机关，且研判处置的结果与纪检监察机关的日常工作息息相关，所以既不能忽视纪检监察日常工作舆情信息的收集，也不能忽视对纪检监察工作不利的舆情信息的收集。

2. 舆情会商

纪检监察机关要牵头建立一个由指挥中心、宣传部、法制、网信、信访、公安等多部门领导组成的舆情研判机构。研判机构要定期进行舆情会商，由各部门结合自身工作职能和工作优势，对涉及贪污腐败舆情信息的真伪、价值作出判断，最终形成分析研判意见，为纪检监察工作提供及时、有效、准确、严谨的舆情分析报告，作为相关领导和部门的决策参考。舆情会商时，要从宏观、微观、内部、外部、当前、长远、道德、法律、情理等多个层面进行分析，特别是要关注舆情背后可能隐藏的更深层次的腐败问题，深挖事（案）件背后的“保护伞”，要尽可能给事（案）件调查处置工作及舆论引导工作提供有利条件。

3. 形成结论

涉及贪污腐败舆情研判的目的，就是将纷繁复杂的舆情信息进行疏理、归纳、总结，从中提炼出舆情背后所暗藏的贪污、腐败行为。涉及贪污腐败舆情分析的成果，主要以分析结论的形式体现。分析结论，是涉及贪污腐败舆情研判人员加工、处理形成的高度浓缩的、有价值的信息，而不是舆情信息素材的简单罗列和堆积。涉及贪污腐败舆情研判结论一般应该包含以下要素：第一，事（案）件的主要情况。第二，舆情反映的问题，即社会舆论对事（案）件的基本评价，包含普遍看法、主流观点、极端猜测、有可能影响事（案）件调查处置和舆论引导的工作言论、社会舆论的发展变化情况等。第三，存在的敏感节点，即事（案）件容易引发舆情危机的敏感节点。第四，处置工作措施，即就事（案）件的舆论引导工作提出工作对策、建议和防范措施等。

4. 舆情报送

舆情研判结论得出后，要按照事（案）件类型、级别、紧急程度，及时报告相关领导和部门作为决策参考。舆情报送要注意范围，并做好保密工作，防止外泄造成被动局面。

5. 舆情处理

根据既定的工作计划，采取一系列的措施开展事（案）件的新闻宣传和舆论引导工作，澄清事实、防止产生谣传、化解舆情危机、消除负面影响。需要注意的是，涉及贪污腐败的舆情研判和处置相互交织、相互影响，需要纪检监察部门牵头与各部门协调开展。

（三）加强对互联网信息平台的管理

公权力机关要认真对待互联网信息平台，安排专门的工作队伍对网络舆情进行收集、总结和反馈。面对重大网络舆情时，工作人员要及时向上级领导汇报，上级领导通过会议等形式提出相应对策后，工作人员再将回复公布在互联网上。要建立通畅、高效、规范的网络舆论监督平台，提升网络舆论监督的权威性和有效性。“公权力机关既要本着及时公开互动原则对现有廉政建设网不断更新栏目、充实内容、升级系统、扩展功能，又要坚持便利、安全、保密原则，不断拓展和完善网络举报监督的渠道与方法，确保网上举报渠道的畅通，并对网上举报信息进行有效引导分流和承接。”

（四）加强反腐倡廉工作网络基础建设

各级纪检监察机关应建立更加快捷的“网络直通车”，健全专业的网络监督阵地，设立面向党员和广大网民的多层次、多功能交流平台。建立反腐倡廉立体监督网络，逐步建立举报信息可以直接发送到纪检监察网站并得到回应的机制，这样既能保证信息得到及时保密的处理，又避免信息泄露和失真信息扩散，最大限度地净化互联网环境，保护当事人的合法权益。要重视权威信息源建设，千方百计扩大官方网站、论坛、微博、微信等网络平台在社会上的影响，形成积极向上的舆论氛围。

近年来，党风廉政建设和反腐败斗争，摧枯拉朽，形成强势，其广度、深度、力度令人振奋，其威慑、教育、引领效应让人信服。正是通过各种包括互联网在内的新闻报道和宣教活动，使正面影响得以成倍扩大，舆论环境优化向好。党员干部和老百姓看到了反腐败斗争紧迫、尖锐和复杂；同样也看到，从严治党、反腐倡廉依然是社会主流，是党心和民心所向；看到共产党对反腐承诺是郑重的，说到就能做到；看到无论怎样的权势和高官，在党纪国法面前，统统不堪一击；看到纵然时代巨变，“伸手必被捉”的铁律依然不可移易；看到贪婪欲望和侥幸心理是人生最大的悲剧……

人们有理由期待，互联网时代的舆论监督会为全面从严治党再注力量、再添柴薪。

第十章　基层社会的腐败问题及治理对策

一、基层腐败概述

（一）基层腐败的特点

基层腐败往往出现在乡镇、村居一级，涉案官员虽然官职不高，但是受贿金额往往较大，群众身边的腐败行为看似微不足道，但这种“微腐败”行为往往具有侵犯群众公共利益、破坏党群干群关系、动摇基层执政之基等严重危害性。近年来，诸如“小官巨贪”“吃拿卡要”等不良现象见诸报端，将这一行为推到了群众面前，既要“打虎”也要“拍蝇”成为人民群众日益高涨的呼声。

1. 基层腐败多为“一把手”腐败

通过案例和数据统计分析，在巨额腐败案件中，涉案的乡科级一把手占总数的六成，高于副职干部，我们不难发现基层腐败多为“一把手”。这与我国基层社会治理制度不够完善、不规范，缺少对决策者的监督和制约有着密不可分的关系。很多基层“一把手”既是政策的制定者，又是政策的实施者，同时还充当了裁判员和运动员的角色，掌握了一些看似微小但关乎民生和群众利益的权力，在一些涉及资金使用、重大决策等问题上实行“一言堂”的做法，为基层“微腐败”行为的发生提供了“温床”，让基层的“一把手”成为高危职业和腐败易发群体。

2. 乡土社会催生基层腐败

中国的传统社会是以“熟人社会”为主要特征的社会，在很多中小城市和社会基层，熟人社会与熟人社交依旧保持着原始的特征，继续发挥着很大的作用，这也是由中国的特色国情所决定的。在基层的行政、司法活动中，求人说情、托人办事的现象成为一种潜规则和“中国特色”，熟人社会使人情与法理发生了碰撞，催生了基层腐败行为的产生，这也对国家的法治化进程和基层政府的权威形象造成了不良影响。

3. 基层腐败多与黑恶势力相勾结

基层腐败官员为了牟取“权钱交易”和保证自己的腐败行为不被发现，往往会和黑恶势力相勾结，危害一方。一方面，虽然基层官员权力有限，但往往都是与当地的经济、民生和群众利益密不可分的，黑恶势力为了获取相应的利益，常常会主动贴靠和腐蚀地方官员，使用“放长线钓大鱼”的方法，一些基层官员因抵抗不了经济等方面的诱惑，就会坠入陷阱。另一方面，部分思想腐化的官员，为了牟取个人利益，往往会主动联系和暗示黑恶势力，开展“权钱交易”“权色交易”。在这种状态下，黑恶势力与基层政权称霸一方，对基层政治生态造成了极大的危害。广西壮族自治区桂林市永福县政协原主席刘永祥充当“保护伞”，黑恶势力在他的扶持下竟然进入县政协班子，成为政协委员，这一案例被作为扫黑除恶的典型在中纪委国家监委官网进行了通报。

4. 基层腐败多发于扶贫领域

基层腐败形式多样且领域集中，在一些涉及资金较多、制度不够完善的领域表现得更为突出。随着我国扶贫攻坚战的打响，扶贫领域涉及较多的财政资金和相应的补助认定问题，在一些政策的执行与认定上，基层官员往往有一定的自主权限，相关补助的分配、相应贫困等级的认定关系到贫困户的切身利益。扶贫领域的腐败问题是扶贫攻坚战的一大阻碍，关系到2020年我国农村人口是否能够全面脱贫，因此尤其值得我们关注。

（二）基层腐败问题现状

人心向背是最大的政治，基层群众对身边的腐败问题感受最为真切，也最为反感。[①] 2016年1月12日，习近平总书记在第十八届中央纪律检查委员会第六次全体会议上强调推动全面从严治党向基层延伸，对基层贪腐要认真纠正和严肃查处，维护群众切身利益，让群众更多地

---

① 人民网．习近平：在第十八届中央纪律检查委员会第六次全体会议上的讲话［DB/OL］．http：//cpc. people. com. cn/n1/2017/0105/c64094-29000964. html. 2016-1-12.

感受到反腐倡廉的实际成果。[①] 习近平总书记在党的十九大报告中也指出："凡是群众反映强烈的问题都要严肃认真对待，凡是损害群众利益的行为都要坚决纠正，坚持惩前毖后、治病救人，运用监督执纪'四种形态'，抓早抓小、防微杜渐。"人民群众对身边的"微腐败"问题深恶痛绝，其切身利益和获得感被损害与啃食。因此，将监察职能向基层延伸，贯穿"最后一公里"，防治"微腐败"发生，切实维护人民群众的利益是当下极为重要的工作。

2018 年 3 月，《监察法》通过表决，在法律层面将所有行使公权力的公职人员纳入监督范围，进行全面覆盖、全面监察，为全面整治基层微腐败提供了法律保障和制度支撑。[②] 2018 年，全国纪检监察机关共查处 23.5 万件发生在群众身边的腐败和作风问题，处理了 30.9 万人，运用监督执纪"四种形态"处理了 173.7 万人次，其中约谈函询、批评教育占总人次的 63.6%；轻处分、组织调整占 28.5%；重处分、重大职务调整占 4.7%；依规依纪依法处理严重违纪违法涉嫌犯罪占 3.2%，在打击腐败时贯彻惩前毖后、治病救人的方针。而腐败问题多发生在基层，因此，将纪检监察职能向基层延伸，建立相关体制机制，惩处基层微腐败、防止基层微腐败、治理基层微腐败，使纪检监察职能在"最后一公里"真正发挥监督作用，进一步构筑"不敢腐、不能腐、不想腐"的堤坝便成了各地区探索实践的重要课题。

二、基层腐败问题分析

（一）相关研究综述

在构建理论模式及实地调研之前，我们有必要先对我国现阶段"微腐败"的基本情况及监察职能向基层延伸中存在的问题做一定的研究和分析。

1. 关于"微腐败"概念界定的研究

"微腐败"一词在十八届中纪委六次全会上首次被习近平总书记提

---

① 人民网. 习近平在中国共产党第十九次全国代表大会上的报告［DB/OL］. http：//cpc. people. com. cn/n1/2017/1028/c64094-29613660. html. 2017-10-18.

② 新华网. 忠实履行党章和宪法赋予的职责　努力实现新时代纪检监察工作高质量发展［DB/OL］. http：//www. xinhuanet. com/mrdx/2019-02/21/c_ 137838512. htm. 2019-01-11.

及，到十八届中纪委七次全会对其作出专门工作部署，再到党的十九大、十九届中纪委二次全会上再次被提出要坚决整治。“微腐败”越来越频繁地出现在人民群众的视野中，① 究竟何为“微腐败”？对于其概念的界定，学界向来众说纷纭，莫衷一是，有学者以涉案金额的大小为标准将“微腐败”与其他腐败相区分。② 也有学者依据行为发生地进行划分，将“微腐败”定义为发生于基层单位的腐败现象，更是直接将“微腐败”视为基层腐败的一种较为流行、常用的俗称。③ 而笔者认为，对“微腐败”进行定义应将腐败行为之主体作为关键考量因素，这是我们研究“微腐败”防治问题的一个重要着眼点和出发点，更便于我们对“微腐败”之防治建构理论模式和开展相关调研。概言之，“微腐败”即为腐败的一种，也即一种公权滥用的行为，其指向的是一个较为特殊的对象群体——基层单位的党员干部及工作人员。

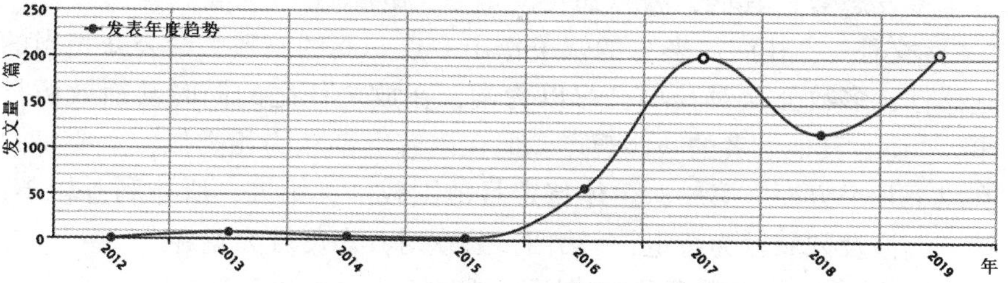

图 10-1　“微腐败”相关文献发表趋势

2. 关于“微腐败”特点的研究（见图 10-1）

关于“微腐败”的特点，有学者将其突出特性归纳为以下三点：一是小，指滥用公权的行为很小，如接待群众时态度冷漠，在下基层时会接受一点土特产、一盒香烟等，小到人们容易忽视它的存在；二是多，这种滥用公权行为比较普遍，如接受服务单位私人宴请，在为其办

① CNKI 上“微腐败”的相关文献共 403 篇（2012 年 11 月—2019 年 3 月），其中 2012—2015 年分别为 1 篇、8 篇、4 篇、3 篇，2016 年为 58 篇，2017 年高达 201 篇，2018 年为 118 篇，依次绘制其趋势图如图 10-1 所示。

② 依据 2015 年 11 月起施行的《刑法修正案（九）》中贪污罪、受贿罪的“数额较大”“数额巨大”“数额特别巨大”的一般标准划分。余雅洁，陈文权．治理“微腐败”的理论逻辑、现实困境与有效路径［J］．中国行政管理，2018：106.

③ “微腐败”更需“零容忍”［N］．宁波日报，2016-02-02.

事时打“擦边球”，或在帮人办事时接受物品，对此群众司空见惯、习以为常；三是社会公众对其态度暧昧，大家认为这些行为很小，生活在一起，低头不见抬头见，处理起来未免“上纲上线”，不近人情，对这种行为放之任之，也会效仿这种行为“方便”行事。① 也有学者将其归纳为四大特征：其一，腐败主体范围广，“微腐败”将所有从事公务的人员（包括群众自治组织中从事管理的人员）囊括在内，从已公开的案例来看，基层公务员、村（社）两委班子成员最为突出；其二，公权滥用程度低，“微腐败”主体贪污受贿的绝对数不大，所涉内容大多为小吃小喝、小贪小占、小卡小要等“小”事情，甚至是如遇事推诿、办事拖拉、态度恶劣等作风问题造成的公共利益损失；其三，涉及领域宽泛，从表现形式来看，“微腐败”与民生密切相关、与公众近在咫尺，而这种发生在公众身边的腐败又往往存在范围非常广，且在一些地方呈多发态势；其四，公众态度宽容，“微腐败”通常打着熟人社会“人际交往”“礼尚往来”的幌子作出一点一滴的腐败，给公众相当的迷惑性，多数公众对其早已习以为常，在放之任之的同时甚而效仿行事。② 还有其他学者的一些观点，但在内容上都较为相类似，主要集中在以下几个方面：第一，主体特定且范围较广；第二，所涉利益较小；第三，涉及领域较为特定；③ 第四，公众对其态度较为宽容。

3. 关于基层“微腐败”成因的研究

首先，利益的驱动是“微腐败”产生的原动力。有学者指出，所谓“人为财死，鸟为食亡”，正是由于人类这种原始的欲望和弱点，在强烈的利益驱动下，一些利欲熏心者便绞尽脑汁、挖空心思，寻找一切可乘之机攫取财富，腐败现象也就随之产生并不断发展，更出现了一些不正之风④。

其次，基层经济的相对落后是“微腐败”产生的客观原因。相关学者研究表示，从审计的视角来看，当前基层（尤其是乡镇）的经济

---

① 华商网．西安 617 人“微腐败”被处分　下半年重点盯扶贫腐败［DB/OL］．2016-08-09.

② 余雅洁，陈文权．治理“微腐败”的理论逻辑、现实困境与有效路径［J］．中国行政管理，2018：106.

③ 主要集中在扶贫、危房改造金、低保、五保等民生资金的资格认定和发放领域。

④ 郭爱芹．农村“微腐败”现象解［J］．农家参谋，2018：20.

除个别区域有特殊情况之外，其来源大多还是上级的转移支付，特别是过去靠社会抚养费返还补贴机关周转的乡镇，更显得捉襟见肘。[①] 因此在客观经济收入有限的前提之下，基层干部的相关待遇问题就很难得到改善，甚至出现基层干部的收入远低于当地某些村民收入的情况。而在另一方面，基层干部投入集体事务之中的时间和精力，要远远多于其投入个人及其家庭的部分，由此形成的心理落差也极易导致“微腐败”的发生。据资料显示，目前多数地方村支书、村主任月工资收入仅1000余元，还抵不上有一技之长的普通村民两三天的收入。[②] 由经济条件造成的差别待遇会干扰和影响到基层干部在面对诱惑时的选择。

再次，部分基层党员干部的理想信念缺失是“微腐败”产生的主观原因。从“微腐败”的主体角度出发，产生“微腐败”问题的主观根源，在于部分基层党员干部的理想信念缺失，世界观、人生观、价值观扭曲。由于理想信念缺失，干工作没有精神，生活态度消极，遇到提拔或工作不顺时就会产生心理不平衡，甚至过度依赖外在的东西自我安慰、自我催眠，于是做了不该做的事。[③] 这些基层党员干部因不注重自身的党性修养，党性和理想信念严重缺失，导致其在面对诱惑时极易动摇，不够坚定。

最后，当前监察制度不完善是“微腐败”产生的直接原因。我国监察体质现正处于改革期，很多制度方面的措施和规范还不够完善，存在一定的空白区域，很多既定制度落实不到位，导致监察的“手”在基层显得相对乏力，很多基层干部趁机钻制度的空子，出现“微腐败”现象。例如，政务信息公开制度落实不到位就为“微腐败”的产生创造了便利条件。按照我国的相关规定，贫困户、需改造的危房、低保户、五保户的上报、大额支出、工程建设等都需要召开相关会议，甚至对有关情况和结果进行公示，但很多基层干部简化程序，略过公开流程，隐瞒群众，导致群众对“微腐败”不清楚、不知悉，从而便于其进行不法操作。

---

① 王俊倡．微腐败的成因及应对措施［J］．审计与理财，2017：17.

② 王俊倡．微腐败的成因及应对措施［J］．审计与理财，2017：17.

③ 郭丙元．基层党员干部微腐败的防治探讨［J］．中国石油大学胜利学院学报，2018：77.

（二）理论模式构建

对于“微腐败”的防治，结合相关文献资料和已有研究基础，在理论上可构建如下五种可嵌入模式：基层监察专员制度；基层专项巡察制度；互联网互动公开平台制度；大数据比对监督制度；廉政教育制度。

1. 基层监察专员制度

防治基层“微腐败”现象，可建立基层监察专员制度。在此，笔者想首先介绍一项引进国外的监察制度，即行政监察专员制度。行政监察专员制度是权利救济、保护公民权利的一种非司法化的手段，有人称它为“第四权力机构”。该制度发源于19世纪的瑞典，北欧国家最先引入，后来传到了西欧、亚非拉等其他国家和地区，行政监察专员制度是由《宪法》规定的，根据公众对政府部门违法行政和不当行政的申诉，不受任何党派政治影响进行调查监督，保护和推进公民的合法权益及自由，监察专员有权进行调查、批评、建议和公布结果，但是不能直接推翻行政机关的决定，目的是运用一些非正式的程序、救济手段来弥补议会监督、行政监督等的缺陷。① 笔者认为，该制度中设立脱离政府机关的监察专员对政治事务进行监察有一定的借鉴意义。基层监察专员制度即为在基层设立与基层行政人员完全脱离的监察专员，负责向基层纪委、监委反映有关问题、提供案件线索、协助案件调查、对基层政策执行情况进行监督等工作。这些监察专员的职责定位应为政策法规的“宣传员”、信访工作的“情报员”、集体资产管理使用的“监督员”。

2. 基层专项巡察制度

中国古代即已建立起系统的巡察制度，如历代王朝都存在由皇帝和中央监察机关定期或临时派遣监察官巡视地方进行监察的制度。我们当前构建的基层专项巡察制度与中国共产党成立后的党内巡视制度是一脉相承的。一直以来，在实行党内监督时，由中央和省（区、市）党委派出巡视组定期巡视下级党组织和领导干部，这就是党内巡视制度。党内巡视制度的主体包括党中央和党的省、自治区、直辖市委员会以及新疆生产建设兵团党委，巡视的对象是下级党组织领导班子及其成员，具体有省（区、市）、市（州、盟）、县（县级市、区）党委及同级人大

---

① 翟慧杰，陈偲．国外的行政监察专员制度［J］．理论导报，2017：50.

常委会、政府、政协委员会党组领导班子及其成员。具体地说，在巡视对象上，并不包含县级以下的党组织。因此，基层党组织很难受到有效的监督。基层专项巡察是由市、县纪委巡察组等专职巡察机构对地方、部门、企事业单位党组织进行的有目的性的巡察监督工作。可以说，基层专项巡察制度与党内巡视制度同宗同源、一脉相承，是党内巡视工作向地方基层的纵深发展，也是巡视监督全覆盖的一项创新之举。① 需要注意的是，此处所构建的巡查制度还包括定期的区域交叉巡察，此举是为了突破中国“人情文化”的约束性障碍。

3. 互联网互动公开平台制度

政务和村务的双务公开作为我国政权建设与民主政治建设中的重要形式，是转变乡镇政府职能、提升基层治理水平、维护群众民主权利、实现基层民主的重要手段，是防范和治理“微腐败”的关键环节与实现基础。国务院办公厅印发的《2017 年政务公开工作要点》明确阐明要“全面贯彻党的十八大和十八届三中、四中、五中、六中全会精神，全面推进决策、执行、管理、服务、结果公开”，同时还要求提高回应能力、增加民众参与和增强公开效能，表明政务、村务公开不仅要作为满足人民群众知晓政务、村务活动的形式，同时也应该是集公开、解读、回应于一体的立体式公开，为各地进一步深化政务公开与村务公开工作确定原则和方向。在互联网时代，防治“微腐败”应建立基层群众阳光互动公开平台，将政务、村务在平台上进行统一公开，防患“微腐败”于未然。

4. 大数据比对监督制度

如今，大数据技术的发展为各行各业的发展都带来了便利，其对监察工作的影响也不言而喻。曾有学者认为，大数据在监察调查中至少有以下五个应用维度：精准收集问题线索、助力突破讯问口供、辅助查明主观故意、深度挖掘违法犯罪事实、全网追踪逃匿地点。② 建立大数据信息库，在扶贫、低保等民生资金发放的过程中对相关信息进行比对、分析、整合，可以及时有效地查处基层民生领域“微腐败”现象，除

---

① 易巧玉．市县巡察：国家监督体系中党内监督制度创新［J］．渭南师范学院学报，2018.

② 徐志．大数据在监察调查中应用的五个维度［J］．中国纪检监察报，2018.

此之外，建立大数据对比监督制度不仅可以提高监察效率，还可以在一定程度上缓解各基层监察机关存在的人手不足的问题。

5. 廉政教育制度

廉政教育制度不仅是指对基层干部进行警示教育，而且是开展全民反腐教育，发起治理“微腐败”的人民行动。毛泽东指出：“只有让人民来监督政府，政府才能不敢松懈。只有人人起来负责，才不会人亡政息。”学者余雅洁、陈文权也指出：有必要开展覆盖全社会范围的廉洁教育，让“微腐败”无处藏身，以构建“不敢微腐”的社会环境。[①] 各地应当定期开展廉政学习教育，从思想层面上杜绝“微腐败”的发生，并营造一种全民倡廉的政治风气，让腐败者无处遁形。

三、基层腐败问题治理制度与特色做法

我们选择了具有代表性的四川省大竹县、贵州省修文县以及广西壮族自治区阳朔县进行实地调研，三地虽然在基层反腐的形势、具体的制度做法上都有一定程度的差异，但是在整体的制度框架、制度的设计思路以及存在的问题等都具有高度的相似性。

（一）县级纪委监察委员会组织构架

1. 办公室

（1）负责联系县纪委委员。

（2）负责统筹各派出机构工作，负责初步审查对于纪委、监委工作人员违纪违法问题的举报，核实举报线索。

（3）负责党风廉政建设和反腐宣传。

2. 党风政风监督室

（1）负责县级管理岗位干部入职前审查工作。

（2）负责党风政风建设工作、政策制定、政策落实，开展专项检查，综合考评工作。

（3）负责事故、事件中监督对象违法违纪行为的调查处理。

（4）负责检查部门履职情况，协助调查专项治理中的失职渎职行为。

---

① 余雅洁，陈文权．治理“微腐败”的理论逻辑、现实困境与有效路径［J］．中国行政管理，2018：109.

3. 信访室

（1）负责处理群众信访举报：受理群众来信、接待群众来访、接听举报电话、处理网络举报。

（2）报告信访举报信息和情况。

（3）督办上级交办的信访举报案件；督促、审核下级纪检监察机关承办的检举、控告、申诉案件。

（4）保护信访举报人信息及人身安全，对报复举报人等信访举报案件进行查处打击，维护信访举报人权益。

（5）负责对县委管理干部问题线索进行统一管理，并分送相关纪检监察室。协助办理县委管理干部任职前回复县委组织部意见工作。

（6）做好信访举报宣传和教育工作。

（7）对信访举报工作反映的问题进行分析研究，指导全县纪检监察机关的信访工作。

4. 纪检监察室

（1）统筹各单位的纪检监察工作。统计分析全县纪检监察机关办案情况。

（2）监督、检查各单位及其领导干部执行党的路线、方针、政策情况，以及监督党风廉政建设的情况。

（3）调查处理严重违反作风建设规定的行为。

5. 案件审理室

（1）负责审理党员干部对党纪政纪处分有异议的申诉案件。

（2）负责监督党纪政纪处分执行情况，对受处分人员进行思想教育。

（3）负责审理案件中涉及的行政诉讼、行政复议工作。

（4）办理下级纪检监察机关请求协助审查的案件。

（二）乡镇一级监察机构组织构架

乡镇一级设立了监察室，下设主任一名（一般由乡镇党委书记、副书记兼任），委员两名。

（三）特色做法

1. 信息公开

（1）阳光惠民互动平台。大竹县开发阳光惠民互动平台（互联网形式），确保村务公开透明，平台由以下几部分组成（见图 10-2）：

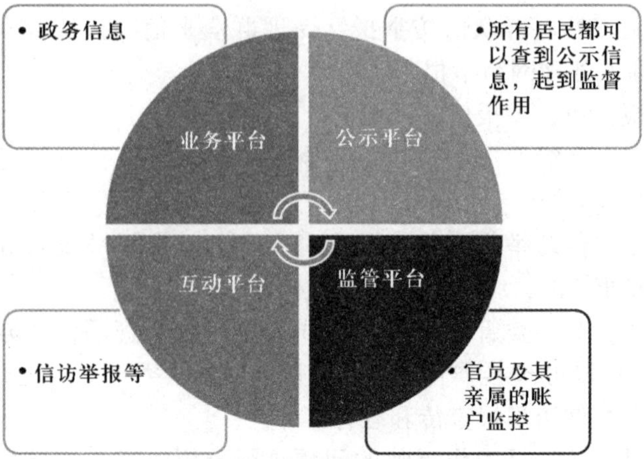

图 10-2　大竹县阳光惠民互动平台组织构架

平台将农林、民政、扶贫移民、卫生计生、食品药品监督等 11 个涉农部门纳入民生资金监管体系，主要公开政策法规、办事流程、资金发放等情况；将 51 个乡镇（街道）、443 个村（社区）全部纳入“三资”管理体系，主要公开资金、资产、资源管理处置、工程项目竞拍等情况。截至目前，累计公开事项 30 万余件次，监管各项资金 22 亿元，集体资产 2 万余元、价值约 30 亿元，集体资源近 1 万宗，受益人数达 334 万人次。群众可运用计算机、手机等设备，登录主题网站浏览各类公开信息，输入姓名、身份证号可查询自身关注的民生资金、“三资”管理动态信息。同时，当地群众可运用触屏设备，通过扫描第二代居民身份证，查询各类公开信息。平台开通以来，访问量达 550 万人次，查询量达 86 万人次。

（2）LED 信息公开平台。修文县以大显示屏作为“村级 LED 信息公开平台”，公开民生资金情况；采用广播系统协助村务公开。

2. 畅通举报与反馈机制（见图 10-3）

（1）“百姓问廉”评价软件。大竹县研发“百姓问廉”评价软件，开通“百姓问廉”评价网，按乡镇（街道）、涉农惠民部门、窗口服务单位三个序列分类评比。群众可通过网络，对各单位信息公开、“百姓心声”办理回复等情况进行客观评价。平台自动统计群众评价并按照序列排名，对连续一周排名最后三位的单位，平台以红色字体预警；对连续一个月排名最后三位的单位，由县纪委约谈单位主要负责人及纪检组织负责人。二是社会满意度评比。每年 8～9 月，由县统计局组建测评工作。截至 2017 年 3 月底，累计受理廉情民意 4286 个，解决问题 4198 个。

根据户数在村一级设立“民生监督员”。大竹、修文县、阳朔县三县均设立了类似职位，大竹县称作廉情信息员、修文县称作民生监督员、阳朔县称作特约监察员，以该制度较为完备的修文县为例，其选拔民生监督员有以下标准：

①自愿报名，综合考虑报名者的素质，从口碑好的人中优先挑选；

②不允许村居两委的成员或者亲戚担任；

③一个村设置 3 名，对村务以及扶贫基金进行管理和监督；

④每月需完成走访 20 户农户的任务；

⑤接受纪委的监督。

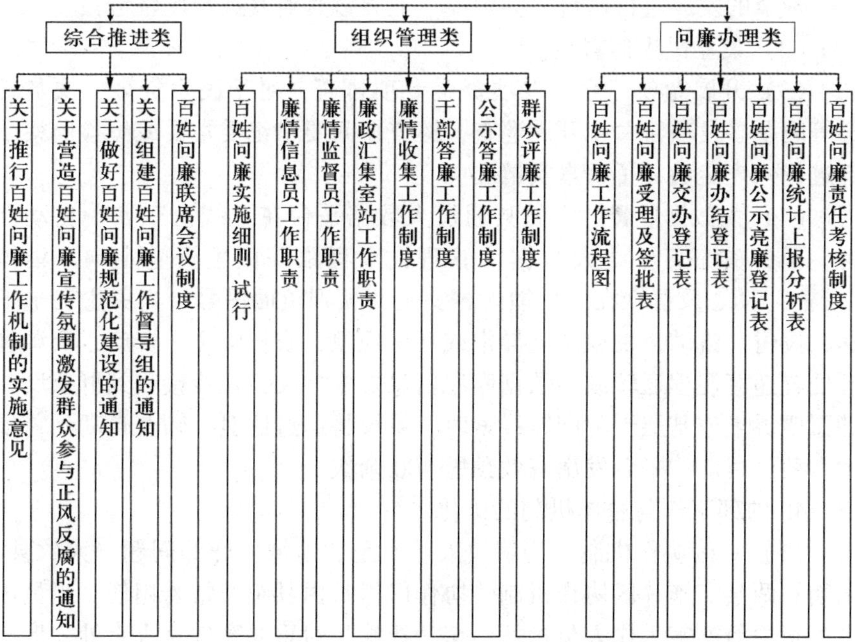

图 10-3　大竹县“百姓问廉”机制制度框架

各单位通过LED公布问廉事项办理情况，群众可随时查看办理进度。涉及隐私的敏感事项，经办人需要通过电话或当面反馈给当事人案件办理情况。同时对问廉事项的责任领导、经办人员、办结时限、满意度评价等情况进行公示。按“问廉、答廉、亮廉、评廉”4大项24小项数据进行汇总分析，公示“问廉”“答廉”件数，约谈不合格经办人，对评廉满意率、不满意率纳入考评，接受监督和质询。

（2）线上举报渠道。阳朔县开辟了电话热线、微信公众号、网站、微博、群众监督随手拍二维码等多种举报渠道，并设专人对线上的举报线索进行收集登记。

（3）设立举报信箱。阳朔县在每村都设立了举报信箱，同时每年都举办基层大接访活动，摆设服务亭接受群众的举报或建议。

3. 多重监督

（1）设立民生监督组。修文县在各乡镇设有一个民生监督组，对民生资金的发放进行监督，县纪委、监委每月对其进行监督考核。

（2）设立民生监督员。

（3）开展专项巡察。专项资金专项排查，对于民生资金、扶贫资金等问题多发项目每年开展巡查，巡查期间要求纪委常委或纪检监察干部进行入户走访，了解真实情况。

（4）大数据监督。大竹县通过大数据平台在“线上”实现自动预警。平台系统实行“大数据”管理，全程跟踪民生资金走向、集体“三资”动态及群众在线反馈内容，全面甄别负面信号。当民生资金下达、拨付、流动、发放出现异常或互斥现象，农村资金、资产、资源管理处置违背规程运转或与数据库原信息发生冲突，在线接收到群众反映的愿望诉求或基层干部问题线索时，系统将通过比对、筛查自动预警提示。截至目前，平台发出有效预警400余次。

4. 内部工作与协作机制的优化

（1）片区协作机制。为解决人手不足和地域包庇等问题，大竹县、阳朔县两县实施片区协作机制。协作区组长由县纪委常委担任，组员由乡镇纪检监察室工作人员担任，交叉执法，对重要案件直查直处，形成办案合力。

（2）阳朔县“廉洁身份证”制度。建立被监察对象的信息库，设立纪检干部电子档案，对其工作表现、廉政表现进行记录，为日后的干部任用或监督提供依据。

（3）开展内部巡查。

5. 重视腐败预防

（1）制作预防腐败微漫画。大竹县采用涂鸦墙教育方式，将微腐败的真实案例以漫画形式植入到涂鸦墙上，对基层干部起到了反面警示教育的效果，也提升了群众的监督意识。

（2）推广当地廉政文化。修文县利用当地特有的王阳明文化资源，举办阳明“九进”工程：进学校、“重德修文”大讲堂、随着扶贫攻坚进入乡村街道，6次举办国际性阳明文化节，对内外推介其思想，对党员干部起到正面引导作用。

（3）建设廉政教育基地。阳朔县利用廉政教育基地对党员干部进行思想教育。

四、基层腐败问题治理对策

（一）提升协作合力：加强各部门横向联系

1. 扫黑除恶与基层“拍蝇”有机结合

黑恶势力的背后往往离不开“保护伞”的庇护，甚至在某些基层组织内黑恶势力掌握了核心权力，阻碍了基层工作的正常运转。可见，扫黑除恶要与反腐败斗争结合。通过整合公安机关和纪检监察机关的力量做好扫黑除恶和防治“微腐败”工作。办案期间加强公安机关与纪检监察机关的横向联系，提升整体协作合力。公安机关负责查处涉黑、涉恶案件，纪检监察机关对黑恶势力背后的“保护伞”进行查处，侦查与调查工作同时开展，各部门做到及时沟通。此外，公安机关在查处涉黑、涉恶违法案件中，如果发现存在“保护伞”或涉黑、涉恶腐败问题，应及时通知纪检监察部门开展案件调查，纪检监察部门还应主动查阅公安机关办理的涉黑、涉恶案件相关案卷材料，深挖其背后的“关系网”，从中发现职务犯罪线索。

2. 惩治“微腐败”，打赢脱贫攻坚战

不少基层干部罔顾党纪法规，私自侵吞挪用国家下发的扶贫资金，侵害群众利益，因此，在做好脱贫攻坚工作的同时，注重打击“微腐败”，整治群众身边的不正之风和腐败问题，保障群众利益。纪检监察机关通过做好扶贫资金专项监督，完善扶贫资金项目监督管理办法和报备制度，对接扶贫领域相关职能部门，实行扶贫项目和资金清单化管理，确保扶贫领域问题及时发现，线索不遗漏。

（二）发挥群众力量：创新群众监督方式

1. 设立村一级纪检监察队伍

从村民中挑选非村长、支书两委亲戚、无其他兼职的热心群众，成立基层监督、监察员，对村内的重大事项、会议，如对征地拆迁政策落实、征地补偿款发放、村民大会等进行监督，但不插手村内事务，实行除“一支一会”即村党支部和村委会外的单独监督机制。工作直接对上级监察组织负责，向上级组织报告，实行垂直领导，有效打破基层监督难的困境，有利于基层监察委员会对村居一级行使公权力的非党员、非国家工作人员进行监督，实时掌握基层组织工作情况，获取所需信息，从中发现问题，实现监察职能向基层延伸，做到监察全覆盖。

2. 畅通举报、信访途径

在做好原有信访举报途径的同时，走进群众，从群众上访转变为干部主动问访，通过干部逐户问访，深入了解群众需求，获取群众信任。紧跟当今发展趋势，结合新媒体工具，创新举报、信访途径，群众通过扫描二维码即可对腐败问题线索进行举报，有效地解决了群众不懂举报、不敢举报的问题。

3. 搭建公开平台：运用“互联网+公开”方式

在巩固深化原有公开方式的基础上，搭建信息公开平台，通过平台对民生资金和“三资”管理进行公示，全程追踪集体“三资”动态和民生资金走向，包括民生资金的下达、拨付、流动和发放过程。群众均可以在信息公开平台上查到相关信息，有效地保障了群众的知情权和监督权。

此外，在平台上对党务、村务、“三资”、权力清单、扶贫惠民政策等政策事项也进行公开，实现了村一级权力运行规则、过程和结果的全公开，让权力彻底暴露在阳光下，从而达到有效缓解“三务”公开不彻底、“三资”管理不规范、民主监督不到位等问题的目的。

4. 完善工作机制：实行片区协作机制

镇、村一级往往由于区域小，存在“熟人社会”纪检监察工作不好开展、纪检监察干部编制少，办案人手不足的情况。将镇、村分成执纪审查协作片区的形式，整合资源，统筹协调，实行片区内纪检监察干部联合协作、集中办公等方式。通过交叉办案的形式，进一步优化资源配置，提高纪检监察机关监督执纪问责水平。片区协作机制实现了执纪监督工作由“孤军奋战”变为“兵团作战”，打破了熟人多、圈子小、执纪开展困难的问题，全面提升执纪审查效率。

5. 提升干部素质：加强思想道德建设

廉政文化建设是指廉政建设和文化建设相结合，以廉政为思想基础，文化为展现形式，通过完善各地廉政文化基础设施建设，以廉政教育基地、廉政漫画墙、廉政标语、廉政格言等喜闻乐见的形式向广大群众展现廉政文化。开展廉政文化教育活动，结合当地的党风廉政建设，立足当地民间传统文化内涵，推广清正廉洁的价值观，让官员干部在潜移默化中提高廉洁操守，形成高尚的道德品质和高度的社会责任感，增强拒腐防变的良好心理品质，并将克己奉公、清正廉洁、全心全意为人民服务的思想牢记于心。

（三）微腐败问题防治对策

纵观历史，我们不难发现，中国历朝历代的反腐事业和监察体制构建从来都不是单打独斗，而是一个综合治理、标本兼治的过程。面对当前更加严峻的反腐形势，我们更要运用综合治理的手段，打出一套“组合拳”。

首先，公开是反腐的一剂良药。通过我们的调研走访，从四川省大竹县到贵州省修文县，听到最多的两个词是“公开”和“透明”，让基层群众摸得着、看得见，让权力的运行暴露在阳光下。在距今两千多年前的汉朝，我国第一部专门性监察法规《监御史九条》和第一部专门性地方监察法规《刺史六条》就已诞生，这充分彰显了我国的法治精神由来已久。皇帝们一方面通过制定法律来约束和规范文武百官的言行举止，另一方面也希望将法律公之于众，使“吏明知民知法令也，故吏不敢以非法遇民，民不敢犯法以干法官也”，[①] 最终达到“皆作而为善，皆务自治奉公”[②] 的目的。

---

① 《商君书·定分》：“吏明知民知法令也，故吏不敢以非法遇民，民不敢犯法以干法官也……吏知其如此，故吏不敢以非法遇民，民又不敢犯法。如此，天下之吏民虽有贤良辩慧，不能开一言以枉法；虽有千金，不能以用一铢。故知诈贤能者，皆作而为善，皆务自治奉公。”

② 《商君书·定分》：“故智诈贤能者皆作而为善，皆务自治奉公。”

其次，制度创新是创新监察体制改革向基层延伸的必经之路。“向基层延伸”是落实监察体制改革全覆盖的一项重要基础工作，在乡镇、村居一级的具体实践该怎样做，不同地方的不同实践让我们坚信，结合本地实际的基础上加强制度创新，是监察体制改革的活力源泉。

最后，要积极地将“德治”与“法治”相结合，德法并用治理基层“微腐败”。在四川省大竹县，我们看到当地在积极以“竹”和“茶”为媒介，大力推广廉洁文化。在贵州省修文县，我们了解到王阳明流传百年的“知行合一”思想从幼儿园起就进入修文人的生活，从而成为其一生的行为规范。文化往往对一个人具有潜移默化、深远持久的影响，基层微腐败治理，尤其在腐败预防的工作上，将“德治”与“法治”相结合，在全社会形成风清气正的反腐败氛围，推进党和国家的反腐败事业走向胜利的明天。

第十一章　扫黑除恶中的腐败问题及治理对策

一、扫黑除恶概述

当前，中国正在开展一项很重要的活动——扫黑除恶，扫黑除恶本来是针对刑事犯罪，应该是公安机关的主要职能。但是 2018 年 1 月，党中央、国务院印发《关于开展扫黑除恶专项斗争的通知》（以下简称《通知》）后，各地各级纪委、监委也陆续加入，成为这次专项斗争的重要成员。

（一）由打黑到扫黑

打黑到扫黑一字之变，却体现了党和国家对于整治黑恶势力的决心和毅力。我国严厉打击黑恶势力最早可以追溯到 1983 年 8 月 25 日，中共中央印发《关于严厉打击刑事犯罪活动的决定》开始，当时中国刚刚开始改革开放不久。2017 年党的十九大上习近平总书记提出中国特色社会主义进入了新时代，在新的历史时期，对于打击黑恶势力的调整部署是符合新时代发展的必然要求（见表 11–1）。

表 11–1　打黑除恶与扫黑除恶对比表

不同点	打黑除恶	扫黑除恶
政治意义不同	改革开放后（1983 年 8 月 25 日，中共中央印发《关于严厉打击刑事犯罪活动的决定》）	中国特色社会主义进入新时代（2018 年 1 月，党中央、国务院印发《关于开展扫黑除恶专项斗争的通知》）
部署主体不同	中央政法委	党中央和国务院

续表

不同点	打黑除恶	扫黑除恶
打击重点不同	刑事犯罪	十二种重点打击对象
着眼点不同	就案办案	专项治理与系统治理、综合治理、依法治理和源头治理相结合

（二）既要扫黑也要“除伞”

《通知》指出，要“发挥社会治安综合治理优势”，“把扫黑除恶与反腐败斗争和基层‘拍蝇’结合起来，深挖黑恶势力‘保护伞’”。中共中央政治局委员、中央政法委书记、全国扫黑除恶专项斗争领导小组组长郭声琨在武汉召开的扫黑除恶推进会上提出了下一步工作的主攻方向是深挖彻查“保护伞”。中华人民共和国历史上的数次打黑行动都取得了一定的成效，但黑恶势力总是“打而不绝”，斩草必先除根，治理黑恶势力必先清理和解决长期潜伏在党与国家内部为黑恶势力撑腰的“保护伞”。

一些“保护伞”长期潜伏在党和国家内部。在历史上的打黑行动中，由于没有重视综合治理的方法，由公安队伍主要负责，缺少相应的外部监督，一些政法干警和基层干部容易被腐败分子拉拢腐蚀，贪污受贿与犯罪嫌疑人同流合污，充当他们的“保护伞”，在社会上造成了极其恶劣的影响。此次扫黑除恶专项行动的主攻方向是深挖彻查“保护伞”，在监察体制改革的背景下，新成立的各级监察委员会担负起了这一重任，为“扫黑”行动斩草除根提供了强硬的政治保障。此外，由监察委员会参与扫黑除恶行动也破除了普通政法机关的一些政策壁垒。公安部门在参与扫黑除恶行动时，困难之一就是会受到很多限制性因素的挑战，如刑事诉讼法关于时限、正当法律手续的限制，监察委员会就能够摆脱这种限制。此外，由于监察委员会在留置期间不允许律师介入，可以排除一些外来因素的干扰。

（三）新的时代的黑恶现象

随着社会的高度发展，一些“打打杀杀”的传统硬暴力黑恶现象在当今仍然存在，但与此同时，一些软暴力或者非暴力的新型变相黑恶现象开始出现。他们或借助法律的漏洞，或者科技的发展，游走于法律与道德的边缘，对社会造成的恶劣影响不亚于传统的硬暴力黑恶现象。近年来，“套路贷”“校园贷”现象层出不穷，一些P2P公司动辄上亿元的集体“爆暴雷”严重影响了社会稳定，剥夺了人民的幸福感和获得感，这些犯罪都介于黑社会性质组织犯罪和普通犯罪之间，在此次扫黑除恶专项行动中全国多地都将“套路贷”、开设赌场等与民生密切相关的犯罪团伙纳入了黑恶势力。延伸到反腐败领域，很多政法干警、地方干部虽然很少有人直接参与到暴力的黑恶行为中，但是却甘于充当基层黑恶势力的“保护伞”和帮凶，为其违法行为提供庇护，对一些“微腐败”行为放纵不管，影响和阻碍了时代的发展，这些也属于新时代的黑恶势力。

（四）乡村振兴需要和谐稳定的社会环境

习近平总书记在党的十九大报告中明确提出乡村振兴的战略。农业、农村、农民“三农”问题始终是关系国计民生的根本性问题，我们必须将解决好“三农”问题作为全党全国工作的重中之重，大力实施乡村振兴战略。2018年2月，中央一号文件即《中共中央　国务院关于实施乡村振兴战略的意见》对农村发展规划了三个目标：到2020年，乡村振兴取得重要进展，制度框架和政策体系基本形成；到2035年乡村振兴取得决定性进展，农业农村现代化基本实现；到2050年乡村全面振兴，农业强、农村美、农民富全面实现。2018年3月，国务院总理李克强在政府工作报告中再次强调要大力实施乡村振兴战略。在规划乡村振兴战略时，中央划定了七条路径，其中一条便是必须创新乡村治理体系，走乡村善治之路。该路径蕴含的深意之一就是要结合当前扫黑除恶行动对乡村恶霸予以肃清，并且严肃查处侵犯农民利益的“微腐败”等乱象。目前，乡村一些地方黑恶势力、宗族势力不断侵蚀、渗透基层两委，部分村两委人员借助、利用黑恶势力、宗族势力成为“村霸”，严重影响扶贫脱贫、振兴乡村等政策的实施，成为2020年全面建成小康社会的重大障碍。如何全面彻底肃清乡村黑恶势力，扫除“村霸”，恢复对农村基层政权的掌控，做到政令畅通，上传下达，是振兴乡村战略必须要面对的挑战。

（五）扫黑除恶彰显法治中国的现实追求

法治，是现代国家的基本特征，也是中国特色社会主义的本质要求。扫黑除恶首先可以普及法治社会的理念，依法对黑恶势力重拳出击，维护社会安定。法治社会是法治政府、法治中国同步建设中必不可少的环节。党的十八大以来，习近平总书记多次在讲话中提出法治中国的科学命题。党的十八届三中全会正式确认了这一概念，并作出了推进法治中国建设的重大部署。法治中国这一崭新提法，既尊重法治发展的普遍规律，又联系现实国情民意，是法治一般原理与中国法治实践紧密结合基础上在法治道路、法治理论、法治制度方面的创新。法治中国是中国法治建设的升级版，是全面依法治国的升华和超越，是“法治国家”“法治政府”和“法治社会”的综合体。

表 11-2　贵州省贵阳市修文县纪委监委案件查办情况

年份	2014	2015	2016	2017	2018	2019	合计
件数	47	143	146	147	157	21	661

注：2019 年为 1~2 月数据。

民主、平等、公正、富强都是法治中国的价值追求。法治中国需要以民主政治为基础，进而推进整体的法治进程；平等是人的基本权利之一，人与人相处都需要以平等为基本准则，这是人类社会一致的价值追求和期待效果；公正是法治的生命线，“法者，天下之公器”，促进社会公平正义，离不开法治的有力保障；富强则是新时代背景下所追求的重要目标之一，实现强国梦、富民梦，必须依法推进全面深化改革。黑恶势力犯罪对法治中国所追求的民主、平等、公正、富强价值造成了极大的阻碍，这些犯罪活动会撼动我国民主政治的根基，对社会大众的平等产生干扰。黑恶势力背后的“保护伞”会违背公正理念错误执法，这些现象汇集在一起必然阻碍我们对整体富强的追求。扫黑除恶要求我们努力提高人民群众的宪法意识和法治观念，以法治意识、规矩意识取代“丛林法则”“拳头法则”，引导基层干部群众形成办事依法、遇事找法、解决问题用法、化解矛盾靠法的良好法治环境。这是符合法治中国建设的需求，也是法治中国的价值追求（见表 11-2）。

二、扫黑除恶中的腐败问题分析

黑恶不除，祸国殃民。黑恶势力背后的“保护伞”与关系网，往往错综复杂，严重危害了地方和基层的政治生态，影响极为深远。《通知》特别强调要把扫黑除恶与反腐败斗争和基层“拍蝇”结合起来，对于涉及“保护伞”问题要优先处置，对于脱贫攻坚领域涉黑涉恶腐败案件重点督办，就是为了花力气整治基层的政治生态，营造风清气正的社会风气，让老百姓真真切切地感受到幸福感和获得感。

（一）扫黑除恶与反腐败结合战略的提出站位高远

2017 年 11 月 8 日，习近平总书记在中办《文摘》第 160 期上对“扫黑除恶”作出了重要批示。2018 年 1 月 11 日，习近平总书记在党的十九届中央纪委二次全会讲话中，首次提出“扫黑除恶要与反腐败结合起来，与基层‘拍蝇’结合起来，既抓涉黑组织，也抓后面的‘保护伞’”。同月，中共中央、国务院发布《关于开展扫黑除恶专项斗争的通知》，对推进结合工作也提出了明确要求。党中央把扫黑除恶与反腐败相结合作为重大决策进行部署，一方面是基于对 2000 年以来全国公安系统开展打黑除恶专项斗争取得阶段性成果的科学总结，另一方面也是对党的十八大以来反腐败斗争取得压倒性态势的系统概括。合则双赢、合则多利。正是基于这一认识，党中央深谋远虑，对今后三年扫黑除恶专项斗争作出了全面系统的安排，明确把扫黑反腐结合作为专项斗争的重要组成部分旗帜鲜明地提了出来，并在全国作出部署。面对新时代、新任务、新要求，深入推动扫黑除恶与反腐败结合战略，必须注重用新思想、新理念，统一行动，调动“合”的自觉，发挥“合”的优势，形成“合”的力量，推动扫黑除恶与反腐败结合战略向纵深发展。

（二）扫黑除恶与反腐败结合战略的推进意义深远

进入新时代，满足人民对美好生活的向往，成为我们的奋斗目标。而与此同时，随着经济社会的发展，涉黑涉恶势力开始大面积、半公开地向社会公平正义发起挑战，欺行霸市、坑蒙拐骗、鱼肉乡里等无恶不作，虽然屡次开展专项斗争，但其仍不断变换方式，继续危害社会，已经严重影响正常的社会生活，因此开展扫黑除恶专项斗争势在必行。而确保专项斗争取得实效的最佳途径，就是把扫黑反腐结合起来，只有抓住扫黑除恶的“七寸”，才是去根治本之策。从 2018 年年初以来的实践情况来看也是如此，全国各地坚持扫黑反腐相结合取得丰硕成果，一大批黑恶势力犯罪、涉黑涉恶腐败和“保护伞”被挖出拔掉，党中央关于把扫黑除恶与反腐败结合起来，与基层“拍蝇”结合起来，既抓涉黑组织，也抓后面“保护伞”的部署要求是十分正确的，也是十分必要和及时的，可谓“扫”到了要害，“除”在了命门。因此，扫黑反腐、除恶“拔伞”必须同步进行，这不仅关系到专项斗争的深入开展，也关系到扫黑除恶整体战役的成效，对夯实执政根基净化政治生态，推进国家治理能力和治理体系现代化，决胜全面建成小康社会，促进全面从严治党向纵深发展具有十分重要的意义。

（三）扫黑除恶与反腐败结合战略总体布局切合实际。

当前，黑恶势力犯罪与各种社会治安问题相交织，并向经济领域、政治领域渗透，严重威胁到人民群众生命财产安全，侵蚀维系社会和谐稳定的根基。同时，黑恶势力背后往往有“保护伞”为其撑腰、提供庇护，使其越来越猖狂，这已经带有一定的规律性。涉黑、涉恶腐败不除、“保护伞”不拔，黑恶势力就不会自行退出历史舞台，导致要么旧的黑恶组织在庇护之下卷土重来，要么新的黑恶势力被扶持“上位”称霸一方。所以，当前在推进专项斗争过程中，必须坚持扫黑必除“伞”，惩恶必反腐，而且专项斗争越深入，结合就应越紧密。只有这样，才能做到黑“伞”双除，实现“除恶务尽”。推进扫黑除恶与反腐败结合战略，有利于统筹各方面力量，形成党委统一领导、各部门密切配合、群众积极参与的工作格局；有利于从根本上解决问题，真正切断黑恶势力形成、发展的土壤，有利于促进社会大局稳定和国家长治久安，让老百姓拥有幸福感和安全感。

三、扫黑除恶中的腐败问题治理对策

（一）高层“扫伞”，基层“拍蝇”

扫黑除恶的目的是将黑恶势力连根拔起，破除黑恶势力成长壮大的生态系统，彻底毁灭其生存环境，而黑恶势力背后的“保护伞”是其茁壮成长的土壤和营养补充，不铲除背后的“保护伞”，很难维护和巩固“扫黑除恶”的长期稳定局面。在现实生活中，一些黑恶势力长期蓄意拉拢腐蚀地方基层官员或者“套近乎”，一些自制力和党性原则不够强的基层官员则难以抵挡诱惑，沦为黑恶势力的“保护伞”，包庇纵容黑恶势力在地方为非作歹，严重危害和破坏了基层的政治生态，影响与削减了百姓的获得感和幸福感。《通知》指出，要“把扫黑除恶与反腐败斗争和基层‘拍蝇’结合起来，深挖黑恶势力‘保护伞’”。在广西桂林市，永福县政协原副主席刘永祥与涉黑人员里勾外连，对其多番包庇，甚至帮助涉黑人员当选政协委员，地方政协班组几乎一锅端。所以扫黑除恶不仅要严厉打击黑恶势力，还要对基层腐败、“微腐败”等现象加大治理力度。

（二）综合治理，齐抓共建

扫黑除恶专项行动不仅是公安或者纪委、监委两家的事情，而是在党委的领导下，政法委组织牵头下，由社会各方共同参与的一件大事。所以要树立综合治理、齐抓共建的思想，比照当前较为完善的治安综合治理模式，加强各单位之间的协同配合，树立“一盘棋”思想，进一步健全问题线索发现机制，规范线索处理机制，完善协同配合机制，加强与公安、检察、法院等政法机关的协调配合，充分发挥政法机关的资源优势互补、信息互通、工作互助，加强与安监、住建、交通运输、工商、市场监管、国土等其他行政执法部门联系，紧盯重点领域和地区，形成扫黑除恶专项斗争的工作合力。

（三）广泛发动，人人参与

扫除黑恶势力，不仅是政府和地方党委的事情，而且是关乎人民群众利益和幸福感的一项伟大斗争。所以，扫黑除恶要广泛发动人民群众的力量，在社会上营造扫黑除恶的整体氛围，形成“黑恶过街，人人喊打”的社会现象，让百姓们知道国家对于当前黑恶势力和其背后“保护伞”的治理态度和决心，让人民敢于站出来，人人参与到扫黑除恶专项斗争中去，这也有利于政府开展工作。

（四）逐案过筛，加强查处

纪检监察机关要充分提高对查处涉黑案件背后“保护伞”的主观能动性，对涉黑、涉恶案件逐一登记摸排、逐案过筛、一个不落。对案卷原始笔录、证据材料要逐一查阅，实行相应的底稿制度和阅卷记录制度；对案件承办人和相关证人进行询问；对有可能涉及背后“保护伞”问题的有关犯罪嫌疑人进行提审。同时，可以建立问题线索双向移送制度，在各级政法机关对于查办的黑社会性质组织、恶势力犯罪集团、恶势力团伙予以认定后，深挖黑恶势力背后的“保护伞”。纪委、监委在办理涉黑涉腐败和“保护伞”案件中发现属于非党或者非监察对象涉嫌违法犯罪的案件线索和问题线索，及时向同级政法机关通报移送。

（五）通报曝光，以案促改

要加强扫黑除恶工作的宣传报道工作，通过案情曝光等形成震慑。查结的涉黑涉恶腐败和“保护伞”案件，涉案单位和部门应当在适当的范围内开展警示教育和廉洁教育，发挥典型案件的警示教育作用。同时，纪检监察机关和发案部门对于查办案件和人员等，应当分析案件发生的原因和制度上的漏洞，运用纪律检查建议书和监察建议书，督促相关涉及的职能部门建章立制、堵塞漏洞。

（六）重点领域专项巡查

对党员干部采取强迫、威胁、欺骗、利诱等手段来操纵农村“两委”换届、插手基层事务、破坏经营秩序、欺行霸市、强买强卖的发现一起查处一起；对暴力抗法、横行乡里，严重侵害集体财产，严重影响群众安居乐业，严重阻工挠工，严重干扰基层政权的重点查办严肃追究；对党员干部特别是领导干部收受财物、持股分红、徇私舞弊，以及对“村霸”放纵、包庇等充当“保护伞”严查到底绝不姑息。

（七）加强基层组织建设

“扫黑除恶与加强基层组织建设相结合”，这是扫黑除恶关键之举和治本之策。基层党组织要发挥战斗堡垒作用，这些战斗堡垒如果出现了空心化、软弱涣散的情况，一定会出现最基层政权的权力真空，地方上的一些黑恶势力、宗族势力往往会乘虚而入来填补这个真空。所以，我们现在把全面从严治党、全面依法治国向基层延伸、向纵深推进，扫除基层黑恶势力以及背后的保护层，既把全面从严治党、依规治党的压力传导到“最后一公里”，同时也把全面依法治国的政治和社会文化传导至基层，使基层土壤能够涵养生态、能够净化和恢复。健全自治、法治、德治相结合的乡村治理体系。农村的民主法治建设与精神文明建设协调发展，包括纪委要进村、法律要下乡，这些都是相配套的。

第十二章 农村扶贫领域的腐败问题及治理对策

一、农村扶贫概述

（一）中国贫困形势依旧严峻

中华人民共和国成立以来，中国共产党带领人民持续向贫困宣战。经过了改革开放40多年的努力，成功走出了一条具有中国特色的扶贫道路，使7亿多农村贫困人口成功脱贫，为全面建成小康社会打下了坚实的基础。中国成为世界上减贫人口最多的国家，也是世界上率先完成联合国千年发展目标的国家。截至2014年年底，中国仍有7000多万农村贫困人口。而根据国家统计局发布的报告显示，2018年末，全国农村贫困人口1660万人，比上年年末减少1386万人。2019年，贫困人口减少1000万以上，我国贫困人口“存量”将在近现代史上首次降低到百万级，距离全面建成小康社会将是咫尺之遥。

（二）脱贫攻坚战进入决胜时期

党的十八大以来，以习近平同志为核心的党中央把脱贫攻坚摆到治国理政的重要位置，实施精准脱贫方略，全面打响脱贫攻坚战。

“十三五”期间，脱贫攻坚的目标是，到2020年稳定实现农村贫困人口不愁吃、不愁穿，农村贫困人口义务教育、基本医疗、住房安全有保障；同时实现贫困地区农民人均可支配收入增长幅度高于全国平均水平、基本公共服务主要领域指标接近全国平均水平。脱贫攻坚已经到了“啃硬骨头”、攻坚拔寨的冲刺阶段，所以必须要以更大的决心、更明确的思路、更精准的举措、超常规的力度，众志成城实现脱贫攻坚目标，绝不能落下一个贫困地区、一个贫困群众。

2019年是中华人民共和国成立70周年，是打赢脱贫攻坚战、攻坚克难的关键一年。要深入学习贯彻习近平总书记关于扶贫工作的重要论述，全面落实三年行动指导意见，坚持脱贫攻坚目标和现行扶贫标准，坚持扶贫工作格局，进一步聚焦突出问题，强化责任落实，把防止返贫摆到更加重要的位置，确保再减少农村贫困人口1000万左右，实现300个左右贫困县“摘帽”，基本完成“十三五”易地扶贫搬迁规划建设任务，为2020年全面打赢脱贫攻坚战奠定坚实的基础。要聚焦深度贫困地区集中攻坚，努力解决“两不愁三保障”的突出问题，深入推进东西部扶贫协作和定点扶贫，加大扶贫投入加强资金监管，做好中央专项巡视整改工作，激发贫困群众内生动力，加强脱贫攻坚总结宣传，进一步完善建档立卡，做好脱贫攻坚与乡村振兴战略的衔接。

（三）扶贫领域腐败现象依然存在

根据中纪委国家监委官网的通报数据显示，自党的十九大以来，截至2018年11月，全国共查处扶贫领域腐败和作风问题13.31万个，处理18.01万人。中纪委国家监委官网开辟了“扶贫领域腐败作风问题曝光专区”，自2018年上线以来，已经集中曝光了两批农村扶贫领域的典型案例，表12-1是根据两次通报按照省份和涉案类别分类统计的数据。从曝光的典型案例来看，扶贫领域腐败问题涉及的种类繁多、形式多样，贯穿各个环节。从云南、安徽、湖南、重庆等地的通报案例来看，大致可以分为渎职违纪和经济腐败问题，而其中经济腐败问题占了六成以上。违纪渎职问题主要集中在“吃拿卡要”和优厚亲友上，这也契合了当前很多基层群众感受到办事的时候“脸难看，事难办”，必须要塞红包的社会现象。而涉及经济问题上，主要是专项扶贫资金截留私用、低保金的冒领滥发、危房改造等关乎民生的事项上。由于腐败作为一种社会越轨行为具有其特殊的隐蔽性，所以，扶贫领域的部分腐败行为从直接管理款项的环节转移到了审批环节，这样就使其违法行径很难被揭露出来，维护社会正常运行和协调发展的底线伦理遭遇了新的冲击和挑战，侵害群众利益的不正之风呈多发态势，反腐形势依然严峻。

表 12-1　中纪委专栏曝光的扶贫领域违纪违法典型案例

类别 省份	渎职违纪	经济问题
河北	河北省灵寿县扶贫和农业开发办公室在易地扶贫搬迁工作中失职问题。 河北省巨鹿县扶贫办原主任程蕴昭等人失职失责问题	
山西		山西省吕梁市离石区信义镇马家沟村党支部原书记贺飞飞骗取扶贫资金等问题 山西省沁县册村镇南庄村原党支部书记武云平骗取扶贫资金问题
内蒙古		内蒙古自治区陈巴尔虎旗巴彦哈达苏木巴彦哈达嘎查原嘎查达敖日格乐截留牧民低保资金等问题 内蒙古自治区察右中旗民族宗教事务局等单位违规验收少数民族发展项目等问题
吉林	吉林省德惠市岔路口镇河北村党总支原副书记李井伟工作不尽责问题	吉林省梅河口市李炉乡三人班村村委会主任黄志安、文书关长祥骗取国家危房改造补助资金问题
黑龙江	黑龙江省伊春市带岭区林业局大青川林场社区主任陈德信在低保工作中优亲厚友问题	黑龙江省五常市常堡乡南岗村党支部原副书记田保平以为村民办理低保为名骗取资金问题
安徽	安徽省濉溪县孙疃镇王楼村文书宋长水在贫困户动态调整工作中优亲厚友问题	安徽省涡阳县涡南镇胡碱村计生专干张红梅截留贫困户粮补资金问题 安徽省临泉县谢集乡财政所原副所长魏文明套取危房改造补助资金问题

续表

类别 省份	渎职违纪	经济问题
江西		江西省寻乌县南桥镇罗陂村党支部原书记谢明红截留危房改造补助资金等问题 江西省龙南县环保局干部戴茂春违规享受扶贫贷款问题
河南		河南省桐柏县平氏镇曹庄村党支部原书记李林卿套取危房改造补助资金问题
湖北		湖北省浠水县残疾人联合会主任科员熊跃良、康复部主任余海燕失职失责导致贫困残疾儿童抢救性康复救助专项资金被套取等问题 湖北省竹溪县兵营镇小泉河村党支部副书记方家元骗取扶贫产业补助资金问题
湖南	湖南省隆回县政务中心驻滩头镇石门村帮扶工作队队长、第一书记柳红，石门村党支部书记刘云祥在脱贫攻坚工作中不履职、不作为问题 湖南省娄底市娄星区粮食局军粮供应站主任、驻蛇形山镇泉山村帮扶工作队队长刘睿等人违反工作纪律问题 湖南省会同县高椅乡岭头村党支部原书记杨方照在建档立卡工作中优亲厚友等问题	

续表

类别 省份	渎职违纪	经济问题
广西	广西壮族自治区百色市右江区汪甸瑶族乡农业技术推广站干部黄荣意扶贫工作弄虚作假问题 广西壮族自治区南宁市武鸣区那打水库管理所干部曾克诚脱贫攻坚工作失职失责问题	
海南	海南省文昌市文城镇原副镇长陈小飞在扶贫工作中失职失责问题	海南省琼海市龙江镇蒙养村村委会副主任程守春收受他人财物问题
重庆		重庆市云阳县盘龙街道阳明村原党支部委员、综合服务专干余小平在贫困户危房改造中吃拿卡要问题 重庆市黔江区中塘乡原经济发展办公室主任赵正成在土地复垦工作中收受“好处费”等问题 重庆市奉节县冯坪乡石泉村村委会原主任吴长佺挪用扶贫资金问题
四川	四川省宜宾县双龙镇双龙社区党支部书记梁刚祖等人优亲厚友问题	四川省喜德县民政局救灾救济股原股长程鹏菲骗取高海拔农牧民特困群众生活救助资金问题
贵州	贵州省册亨县移民局在易地扶贫搬迁审计工作中弄虚作假问题 贵州省望谟县乐旺镇财政分局原局长岑伟审核把关不严导致多付工程款问题	

续表

类别 省份	渎职违纪	经济问题
云南	云南省双柏县妥甸镇国土和村镇规划建设服务中心原主任苏光宏在危房改造加固工程中优亲厚友问题	云南省巍山县巍宝山乡合作村村委会原主任杨凤良骗取农村危房改造补助资金问题 云南省耿马县勐撒镇丙令村党总支原书记王和明违规收取低保户费用问题
甘肃		
青海		青海省民和县大庄乡哈家圈村党支部原书记高庆贵骗取危房改造补助资金等问题 青海省班玛县江日堂乡阿什羌村党支部原书记查布达侵占村民危房补助款问题
宁夏	宁夏回族自治区海原县关桥乡脱场村党支部原书记田玉礼在移民安置工作中优亲厚友问题	宁夏回族自治区西吉县马莲乡巴都沟村党支部原书记虎生慧虚报冒领危房改造补助资金问题
陕西		陕西省农业广播电视学校礼泉县分校原校长徐景云套取国家扶贫专项培训资金问题 陕西省延安市安塞区沿河湾镇高家峁村党支部原书记白成元挪用扶贫资金问题
甘肃		甘肃省静宁县农村供水工程管理总站原站长方俊贤等人套取挪用水利扶贫资金问题 甘肃省礼县雷坝镇教面村村委会原主任魏德善、原村支书魏彦军私分扶贫互助资金问题

续表

类别 省份	渎职违纪	经济问题
新疆		新疆维吾尔自治区新和县排先拜巴扎乡库木鲁克艾日克村党支部原书记加帕尔·如则违规享受贫困户贴息贷款等问题
总计	16	26

二、农村扶贫领域的腐败问题分析

2017年年底，中央纪委办公厅印发《关于2018年至2020年开展扶贫领域腐败和作风问题专项治理的工作方案》，明确治理重点和主要措施。

中央纪委国家监委与财政部、审计署、国务院扶贫办等单位，就扶贫领域监督执纪问责建立沟通衔接机制，形成工作合力。主动接收审计署、国务院扶贫办、财政部移送的审计和监督检查中发现的问题线索，筛选典型问题线索进行督办。各级纪检监察机关认真贯彻落实中央纪委国家监委要求，加大查处力度，严肃执纪问责。对群众反映的扶贫领域腐败和作风问题线索，一律优先受理、从快办理，特别是严肃查处贪污挪用、截留私分、虚报冒领、强占掠夺等群众反映强烈的行为，以及盲目决策、弄虚作假、数字脱贫等形式主义、官僚主义问题。

（一）不想、不会、不敢监督

1. 不想监督

上级纪检机关认为涉案标的小、涉案人员级别低、绩效考核指标权重少，一般由下级纪检部门处理便不再介入，主体领导责任没有落实到位，难以形成威慑、震慑，导致基层纪检部门不愿监督。

2. 不会监督

基层纪委特别是乡镇纪委专职岗位少，干部业务能力不足，对征地补偿、种粮直补、低保、社保和基础设施建设等业务缺少必要的专业监管能力；部分干部深陷大量与纪检责任无关的工作，出现“职能泛化”

“焦点模糊”；部分干部凭经验执纪，对扶贫领域的政策、纪律、规矩把握不牢、不精、不准，导致基层纪检部门不会监督。

3. 不敢监督

针对基层扶贫违纪行为，一些部门怀有“遮丑”“护短”心理，担心案件曝光影响政绩、破坏团结，选择“捂盖子”“内部教育”处理了事，间接促成“根系型”的“关系网”和“保护伞”，对基层纪委和派驻机构执纪制造阻力，导致基层纪检部门不敢监督。基层纪委不想、不会、不敢监督，使得原本缺乏制度约束的基层党政权力更加缺乏有效制约，贪污侵占、截留私分、虚报冒领、挥霍浪费、私存私放、挤占挪用发放奖金福利、多头虚报项目套取骗取扶贫资金、在扶贫贷款项目中吃回扣、拿“红包”，资金发放中索要“跑路费”“辛苦费”等现象时有发生。近期从中央到地方加大对扶贫领域腐败案件的督办力度，但“事后问责”“党纪轻处”客观存在“法不责众”的消极心理，基层扶贫反腐败工作驱动机制尚需完善。

（二）执纪规范性不足损害党政形象、影响社会稳定

2016年1~5月，全国立案侦查涉农扶贫领域资金管理使用环节犯罪2640人，占同期检察机关立案查办总人数的55.3%。从案件分布来看，扶贫领域腐败主要在基层，村支部书记、村主任、村会计是案件高发人群；犯罪领域较广，涉及国家扶贫专项资金使用、土地征收补偿经费发放、惠农补贴分配、工程款项结算等方面；基层腐败案件标的小，违纪但不构成犯罪案件占比较高，多数案件需纪委惩处。由于《纪律处分条例》关于违纪行为的责任条款较为原则概括，责任认定标准、执纪裁量幅度缺少定量描述，加上扶贫工作政策性强，部分政策在“落地生根”过程中存在“先行先试”“因地制宜”的客观需要，导致扶贫反腐专项治理缺少系统性解释和执纪量化规范，案件处置不统一、不均衡、不协调情况突出。畸轻、畸重的执纪行为，于情于理、于法于纪均不能使群众信服，损害了党政形象、影响了社会稳定。扶贫工作政策推进存在滋生腐败结构性风险。基层处于政权组织末端，但在扶贫工作中承担识别、分配、落实、监督、反馈等角色，公权有效介入不足，“死角”“盲点”尚无法全部监管。基层政府通常重“资金项目”、轻“政策落实”，有“勇气决心”、缺“专业能力”，扶贫项目在多地成为套取国家资金的“口袋”，客观为少数群体谋得扶贫资源提供机会，使

权力因资金项目形成利益纽带，导致基层纪检工作难以有效介入。相关信息披露不足，村民对于扶贫政策、运行机制、工作方法认识模糊不清，难以上升为监督。大量青壮年劳动力外流导致农村社会结构畸形，基层精英影响减弱，村民参与公共事务意愿降低，家族势力、黑恶势力膨胀，基层纪检工作缺少必要的群众参与。

（三）能力不足难以适应扶贫领域重点督办新常态

基层纪检人员编制少、流动大、保障低，深化“三转”、内部管控、挖潜增员方式和扶贫领域繁重的执法监督工作不相适应。干部轮岗交流对人员配备不足的基层纪检监察机构履职影响较大，导致人数较少的基层纪检机构业务能力不稳定。纪检监察工作点多、面广、专业强、责任大，除日常开展党风廉政教育、信访举报受理外，更要担负重大事项、物资采购、干部选拔、人才招聘监督等职能，纪检干部深陷其中，专业难以突出。纪委招录、遴选干部专业要求泛、门槛低，而扶贫监察工作要求纪检干部不仅要掌握执纪常规工作方法，还要针对性学习扶贫项目预算、资金结算、财务监督、项目运转、基建工程等核心环节的技术知识，业务能力欠缺会直接影响办案效率和质量。基层多数纪检干部业务知识系统培训缺乏、办案实践机会少，边做边学、只凭经验办案导致专业执纪能力很难在短期内有所提高。纪检干部能力不足导致基层为完成上级考核指标“选择执纪”，甚至“压案”“养案”。中央纪委直接督办多起扶贫领域腐败案件，在强势推进扶贫领域反腐败工作的同时，基层纪委需要适应转变，警惕办案质量滑坡。运动式反腐不利于从根本上保障扶贫工作的开展。受“眼睛向上”和“跟风作秀”不良官场文化影响，一些基层干部喜欢简单套用“运动式”思维方法推进扶贫工作中的廉政建设，肆意对法规党纪做扩大解释，随意适用兜底条款，破坏纪检严肃性；一些干部错误地将反腐工作与经济发展对立，对扶贫攻坚经济指标横加指责；而一些在扶贫问题上“犯错误”的领导干部，并不认真查摆反思、吸取教训，而是“避实就虚”“凌空蹈虚”抱有侥幸心理，认为“运动”结束即可“蒙混过关”。扶贫攻坚是涉及全国人民根本利益、追求公平正义的国家战略，没有方针路线、党性思想的重大分歧，也不存在搞政治运动的客观必要。“运动式”反腐本质上是权力反腐，重视斗争批判、报批请示，忽视规范民主、制度约束，只能治标不能治本。

三、农村扶贫领域的腐败问题治理对策

（一）精准施策，开展扶贫反腐专项治理

1. 进行专题调研，提出预防对策建议

在新农村建设、移民定居、危房改造、农业发展建设、支农惠农扶贫资金、专项补贴的项目申报、审核审批、发放管理、检查验收、项目实施等基层腐败案件高发环节，深入开展调查研究工作，预防对策，关口前移，针对性地提出预警建议，打防并举，消除滋生腐败的“土壤”。

2. 抓好宣传教育，督办曝光释放压力

开展“送法上门”活动，编印农村基层干部职务犯罪典型案例选编、纪检机关执法公开宣传手册等宣传资料，利用党校基层干部培训、参观警示教育基地、巡回宣讲等机会开展廉洁警示教育，通过“督办+曝光”释放信号、传导压力。

3. 有效分类，遏制腐败高发态势

在重点人员上，加强对涉农扶贫职能部门、乡镇村领导干部、会计等人员的监督；在重点情形上，着力督办金额巨大、损失严重、金额不大但影响恶劣的案件，以及惠农扶贫资金使用发生滥用职权、徇私舞弊的案件；通过对案发人员、案件性质、地区行业进行归口、分类督办。

（二）突出主业，打造纪检队伍专业水平

1. 逐步推广纪检干部资格准入制

根据纪检事务需要设定纪检人员录取标准，完善新进、新晋人员备案登记制度；统筹推进纪检监察干部与涉农、审计等部门跨系统、跨地区、跨层级交流，不断优化干部年龄、专业结构；建立派驻机构办案专项工作经费，分级建立扶贫口办案人员库，实行资源共享、统筹使用、动态调整。

2. 强化专业学习培训

针对扶贫工作，不断强化经济、法律、财务等相关专业知识体系的学习和培训，注重岗位锻炼学习，组织基层纪检扶贫反腐工作文件制度汇编，重点收录扶贫项目资金建账、对账、查账、销账、交账关键环节的业务指南、规范乡镇、村社区书记提名考核办法、个人财务重大事项报告制度及涉贫问题线索报告制度。

3. 完善建立纪检工作考核办法

强化以上级纪委领导为核心的考核机制，完善分类别的考核量化制度，探索季度、月度工作调度考核反馈制度，探索更高的办案经费奖励标准。

（三）机制整合，完善协同治理反腐体制

1. 目标整合

纪检工作影响与扶贫政策的目的导向一致，应当强化部门、政策、工作内容的协调兼容。

2. 措施整合

针对执行扶贫惠农制度不健全、审核不规范、监督不到位等问题，通过理顺座谈会、联席会、民主生活会、警示教育会等措施，及时整合典型通报、预防监察、检察建议、责令整改、移交司法相关程序。

3. 部门协调

对于未达到立案标准案件，应当充分发挥财政、审计、扶贫、乡镇等部门的协作关系，查清事实、依纪处置；对达到立案标准案件，要与监察部门密切配合，调动双方办案力量，依法依规共同查办，实现纪委与检察机关的无缝衔接。

4. 参与协同

积极探索惠农资金监管升级，打造扶贫资金数据检索、信息分析、研判预警一体化纪检监督大数据平台，打通不同部门、系统之间的信息壁垒，整合农村危房改造、低保发放、移民安置、社保兜底数据，形成制度监督、电子平台监督、群众监督的参与协同防控体系；依据扶贫项目实施情况在村、基层站所、非公经济组织驻纪检工作队，建立健全纪检工作队员选拔、培训、履职、考核机制，发挥纪检委员的贴身监督作用，激活“神经末梢”。

（四）厘清关系，衔接规范党内法规体系

1. 规范量纪指导意见

借鉴最高人民法院出台《关于常见犯罪的量刑指导意见》实施量刑规范化工作的经验，在纪检系统实施量纪规范化工作，制定常见违纪行为的量纪指导意见，对扶贫工作常见情节行为进行细化，为基层纪委执纪量纪提供指南；对扶贫领域执纪审查的工作程序、取证要求、文书格式等进行统一规范，在调查程序、措施、执纪标准等方面严格把关，加强对基层纪委工作的监督指导，确保工作一致性和规范性，做到证据审查扎实确凿，定性量纪准确恰当。

2. 清理修订党内法规机制

在修订或者制定党内法规时，与相关法规集中清理，解决纪法冲突问题，使新纪与旧法、新纪与旧纪有效衔接，形成“融贯”的纪法体系。

3. 注意法律法规衔接

要注意量纪规则与《刑法修正案（九）》和两高《关于办理贪污贿赂刑事案件适用法律若干问题的解释》的协调，使量纪标准与刑事立案标准、量刑标准无缝链接，防止放纵乱纪的现象发生。

（五）依法反腐，建立基层反腐长效机制

1. 提炼经验，加快立法立规

及时总结前一阶段在扶贫领域反腐败斗争的实际经验，上升为全国统一的执纪标准，警惕运动式反腐，规范执纪防止“凑数问责”，克服政策向基层传递过程中的边际效应问题，实现法律效果和社会效果有机统一。

2. 发挥民主，恪守权责边界

要充分发挥民主，引入社会监督、媒体监督，防止把一般违法违纪、工作失误甚至扶贫中的工作创新视为违法犯罪，要把握好扶贫政策中的容错机制问题。

3. 调整结构，深化制度改革

摒弃纪委“包打天下”“无所不能”的错误认识，要以扶贫反腐为契机倒逼基层纪检模式创新，以纪检体制改革倒逼用权制度改革，以扶贫反腐常态机制建设完善基层主体责任清单。

第十三章　国有企业的腐败问题及治理对策

一、国有企业腐败概述

我国国有企业的党风建设和反腐倡廉工作一直是一个重要的课题。近年来，在国有企业中产生了一系列的腐败现象，而且其数量呈现出不断增长的趋势。另外，被查处的大案要案也逐渐增多。这些都给国家和企业带来了严重的经济损失，破坏了党和政府的形象，如不采取有效措施遏制腐败现象不断增多的势头，将会产生更加严重的后果。因此，找出有效的措施遏制国有企业腐败现象，具有很强的现实紧迫性。而要找出根治腐败的治本之策，必须首先对新形势下腐败的特征和原因作全面和理性的分析，才能对症下药，找到预防和治理腐败的有效方法。

国企贪腐一般表现在国企内部个人腐败、集体腐败、频繁调整人事任命、官商勾结等方面。与一般事业单位的腐败略有不同，为了达到迅速敛财的目的，腐败分子一定要为自己创造合适的贪腐环境和必要条件，如集体腐败，就是贪腐分子拉拢一些人作为自己的同伙，违反企业的人事任免制度，违背德才兼备的用人原则，凭个人的好恶使用干部，任人唯亲而非任人唯贤，与同伙们制定出掩人耳目的计谋，实施犯罪。另外，官商勾结方面，国企腐败具有强烈的腐蚀性，对各级党委和政府官员也是一种考验，具有很强的诱惑力，一批又一批官员因为抵制不住权色利益的诱惑，被拉下水，成为贪污腐败分子的“保护伞”，极大地扰乱了社会秩序。

（一）腐败数量呈逐年增多的趋势

近年来产生了一大批腐败案件，与改革开放初期相比，同一时间段产生的腐败案件明显增多，这也是新时期国有企业腐败现象的一个新的特点。据报载，2005—2008 年，某市纪检监察机关共立案查处国有企业人员违纪违法案件 91 件 101 人。全国仅 2009 年就查处了一批影响较大的国有企业领导人的腐败案件。可想而知，查处的一般腐败案件更多。而且这些暴露出的腐败现象只是其中一部分，本身还有许多潜在的腐败案件尚待查处，此外腐败案件本身并不能代表所有的腐败现象。随着反腐打击力度的加大，还会暴露出更多的腐败现象，这些腐败现象的不断增多应该引起我们的警惕。

（二）腐败产生的影响也越来越大

最近几年查处的国有企业腐败案件对社会的影响较大，主要表现在两个方面：一是涉案金额巨大，给国家财产带来了十分严重的损失。例如，仅某市近年查处的国企腐败案件中，过百万元的大案就超过 40%。翻开近年的新闻报纸，就会发现，查处的国有企业领导人员贪腐的金额比起改革开放初期有了很大的增长，在一些大型企业查处的腐败案件中，涉案金额动辄就是百万元千万元，甚至更多。腐败案件的涉案金额之大可见一斑，而且这些涉案金额还有逐年上升的势头。二是腐败案件中腐败分子的级别较高。国企腐败案件中有较多是涉及企业的主要领导的，即我们所称的“一把手”。某市在 2005—2008 年所查处的国有企业腐败案件中，涉及近半的企业“一把手”。而且，有的“一把手”本身的级别就较高，特别在一些大型国有企业中的领导人本来就是党和政府干部。这样一批可谓在国有企业中“位高权重”之人的落马，在社会上造成的反响是很大的。

（三）腐败的新形式不断产生

随着时代的发展，腐败的形式和手法近年来也在不断“创新”，权力“期权化”就是其中的一种。有的领导干部在位时，利用职权为某些企业、个人牟取非法利益。他们不图马上获得回报，而是在一个远期内希望能得到补偿。这是腐败产生的一个新动向。由于我国现在的法制不健全，这种腐败行为往往是在合法的程序下进行的，而且没有马上得到“受益人”的报偿，其犯罪行为能够得以长期潜伏，所以这种腐败行为很难被发现。这是在新形势下产生的一种新的腐败行为。另外一种就是把贪腐得来的巨额钱财转移到其亲人或朋友名下，或者是经过十分复杂的转移关系，将非法所得用于市场上的投资等。这些都是在现代社会产生的“现代化”的腐败形式。

（四）腐败的手段具有隐蔽性和复杂性

随着社会的进步，国有企业中腐败分子的腐败手段也更加多样，且具有隐蔽性和复杂性的特点。如前所述的权力“期权化”就是一种十分隐蔽的手段，令办案人员很难发觉。他们总是采取各种各样隐蔽性的手段来掩人耳目，躲避追查。所以往往一些腐败分子从第一次产生腐败到最后案发经历了很长的时间，有的甚至经历了十几年的时间。腐败手段还具有复杂性的特征，腐败分子往往不是直接接受钱财，他们有的靠自己腐败中的积累所得，投资到其他公司，或者直接收受他人的干股，或者把资金投入到他人名下经营，实则是为自己或其亲人经营等。这些腐败往往牵涉许多相关人员和部门，因此具有相当大的复杂性，使贪污腐化分子得以长期逍遥法外，继续给国家和人民的财产带来损失。

（五）群体性违法违纪的现象日趋增多

腐败分子在腐败的行为中，往往不会采取“单兵作战”的形式。他们通常在企业内网罗一部分亲信势力，形成一种特殊的利益集团，采取共同作案、相互掩护包庇的手段。在这种群体性的作案手段中，往往腐败分子较难被查出，而且即使被发觉后也会有较大的查处阻力。同时，这些集团的人又可能不断和外界勾结，甚至与政府人员串联作案，引起串案的发生，使得彻底被查处的难度很大。这种群体性的腐败行为危害很大，因为群体性的贪腐使得腐败分子有恃无恐，而且所贪之财散落到这个利益集团的各个成员之中，造成办案人员很难有效追缴这些非法财产。这种腐败现象不仅严重败坏了党纪国法，给国家和企业带来巨大的经济损失，而且也使国家丧失了一大批干部管理人员。

二、国有企业腐败问题分析

随着当前我国经济建设的快速发展，工程建设、房地产开发、土地管理和矿产资源开发、国有资产管理处置等领域在发挥市场对资源配置的基础性作用的同时，地位也变得越来越重要，但受到当前制度、体制掣肘，这些处于国民经济运转的重要环节的领域已然成为贪腐行为高发区。从目前的体制机制入手，深层次地分析产生这些贪腐行为的原因，也许所属的行业、单位、部门不同，贪腐行为不同，但是在关键环节还是有很多相似之处。

（一）疏于党风廉政教育，党员干部拒腐防变的能力薄弱

大量事实表明，国有企业之所以出现一些令人痛心疾首的腐败现象，多是因为学习、教育不够彻底产生的。由于封建主义思想残余，资本主义腐朽思想和生活方式的影响和侵蚀，一些党员干部的世界观、人生观和价值观发生了扭曲，再加上少数国有企业的党组织贯彻“两手抓、两手都要硬”的方针不得力，思想政治工作薄弱，对党员干部疏于教育、管理和监督，致使有些腐败现象得以滋生和蔓延。

（二）国有企业领导体制设置不合理，不利于监督

大多数国有企业董事长、总经理由一人兼任，资产所有者的身份和资产经营者身份二者合一，几个角色，多项权力集于一身。这种状况在体制上形成了个人决定一切重大事项的局面，内部监督、民主监督难以有效实施。为独断专行提供了“空间”和“土壤”。由于决策者也是执行者，决策权和执行权都集中在一人身上，对企业领导权力的监督就更加困难，同时部分企业领导民主意识淡薄，自我约束力不强，这些干部视监督为枷锁，不愿接受监督，刻意避开监督，外出独来独往；在花钱方面，直接控制财务，在用人方面，搞一言堂。

（三）企业纪检监察机构作用没有充分体现出来

在监督过程中往往是上级监督不上、同级监督不了、事前事中监督少、事后监督晚，有的纪委书记、监察员单兵作战，没能调动广大群众的积极性，心有余而力不足。

（四）政府管理企业的制度不适应对企业领导权力的监督

对大多数企业来讲基本上都建立了比较科学规范的决策机制和完善的执行机制，唯有监督机制相对比较薄弱。对国有企业领导的监督，中央虽然越来越重视，也制定了不少制度，但突出的问题是制度执行方面存在监督缺位或流于形式的问题。

这些问题既是导致国有企业监督虚化、弱化的重要原因，也是腐败现象时有发生的重要原因。由于监督机制存在薄弱环节，少数企业领导身上出现了任人唯亲、独断专行、挥霍浪费、以权谋私等现象，影响了企业的健康发展。归根结底与教育引导、管理体制和监督机制不完善密切相关。为此，必须发挥好教育引导作用，再从机制和体制入手，加强对权力运行的监督和制约，这是有效防止腐败的关键。

三、国有企业腐败问题治理对策

（一）以廉政文化建设为抓手，探索建立廉政教育长效机制

思想是行动的先导，思想是行动的指南，一个人的行为是受其思想支配的。在一个和谐进取的企业里，如果企业的主流文化一旦被员工所认同，他们与企业之间的关系就不仅仅是雇佣合同的关系，而是员工与企业之间坚固的“心理契约”关系。为此，我们既要建立廉政教育的长效机制，又要构建廉洁文化体系，打造崇尚廉洁文化的企业内部环境。

以廉洁文化建设为抓手，构建廉洁文化体系需要注意三点：一是要根据自身企业的特点注重构建廉洁文化的特色。在自身特点的基础上培育廉洁文化体系，达到润物无声的效果；二是要使自身企业的廉政文化建设有一定的群众性与广泛性，要能够吸引广大员工的积极参与，对自己的行为有一定的指导意义，能够作为自己工作的道德规范准则；三是要整合可以传播廉政文化的一切资源，如内刊、标语、歌咏文艺汇演等，让员工能够被廉政文化建设的良好氛围所包围。建立廉政教育长效机制需要在三个方面下功夫：一是注重教育形式，常规教育与主题教育相结合同时进行。借助学习、会议、讲课等机会，让党员干部接受廉政教育，从而让其思想境界和道德情操得以提高；二是注重教育对象，要抓好重点人员的权力观教育，同时还要做到全员教育与重点人员教育相结合，相辅相成；三是注重教育方法，在宣传廉政先进人物的典型事迹的同时，为广大员工树立榜样，同时也要充分利用反面典型案例开展警示教育，做到正面典型示范与反面典型警示教育相结合，这样才能事半功倍。

（二）健全完善监控和制度体系，形成制度防范体系

首先，重点要完善制度，需要注意三个方面：一是凡是涉及企业的重大问题都需遵从民主集中制原则，召开党委会、办公会、董事会进行集体研究，集思广益，避免作出错误决策；二是建立健全重点领域和关键环节的规章制度，重点对经济活动频繁、容易诱发腐败的环节制度进行修订和完善；三是建立健全招投标制度，针对物资采购、工程项目等重要的经济活动，建立一整套行之有效的制度和办法，从源头上预防腐败现象的发生。其次，注意制度的落实。定期检查制度的执行情况，确

保企业制度得到有效贯彻和落实，维护制度的权威性，强化制度的执行力，做到执纪严格，对腐败现象绝不姑息迁就，使违法违纪者或跃跃欲试者不敢越雷池一步，从根本上消除侥幸心理。最后，抓好制度的创新。要针对重点领域和关键环节的干部实行轮岗制度，经常进行岗位交流，减少或避免权力滥用。

（三）健全完善监控和制度体系，形成监督制约机制

一是要充分发挥企业监事会、职代会以及纪检监察审计部门的监督优势，各方联动，齐抓共管，形成对权力运行的监督合力；二是要推行厂务公开。要把涉及企业改革发展的重大问题、职工关心的热点、焦点问题实事求是地向职工群众公开，使权力置于阳光下运行；三是纪检监察和审计部门要认真履行职责，要扩大领导干部经济责任审计范围，加强对企业资金、资产使用的监督和管理。

（四）企检联手，建立反腐倡廉协作机制

检察机关作为惩治和预防腐败的重要力量，积累了丰富的反腐工作经验。因此，国有企业积极开展反腐倡廉，就有必要和当地检察机关建立良好的协作关系，并肩作战，让腐败行为无所遁形，让腐败分子望而生畏，筑起反腐倡廉的坚固防线。

总之，抓好国有企业的反腐倡廉工作，是事关国企科学稳定发展的重要工程，需要引起广大国企领导者的广泛注意，只要我们深刻分析重点领域和关键环节易出问题的原因，采取行之有效的治理对策，就一定能够防患于未然，保证企业持续健康、稳定快速地发展。

第十四章　粤港澳大湾区的腐败问题及治理对策

一、粤港澳大湾区的基本情况

粤港澳大湾区包括香港特别行政区、澳门特别行政区和广东省广州市、深圳市、珠海市、佛山市、惠州市、东莞市、中山市、江门市、肇庆市（以下简称珠三角九市），总面积5.6万平方千米，2017年总人口约7000万人，是我国开放程度最高、经济活力最强的区域之一，在国家发展大局中具有重要战略地位。建设粤港澳大湾区，既是新时代推动形成全面开放新格局的新尝试，也是推动“一国两制”事业发展的新实践。建设粤港澳大湾区是习近平总书记亲自谋划、亲自部署、亲自推动的国家战略。2019年2月18日，中共中央、国务院印发《粤港澳大湾区发展规划纲要》，标志着粤港澳大湾区建设进入全面推开、全面深化新阶段。

二、粤港澳大湾区反腐倡廉建设是时代要求

大湾区的反腐倡廉建设是响应时代的要求。[①] 在《粤港澳大湾区发展规划纲要》中明确提出了：“要深化社会治理合作。深入推进依法行政，加强大湾区廉政机制协同，打造优质高效廉洁政府，提升政府服务效率和群众获得感”“深化粤港澳合作，进一步优化珠三角九市投资和营商环境，提升大湾区市场一体化水平，全面对接国际高标准市场规则体系，加快构建开放型经济新体制”等内容，这些构想均离不开大湾区在建设之初就注重对于反腐倡廉建设的顶层设计。反腐倡廉工作本就

① 人民日报评论员：抓住大机遇　建好大湾区［N］．新华社，2019-02-18.

不是一件易事，更何况在跨越“一国两制”的大背景下，政治、文化、经济上的巨大差异，都是对我们的一种挑战。

（一）对于纪检监察机关来说

在大湾区反腐倡廉建设的大背景下，应当严肃查处审批监管、资源开发、金融改革等重点领域和关键环节的腐败案件，坚决整治形式主义、官僚主义突出问题，为粤港澳大湾区的良性发展提供坚强保证。在案件办理、制度构建、文化交流等层面加大合作力度，主动补齐短板，积极推动廉政机制协同建设创新突破。要勤于学思践悟，善于纪法兼修，严于正身律己，打造忠诚坚定、担当尽责、遵纪守法、清正廉洁的纪检监察铁军，为把粤港澳大湾区建成国际一流湾区和廉洁湾区贡献自己的智慧和力量。

（二）对于企业单位来说

在大湾区反腐倡廉建设的大背景下，强化企业合规是必然要求，也是中国反腐倡廉建设的迫切要求。一方面，反腐败合规将反腐败视为社会公共事务，而不是国家的专属事务，强调公共部门与私营部门反腐败的协调推进以及国家与企业合作反腐，从而可以制度化地聚集社会各方力量共同治理腐败。另一方面，反腐败合规在运行机制上，强调在制度安排下国家与企业之间的良性互动：一是国家基于保障企业健康发展和促进经济社会平稳发展的需要，对企业提出其能力所及的反腐败的基本要求；二是企业基于自身可持续发展的内生性需求，积极满足立法的期待，建立了腐败风险内控机制，即使仍然发生了腐败犯罪，企业也可以获得刑事上的优待：从免除企业刑事责任到对企业处罚的从轻、减轻，十分有利于避免传统刑事责任追究对企业的破坏性打击。

（三）对于社会公众来说

在大湾区反腐倡廉建设的大背景下，应当大力营造廉政文化，形成风清气正的社会环境。人们把当前社会上的腐败现象，形象地比作“臭豆腐”，认为“闻着臭”，但“吃着香”。一边痛恨腐败，一边却漠视腐败、认同腐败、渴求腐败，一旦有条件甚至进行腐败。“臭豆腐”现象如同腐败的种子，具有很强的传播性，危害性大，一旦把腐败视为“臭豆腐”，其带来的危害将十分严重。因此，在粤港澳大湾区的建设中“臭豆腐”现象必须彻底消除。

三、粤港澳大湾区未来的廉政协同创新与治理

（一）推动大湾区廉政共建

1. 三地的廉政共建问题

由于腐败具有复杂性、流动性和隐蔽性三大特性，随着粤港澳互动交流的进一步加深，腐败案件往往会出现跨区域性。因此，协同治理特别是跨区域的协同治理显得尤为重要。同时，由于粤港澳地区多种经济、社会、政治制度并存，体制机制上的协调空隙可能会导致该地区的腐败更具复杂性。因而，粤港澳大湾区应该注重体制机制上的协同创新，尽可能统合反腐败力量，共同治理腐败。①

事实上，在粤港澳大湾区建设规划颁布以后，三地纪检监察部门已经开始洽谈合作。据新闻报道，澳门廉政公署与广东省监察委员会及香港廉政公署 2019 年曾在广州举行联合会议，共同探讨粤港澳大湾区的廉政建设合作。三地反腐机构同意将贯彻落实粤港澳大湾区发展规划纲要，共同维护大湾区的廉政发展环境。三方同意，将加强廉洁文化教育及宣传工作交流，致力于构建清廉、健康、公开、透明的政商关系，加强廉政机制协同，人员交流互访和培训，更加大力度打击跨境贪腐犯罪活动。粤港澳三方亦商定将派出代表作定期会面，讨论合作方向和进度等。

2. 粤港澳大湾区的廉政建设定位

与世界其他湾区相比，粤港澳大湾区各地方政府之间的协同尤为重要且尤显复杂。要做好湾区内部的协调工作，优良有效的制度创新与政策创新是重点，但也会有一定的风险。这就需要通过精准研究，明确具体的风险点，然后逐一击破。进行廉政协同创新，不仅有助于从体制内部控制风险，还可以通过经验扩散实现对私有部门的监督。就具体的廉政建设而言，实现内地以纪委、监委为核心的反腐败体制与港澳廉署之间的架构对接、机制变通、工作协同是当前的重中之重。

3. 廉政协同治理中应当“求同存异”

与香港廉政公署的职能略有不同，澳门廉政公署不仅负责反贪工

---

① 《粤港澳大湾区发展规划纲要》：“要深化社会治理合作。深入推进依法行政，加强大湾区廉政机制协同，打造优质高效廉洁政府……”

作，还负责处理行政申诉工作。总体来看，澳门廉政公署在廉政建设方面发挥着重要作用。尽管其架构、机制及作用与香港、内地的廉政部门有所区别，但仍然可以通过工作机制上的协同创新，融入粤港澳大湾区建设的整体布局中。

4. 从多学科角度推动粤港澳大湾区的廉政协同建设

腐败问题是一个世界性难题，关于反腐败的学术研究与实务工作是可以统合起来的系统工程。从学术研究的角度来讲，廉政研究需要政治学、法学、经济学、社会学等多学科、跨学科的交流与合作，这样才能真正把握问题，并提出切实有效的实践方案。尽管不同学科对于“治理”的理解不甚相同，但国家治理体系与治理能力现代化同全面推进依法治国之间是相辅相成的，治理与法治必须联系在一起讨论，这是认识和规划大湾区廉政建设的基本框架。如何基于“和而不同”的理念，在粤港澳之间实现法治体系内部的衔接，是推动大湾区廉政协同创新的基础法理问题。

5. 推动企业合规反腐败建设

（1）理论层面要先行，加强反腐败合规理论研究，为反腐败政策的调整和立法完善提供智力支持和建设性方案。反腐败合规是新的法律全球化现象和新的社会治理工具，属于亟待发展的不同于传统刑事责任追究的前置领域，与传统刑法学研究在观念、视野和路径上也有很大的不同。要防控腐败风险，需要参照刑法，但又不能局限于刑法，因为刑事风险、反腐败风险，来源于刑法的前置性法律风险的积累和升级。因此，要避免刑事风险、反腐败风险的现实化，就必须从识别和防止前置性法律风险做起，传统的法律部门界限因此被打破，这注定刑事合规（反腐败合规）属于学科交叉的新的研究领域。这是理论研究面临的挑战。

（2）一是在立法层面，要以单位犯罪的立法改革为重点，强化预防性立法思维，充分发挥刑法的强力引导功能，推动企业反腐败合规的实施，尽快形成国家—企业合作反腐的治理格局。这也是推进腐败治理现代化的必由之路。没有腐败预防的切实推进，就没有腐败治理的现代化。二是法律服务业层面，要拓展服务视野、加强自身业务能力提升，努力实现从传统的事后救济服务，向风险防控服务转型升级，为企业构建腐败风险内控机制提供建设性的行动方案与咨询意见。三是企业层面，要基于可持续发展战略，弘扬企业家精神，增强主动防控腐败风险的危机意识与行动力。

（二）大湾区廉政建设永远在路上

党的十八大以来，廉政建设初显成效。通过近三年的党风廉政建设和反腐败工作公众满意度数据对比，从整体上来看，民众对党的十八大以来各级党委政府开展的党风廉政建设和反腐败工作满意度逐年上升，民众对腐败的容忍度不断降低。从反腐败队伍建设来看，民众对纪检监察机关和纪检监察干部的信任度和信心指数日益增强。从对反腐败的期待来看，民众对各级党委政府今后反腐败工作的信心也显著提升。

粤港澳大湾区建设是党和国家重大战略部署，大湾区的廉政建设永远在路上。要站在党和国家重大战略部署上来领会，提高认识，坚持解放思想，全面贯彻党的战略部署。粤港澳大湾区建设是党的十九大绘制的中国未来发展宏伟蓝图的重要部署，党的十九大报告明确提出“要支持香港、澳门融入国家发展大局，以粤港澳大湾区建设、粤港澳合作、泛珠三角区域合作等为重点，全面推进内地同香港、澳门互利合作”。粤港澳大湾区建设是中国改革开放再出发的重要战略举措，习近平总书记在庆祝改革开放40周年大会上强调要“支持和推动香港、澳门更好融入国家发展大局，让香港、澳门同胞同祖国人民共担民族复兴的历史责任、共享祖国繁荣富强的伟大荣光”。粤港澳大湾区建设也是习近平总书记为广东量身打造的路线图、任务书，寄望广东做到“四个走在全国前列”、当好“两个重要窗口”。学习贯彻《粤港澳大湾区发展规划纲要》，必须坚持从践行“两个维护”的高度出发，切实解放思想，提高认识，优先融入。把学习贯彻《粤港澳大湾区发展规划纲要》，与学习贯彻党的十九大精神，与学习贯彻习近平总书记系列重要讲话精神和对广东工作的重要指示批示精神结合起来，贯通学习、一体领悟、全面落实。强化对践行“四个意识”、贯彻党章和其他党内法规、执行党的路线方针政策和决议情况的监督，督促党员领导干部把“两个维护”落实在实际行动上，把党的十九大确定的蓝图和党中央重大决策部署变为现实。

参考文献

一、中文参考文献

（一）中文著作

［1］王沪宁．腐败与反腐败［M］．上海：上海人民出版社，1990.

［2］秦前红．国家监察制度研究［M］．北京：法律出版社，2017.

［3］马怀德．中华人民共和国监察法理解与适用［M］．北京：中国法制出版社，2018.

［4］刘艳红．中国反腐败立法研究［M］．北京：中国法制出版社，2017.

［5］秦前红．监察法学教程［M］．北京：法律出版社，2019.

［6］王京清，孙壮志．中国反腐倡廉建设报告 No. 8［M］．北京：社会科学文献出版社，2018.

［7］过勇．中国国家廉政体系研究［M］．北京：中国方正出版社，2007.

［8］过勇．经济转轨、制度与腐败［M］．北京：社会科学文献出版社，2007.

［9］李永忠．论制度反腐［M］．北京：中央编译出版社，2016.

［10］包玉秋．反腐倡廉立法研究［M］．北京：中国社会科学出版社，2013.

［11］杨富斌．美国廉政制度与文化研究［M］．北京：中国法制出版社，2016.

［12］蒋娜，张永久，邵丽琨，等．美国政府道德法［M］．北京：中国方正出版社，1989.

［13］徐久生．德国联邦公务员法，德国联邦公务员惩戒法［M］．北京：中国方正出版社，2014.

［14］杨建生．美国政府信息公开司法审查研究［M］．北京：法律出版社，2014.

［15］后向东．美国联邦信息公开制度研究［M］．北京：中国法制出版社，2014.

［16］邱学强，徐伟新，袁曙宏，等．国家命运：反腐攻坚战［M］．北京：中央编译出版社，2015.

［17］林兴．中国内地与香港地区廉政法制比较［M］．广州：暨南大学出版社，2009.

［18］廖晓明，邱安民．我国官员财产申报制度影响因素及实现路径探索［M］．北京：社会科学文献出版社，2014.

［19］刘志勇．中国官员财产申报制度研究［M］．北京：中国社会科学出版社，2013.

［20］中纪委驻最高人民法院纪检组，最高人民法院监察室．司法廉洁教育读本［M］．北京：人民法院出版社，2007.

［21］王文升．廉政文化论［M］．北京：中国方正出版社，2009.

［22］林伯海，田雪梅．制度反腐与廉政文化建设的互动研究［M］．西南交通大学出版社，2010.

［23］阎德民．中国特色权力制约和监督机制构建研究［M］．北京：人民出版社，2011.

［24］孙道祥，任建明．中国特色反腐倡廉理论研究［M］．北京：中国方正出版社，2011.

［25］邓频声，等．中国特色反腐倡廉道路研究［M］．北京：时事出版社，2011.

［26］王君祥．新加坡预防腐败法［M］．北京：中国方正出版社，2013.

［27］杨鸿台．制度反腐实证探析［M］．上海：上海人民出版社，2014.

［28］本书编写组．从不敢腐不能腐到不想腐［M］．北京：新华出版社，2015.

［29］丁端琴．坚定不移走中国特色反腐倡廉之路［M］．宁夏：

阳关出版社，2014.

［30］周益扬．反腐败研究（第十一集）［M］．杭州：浙江大学出版社，2012.

［31］杨天欣．推进惩治和预防腐败体系机制建设［M］．上海：上海教育出版社，2010.

［32］李光明，寇学军．权力监督与廉政法律制度建设研究［M］．北京：经济日报出版社，2009.

［33］中央纪委法规室，监察部法规司．国外防治腐败与公职人员财产申报法律选编［M］．北京：中国方正出版社，2012.

［34］王寿林．权力制约和监督研究［M］．北京：中共中央党校出版社，2007.

（二）中文文章

［1］王连昌．建议重建国家监察机关［J］．现代法学，1981（03）：22-24.

［2］马怀德．国家监察体制改革的重要意义和主要任务［J］．国家行政学院学报，2016（06）．

［3］秦前红．宪政视野下的中国立法模式变迁——从“变革性立法”走向“自治性立法”［J］．中国法学，2005（03）．

［4］秦前红．监察体制改革的逻辑与方法［J］．环球法律评论，2017（02）．

［5］秦前红．困境、改革与出路：从“三驾马车”到国家监察——我国监察体系的宪制思考［J］．中国法律评论，2017（01）．

［6］管光承．浅谈加入WTO对职务犯罪侦查工作的影响［J］．西南政法大学学报，2003（02）：52-55.

［7］高绍先．论渎职罪的惩治与防范［J］．现代法学，1998（04）：33-37.

［8］高绍先．第七届国际反贪污大会追记［J］．现代法学，1996（01）：83-86.

［9］任惠华．新时代侦查概念体系的反思与重构［J］．中国刑警学院学报，2019（02）：34-40.

［10］梁坤．纪检监察措施分类适用的法规范解读［J］．法学，2019（03）：30-44.

[11] 马怀德.《国家监察法》的立法思路与立法重点 [J]. 环球法律评论, 2017 (02) .

[12] 郑海. 职务犯罪调查信息化的经验与启示 [J]. 警学研究, 2018 (06): 5-13.

[13] 蔡艺生, 张根平. 论职务犯罪调查信息化的构成与规范 [J]. 警学研究, 2018 (06): 14-2.

[14] 佘杰新. 乡村治理中宗族文化的两面性及其应对——基于“乌坎事件”和乡村反腐视角 [J]. 湖南农业大学学报 (社会科学版), 2016, 17 (02): 43-49.

[15] 刘莹. 国家工作人员涉黑犯罪对策研究 [D]. 重庆: 西南政法大学, 2003.

[16] 李莉. 社会中心主义视角下的腐败治理——基于香港廉政公署年度报告 (1974—2013) 的解读 [J]. 经济社会体制比较, 2015 (05): 81-91.

[17] 黎理, 裘树祥. 腐败性质的经济犯罪状况与成因分析 [J]. 社科纵横 (新理论版), 2010, 25 (01): 108-109.

[18] 马方, 吴桐. 逻辑与司法: 监察程序中证据规则的解构与建构 [J]. 河北法学, 2018, 36 (09): 50-66.

[19] 张异, 李戈. 论留置措施的规范运用——以《国家监察法》为视角 [J]. 江苏警官学院学报, 2018, 33 (03): 68-74.

[20] 任惠华, 金浩波. 纪委调查材料司法证据化的困境和路径 [J]. 湖南警察学院学报, 2016, 28 (06): 95-101.

[21] 马方, 孙扬. 论我国职务犯罪侦查线索收集与管理机制的构建 [J]. 净月学刊, 2016 (06): 32-40, 129.

[22] 郑海, 李国华. 贪污犯罪与受贿犯罪的犯罪学特征——基于300例案件的实证考察 [J]. 中国人民公安大学学报 (社会科学版), 2015, 31 (06): 22-30.

[23] 任惠华, 刘琦. “GONE 理论”视角下国企高管侵财型职务犯罪行为模式分析及治理 [J]. 犯罪研究, 2015 (01): 13-20.

[24] 李莉. 中国腐败治理的回顾与评析 (1978—2013) [A]. 中国管理现代化研究会、复旦管理学奖励基金会. 第九届 (2014) 中国管理学年会——廉政建设与治理研究分会场论文集 [C]. 中国管理现代

化研究会、复旦管理学奖励基金会：中国管理现代化研究会，2014：11.

［25］任海新，蔡艺生. 论职务犯罪侦查权的完善——以新刑事诉讼法为视角［J］. 中国刑事法杂志，2012（09）：115-120.

［26］裘树祥. 论职务犯罪侦查资源的优化配置［J］. 广西民族大学学报（哲学社会科学版），2008，30（06）：143-146.

［27］任惠华. 法治视野下的侦查效益问题研究［D］. 重庆：西南政法大学，2008.

［28］张异. 职务犯罪预防论［D］. 重庆：西南政法大学，2007.

［29］谭宗泽. 论国家监察对象的识别标准［J］. 政治与法律，2019（02）：66-77.

［30］邹明理. 论我国侦查体制建设的重点及其措施［J］. 山东警察学院学报，2005（01）：52-57.

［31］田红. 汉代官吏考课制度研究［D］. 兰州：兰州大学，2018.

［32］杨桂英. 春秋战国官吏腐败与反腐败述考［D］. 长春：吉林大学，2004.

［33］李卓. 我国唐代的反腐制度［J］. 理论学习，2003（11）：63.

［34］刘若飞. 宋代的监察制度与专制主义中央集权［J］. 南昌大学学报（社会科学版），1999（02）：131-134.

［35］陈瑞华. 论国家监察权的性质［J］. 比较法研究，2019（01）：1-15.

［36］徐汉明. 国家监察权的属性探究［J］. 法学评论，2018，36（01）：9-25.

［37］魏昌东. 国家监察委员会改革方案之辨正：属性、职能与职责定位［J］. 法学，2017（03）：3-15.

［38］陈瑞华. 论监察委员会的调查权［J］. 中国人民大学学报，2018，32（04）：10-20.

［39］侯唐震. 新加坡国家廉政体系研究［D］. 南宁：广西民族大学，2016.

［40］倪慧. 新加坡廉政文化建设的启迪［J］. 知与行，2018（06）：80-85.

[41] 汉斯·约格·阿尔布莱希特，赵晨光. 德国反腐败机制与刑事法律规定 [J]. 人民检察，2015 (09)：29-32.

[42] 祝小茗. 德国反腐败法律的评介及启示 [J]. 理论视野，2016 (06)：40-44.

[43] 杨解朴. 德国的反腐败机制 [J]. 党建，2006 (01)：46.

[44] 厉娟. 新加坡廉政建设研究 [D]. 南京：南京师范大学，2017.

[45] 季美君. 美国反腐败的监督机构 [N]. 检察日报，2016-08-16 (008).

[46] 季美君. 美国的反腐败机构 [N]. 检察日报，2016-07-26 (008).

[47] 季美君. 美国反腐败侦查机构——联邦调查局 [N]. 检察日报，2016-08-02 (008).

[48] 宋伟. 亚太国家和地区廉政治理比较研究——以新加坡、中国香港、美国、韩国为例 [J]. 国外社会科学，2014 (05)：36-41.

[49] 许瑶，朱喆. 新加坡及香港地区反腐败机构设置模式及其启示 [J]. 学习月刊，2019 (02)：12-15.

[50] 张异，黄一宸. 论公职人员的认定——从国家监察体制改革的视角 [J]. 公安学刊 (浙江警察学院学报)，2017 (06)：79-84.

[51] 邹瀚莹，任惠华. 明朝职务犯罪侦查制度研究 [J]. 法论 (西南政法大学研究生学报)，2013，27 (00)：39-64.

[52] 莫光辉，张菁. 扶贫领域的腐败现象及精准反腐机制建构——精准扶贫绩效提升机制系列研究之八 [J]. 学习论坛，2017，33 (04)：33-37.

[53] 徐丙祥. 试析新形势下国有企业反腐倡廉工作的路径选择 [J]. 现代交际，2010 (03).

[54] 华小鹏. 监察权运行中的若干重大问题探讨 [J]. 法学杂志，2019，40 (01)：56-63.

[55] 袁柏顺. 范围、界限与动态发展：也论监察对象"全覆盖" [J]. 河南社会科学，2019，27 (01)：8-13.

[56] 罗志军. 推进派驻监督高质量发展 [N]. 中国纪检监察报，2019-01-03 (007).

[57] 蓝佛安. 牢牢把握实现纪法贯通、法法衔接这一关键环节 [N]. 中国纪检监察报，2018-11-22 (005).

[58] 福建省福清市纪委监委课题组. 关于推进“纪法贯通、法法衔接”的实践与思考 [N]. 中国纪检监察报，2018-10-25 (007).

[59] 王军仁. 实现纪法衔接　深化国家监察体制改革 [J]. 紫光阁，2018 (10)：24-25.

[60] 卢波. 实现纪法有效贯通衔接需要准确把握三个问题 [N]. 人民公安报，2018-05-25 (003).

[61] 谢超. 《监察法》对中国特色反腐败工作的法治影响 [J]. 法学杂志，2018，39 (05)：42-56.

[62] 钱唐. 全线打通法法协调衔接各个节点 [J]. 中国纪检监察，2018 (06)：68.

[63] 康均心. 从打黑除恶到扫黑除恶 [J]. 河南警察学院学报，2018，27 (03)：5-14.

[64] 戴小强. 论“扫黑除恶”专项斗争的特征及其法治要求 [J]. 北京警察学院学报，2018 (03)：27-33.

[65] 陈柏峰. 乡村江湖、基层政权与“扫黑除恶” [J]. 中国法律评论，2018 (04)：66-73.

[66] 刘仁文，刘文钊. 恶势力的概念流变及其司法认定 [J]. 国家检察官学院学报，2018，26 (06)：13-31，169-170.

[67] 吕永祥，王立峰. 县级监察委治理基层“微腐败”：实践价值、现实问题与应对策略 [J]. 东北大学学报（社会科学版），2019，21 (01)：43-50.

[68] 余志忠，林磊山. 扫黑除恶中村干部涉黑涉恶问题研究 [J]. 犯罪与改造研究，2018 (07)：10-15.

[69] 梁仁志. 晚清徽州“扫黑除恶” [J]. 紫光阁，2018 (03)：92-94.

[70] 李贤华. 域外扫黑除恶法律制度 [N]. 人民法院报，2018-11-02 (008).

[71] 赵春林. 夏县：建立“扫黑除恶”问题线索双向移送反馈机制 [J]. 支部建设，2018 (27)：53.

[72] 蒋红军，吴嘉琪. 精准监管与嵌入式扶贫中的“微腐败”治

理——基于广东经验的考察［J］. 中州学刊，2018（11）：79-84.

［73］尉承栋. 从通报中找准扶贫领域正风反腐发力点［N］. 中国纪检监察报，2018-04-24（002）.

［74］张立哲. 完善基层纪委扶贫领域反腐败工作体制机制［J］. 中共伊犁州委党校学报，2017（04）：22-24.

［75］宛诗平. 用精准反腐助力精准扶贫［N］. 光华时报，2017-06-16（003）.

二、外文参考文献

[1] Zheng, Liao. Corruption governance and its dynamic stability based on a three-party evolutionary game with the government, the public, and public officials[J]. *Applied Economics*, 2019, 51(49).

[2] Zhenya Tang, Leida Chen, Zhongyun Zhou, Merrill Warkentin, Mark L. Gillenson. The effects of social media use on control of corruption and moderating role of cultural tightness-looseness[J]. *Government Information Quarterly*, 2019.

[3] Sutherland, Ewan. Corruption and internetgovernance[J]. *Info: the Journal of Policy, Regulation and Strategy for Telecommunications, Information and Media*, 2014, 16(2).

[4] Kimberly L. Nelson, Whitney B. Afonso. Ethics by Design: The Impact of Form of Government on Municipal Corruption [J]. *Public Administration Review*, 2019, 79(4).

[5] Lu Yang, Yan Wang, Sen Yang. A Probe into the Anti-Corruption Mechanism behind Ming Dynasty's Appointment of Touring Censorial Inspectors and the Causes for Its Failure[J]. *Chinese Studies*, 2016, 05(03).

[6] Holger Moroff, Diana Schmidt-Pfister. Anti-corruption movements, mechanisms, and machines-an introduction[J]. *Global Crime*, 2010, 11(2).

[7] Jinfu Wang. The Mechanism of Government Anti-Corruption Puzzledom inChina[J]. *International Journal of Business and Management*, 2009, 2(3).

[8] Jon S.T. Quah. Defying institutional failure: learning from the experiences of anti-corruption agencies in four Asian countries[J]. *Crime, Law*

and Social Change, 2010, 53(1).

[9]Jon S.T. Quah. Learning from Singapore's effective anti-corruption strategy[J]. *Asian Education and Development Studies*, 2017, 6(1).

[10]Alan Doig. Dealing with corruption: the nextsteps[J]. *Crime, Law and Social Change*, 1998, 29(2-3).

[11]Alan Doig, David Norris. Improving anti-corruption agencies as organisations[J]. *Journal of Financial Crime*, 2012, 19(3).

附　录

中华人民共和国监察法

（2018 年 3 月 20 日第十三届全国人民代表大会第一次会议通过）

目　录

第一章　总　　则

第一条　为了深化国家监察体制改革，加强对所有行使公权力的公职人员的监督，实现国家监察全面覆盖，深入开展反腐败工作，推进国家治理体系和治理能力现代化，根据宪法，制定本法。

第二条　坚持中国共产党对国家监察工作的领导，以马克思列宁主义、毛泽东思想、邓小平理论、“三个代表”重要思想、科学发展观、习近平新时代中国特色社会主义思想为指导，构建集中统一、权威高效的中国特色国家监察体制。

第三条 各级监察委员会是行使国家监察职能的专责机关，依照本法对所有行使公权力的公职人员（以下称公职人员）进行监察，调查职务违法和职务犯罪，开展廉政建设和反腐败工作，维护宪法和法律的尊严。

第四条 监察委员会依照法律规定独立行使监察权，不受行政机关、社会团体和个人的干涉。

监察机关办理职务违法和职务犯罪案件，应当与审判机关、检察机关、执法部门互相配合，互相制约。

监察机关在工作中需要协助的，有关机关和单位应当根据监察机关的要求依法予以协助。

第五条 国家监察工作严格遵照宪法和法律，以事实为根据，以法律为准绳；在适用法律上一律平等，保障当事人的合法权益；权责对等，严格监督；惩戒与教育相结合，宽严相济。

第六条 国家监察工作坚持标本兼治、综合治理，强化监督问责，严厉惩治腐败；深化改革、健全法治，有效制约和监督权力；加强法治教育和道德教育，弘扬中华优秀传统文化，构建不敢腐、不能腐、不想腐的长效机制。

第二章 监察机关及其职责

第七条 中华人民共和国国家监察委员会是最高监察机关。

省、自治区、直辖市、自治州、县、自治县、市、市辖区设立监察委员会。

第八条 国家监察委员会由全国人民代表大会产生，负责全国监察工作。

国家监察委员会由主任、副主任若干人、委员若干人组成，主任由全国人民代表大会选举，副主任、委员由国家监察委员会主任提请全国人民代表大会常务委员会任免。

国家监察委员会主任每届任期同全国人民代表大会每届任期相同，连续任职不得超过两届。

国家监察委员会对全国人民代表大会及其常务委员会负责，并接受其监督。

第九条 地方各级监察委员会由本级人民代表大会产生，负责本行政区域内的监察工作。

地方各级监察委员会由主任、副主任若干人、委员若干人组成，主任由本级人民代表大会选举，副主任、委员由监察委员会主任提请本级人民代表大会常务委员会任免。

地方各级监察委员会主任每届任期同本级人民代表大会每届任期相同。

地方各级监察委员会对本级人民代表大会及其常务委员会和上一级监察委员会负责，并接受其监督。

第十条 国家监察委员会领导地方各级监察委员会的工作，上级监察委员会领导下级监察委员会的工作。

第十一条 监察委员会依照本法和有关法律规定履行监督、调查、处置职责：

（一）对公职人员开展廉政教育，对其依法履职、秉公用权、廉洁从政从业以及道德操守情况进行监督检查；

（二）对涉嫌贪污贿赂、滥用职权、玩忽职守、权力寻租、利益输送、徇私舞弊以及浪费国家资财等职务违法和职务犯罪进行调查；

（三）对违法的公职人员依法作出政务处分决定；对履行职责不力、失职失责的领导人员进行问责；对涉嫌职务犯罪的，将调查结果移送人民检察院依法审查、提起公诉；向监察对象所在单位提出监察建议。

第十二条 各级监察委员会可以向本级中国共产党机关、国家机关、法律法规授权或者委托管理公共事务的组织和单位以及所管辖的行政区域、国有企业等派驻或者派出监察机构、监察专员。

监察机构、监察专员对派驻或者派出它的监察委员会负责。

第十三条 派驻或者派出的监察机构、监察专员根据授权，按照管理权限依法对公职人员进行监督，提出监察建议，依法对公职人员进行调查、处置。

第十四条 国家实行监察官制度，依法确定监察官的等级设置、任免、考评和晋升等制度。

第三章　监察范围和管辖

第十五条　监察机关对下列公职人员和有关人员进行监察：

（一）中国共产党机关、人民代表大会及其常务委员会机关、人民政府、监察委员会、人民法院、人民检察院、中国人民政治协商会议各级委员会机关、民主党派机关和工商业联合会机关的公务员，以及参照《中华人民共和国公务员法》管理的人员；

（二）法律、法规授权或者受国家机关依法委托管理公共事务的组织中从事公务的人员；

（三）国有企业管理人员；

（四）公办的教育、科研、文化、医疗卫生、体育等单位中从事管理的人员；

（五）基层群众性自治组织中从事管理的人员；

（六）其他依法履行公职的人员。

第十六条　各级监察机关按照管理权限管辖本辖区内本法第十五条规定的人员所涉监察事项。

上级监察机关可以办理下一级监察机关管辖范围内的监察事项，必要时也可以办理所辖各级监察机关管辖范围内的监察事项。

监察机关之间对监察事项的管辖有争议的，由其共同的上级监察机关确定。

第十七条　上级监察机关可以将其所管辖的监察事项指定下级监察机关管辖，也可以将下级监察机关有管辖权的监察事项指定给其他监察机关管辖。

监察机关认为所管辖的监察事项重大、复杂，需要由上级监察机关管辖的，可以报请上级监察机关管辖。

第四章　监察权限

第十八条　监察机关行使监督、调查职权，有权依法向有关单位和个人了解情况，收集、调取证据。有关单位和个人应当如实提供。

监察机关及其工作人员对监督、调查过程中知悉的国家秘密、商业秘密、个人隐私，应当保密。

任何单位和个人不得伪造、隐匿或者毁灭证据。

第十九条 对可能发生职务违法的监察对象，监察机关按照管理权限，可以直接或者委托有关机关、人员进行谈话或者要求说明情况。

第二十条 在调查过程中，对涉嫌职务违法的被调查人，监察机关可以要求其就涉嫌违法行为作出陈述，必要时向被调查人出具书面通知。

对涉嫌贪污贿赂、失职渎职等职务犯罪的被调查人，监察机关可以进行讯问，要求其如实供述涉嫌犯罪的情况。

第二十一条 在调查过程中，监察机关可以询问证人等人员。

第二十二条 被调查人涉嫌贪污贿赂、失职渎职等严重职务违法或者职务犯罪，监察机关已经掌握其部分违法犯罪事实及证据，仍有重要问题需要进一步调查，并有下列情形之一的，经监察机关依法审批，可以将其留置在特定场所：

（一）涉及案情重大、复杂的；

（二）可能逃跑、自杀的；

（三）可能串供或者伪造、隐匿、毁灭证据的；

（四）可能有其他妨碍调查行为的。

对涉嫌行贿犯罪或者共同职务犯罪的涉案人员，监察机关可以依照前款规定采取留置措施。

留置场所的设置、管理和监督依照国家有关规定执行。

第二十三条 监察机关调查涉嫌贪污贿赂、失职渎职等严重职务违法或者职务犯罪，根据工作需要，可以依照规定查询、冻结涉案单位和个人的存款、汇款、债券、股票、基金份额等财产。有关单位和个人应当配合。

冻结的财产经查明与案件无关的，应当在查明后三日内解除冻结，予以退还。

第二十四条 监察机关可以对涉嫌职务犯罪的被调查人以及可能隐藏被调查人或者犯罪证据的人的身体、物品、住处和其他有关地方进行搜查。在搜查时，应当出示搜查证，并有被搜查人或者其家属等见证人在场。

搜查女性身体，应当由女性工作人员进行。

监察机关进行搜查时，可以根据工作需要提请公安机关配合。公安机关应当依法予以协助。

第二十五条 监察机关在调查过程中，可以调取、查封、扣押用以证明被调查人涉嫌违法犯罪的财物、文件和电子数据等信息。采取调取、查封、扣押措施，应当收集原物原件，会同持有人或者保管人、见证人，当面逐一拍照、登记、编号，开列清单，由在场人员当场核对、签名，并将清单副本交财物、文件的持有人或者保管人。

对调取、查封、扣押的财物、文件，监察机关应当设立专用账户、专门场所，确定专门人员妥善保管，严格履行交接、调取手续，定期对账核实，不得毁损或者用于其他目的。对价值不明物品应当及时鉴定，专门封存保管。

查封、扣押的财物、文件经查明与案件无关的，应当在查明后三日内解除查封、扣押，予以退还。

第二十六条 监察机关在调查过程中，可以直接或者指派、聘请具有专门知识、资格的人员在调查人员主持下进行勘验检查。勘验检查情况应当制作笔录，由参加勘验检查的人员和见证人签名或者盖章。

第二十七条 监察机关在调查过程中，对于案件中的专门性问题，可以指派、聘请有专门知识的人进行鉴定。鉴定人进行鉴定后，应当出具鉴定意见，并且签名。

第二十八条 监察机关调查涉嫌重大贪污贿赂等职务犯罪，根据需要，经过严格的批准手续，可以采取技术调查措施，按照规定交有关机关执行。

批准决定应当明确采取技术调查措施的种类和适用对象，自签发之日起三个月以内有效；对于复杂、疑难案件，期限届满仍有必要继续采取技术调查措施的，经过批准，有效期可以延长，每次不得超过三个月。对于不需要继续采取技术调查措施的，应当及时解除。

第二十九条 依法应当留置的被调查人如果在逃，监察机关可以决定在本行政区域内通缉，由公安机关发布通缉令，追捕归案。通缉范围超出本行政区域的，应当报请有权决定的上级监察机关决定。

第三十条 监察机关为防止被调查人及相关人员逃匿境外，经省级以上监察机关批准，可以对被调查人及相关人员采取限制出境措施，由公安机关依法执行。对于不需要继续采取限制出境措施的，应当及时解除。

第三十一条 涉嫌职务犯罪的被调查人主动认罪认罚，有下列情形之一的，监察机关经领导人员集体研究，并报上一级监察机关批准，可以在移送人民检察院时提出从宽处罚的建议：

（一）自动投案，真诚悔罪悔过的；

（二）积极配合调查工作，如实供述监察机关还未掌握的违法犯罪行为的；

（三）积极退赃，减少损失的；

（四）具有重大立功表现或者案件涉及国家重大利益等情形的。

第三十二条 职务违法犯罪的涉案人员揭发有关被调查人职务违法犯罪行为，查证属实的，或者提供重要线索，有助于调查其他案件的，监察机关经领导人员集体研究，并报上一级监察机关批准，可以在移送人民检察院时提出从宽处罚的建议。

第三十三条 监察机关依照本法规定收集的物证、书证、证人证言、被调查人供述和辩解、视听资料、电子数据等证据材料，在刑事诉讼中可以作为证据使用。

监察机关在收集、固定、审查、运用证据时，应当与刑事审判关于证据的要求和标准相一致。

以非法方法收集的证据应当依法予以排除，不得作为案件处置的依据。

第三十四条 人民法院、人民检察院、公安机关、审计机关等国家机关在工作中发现公职人员涉嫌贪污贿赂、失职渎职等职务违法或者职务犯罪的问题线索，应当移送监察机关，由监察机关依法调查处置。

被调查人既涉嫌严重职务违法或者职务犯罪，又涉嫌其他违法犯罪的，一般应当由监察机关为主调查，其他机关予以协助。

第五章 监察程序

第三十五条 监察机关对于报案或者举报，应当接受并按照有关规定处理。对于不属于本机关管辖的，应当移送主管机关处理。

第三十六条 监察机关应当严格按照程序开展工作，建立问题线索处置、调查、审理各部门相互协调、相互制约的工作机制。

监察机关应当加强对调查、处置工作全过程的监督管理，设立相应的工作部门履行线索管理、监督检查、督促办理、统计分析等管理协调职能。

第三十七条 监察机关对监察对象的问题线索，应当按照有关规定提出处置意见，履行审批手续，进行分类办理。线索处置情况应当定期汇总、通报，定期检查、抽查。

第三十八条 需要采取初步核实方式处置问题线索的，监察机关应当依法履行审批程序，成立核查组。初步核实工作结束后，核查组应当撰写初步核实情况报告，提出处理建议。承办部门应当提出分类处理意见。初步核实情况报告和分类处理意见报监察机关主要负责人审批。

第三十九条 经过初步核实，对监察对象涉嫌职务违法犯罪，需要追究法律责任的，监察机关应当按照规定的权限和程序办理立案手续。

监察机关主要负责人依法批准立案后，应当主持召开专题会议，研究确定调查方案，决定需要采取的调查措施。

立案调查决定应当向被调查人宣布，并通报相关组织。涉嫌严重职务违法或者职务犯罪的，应当通知被调查人家属，并向社会公开发布。

第四十条 监察机关对职务违法和职务犯罪案件，应当进行调查，收集被调查人有无违法犯罪以及情节轻重的证据，查明违法犯罪事实，形成相互印证、完整稳定的证据链。

严禁以威胁、引诱、欺骗及其他非法方式收集证据，严禁侮辱、打骂、虐待、体罚或者变相体罚被调查人和涉案人员。

第四十一条 调查人员采取讯问、询问、留置、搜查、调取、查封、扣押、勘验检查等调查措施，均应当依照规定出示证件，出具书面通知，由二人以上进行，形成笔录、报告等书面材料，并由相关人员签名、盖章。

调查人员进行讯问以及搜查、查封、扣押等重要取证工作，应当对全过程进行录音录像，留存备查。

第四十二条 调查人员应当严格执行调查方案，不得随意扩大调查范围、变更调查对象和事项。

对调查过程中的重要事项，应当集体研究后按程序请示报告。

第四十三条 监察机关采取留置措施，应当由监察机关领导人员集体研究决定。设区的市级以下监察机关采取留置措施，应当报上一级监察机关批准。省级监察机关采取留置措施，应当报国家监察委员会备案。

留置时间不得超过三个月。在特殊情况下，可以延长一次，延长时间不得超过三个月。省级以下监察机关采取留置措施的，延长留置时间应当报上一级监察机关批准。监察机关发现采取留置措施不当的，应当及时解除。

监察机关采取留置措施，可以根据工作需要提请公安机关配合。公安机关应当依法予以协助。

第四十四条 对被调查人采取留置措施后，应当在二十四小时以内，通知被留置人员所在单位和家属，但有可能毁灭、伪造证据，干扰证人作证或者串供等有碍调查情形的除外。有碍调查的情形消失后，应当立即通知被留置人员所在单位和家属。

监察机关应当保障被留置人员的饮食、休息和安全，提供医疗服务。讯问被留置人员应当合理安排讯问时间和时长，讯问笔录由被讯问人阅看后签名。

被留置人员涉嫌犯罪移送司法机关后，被依法判处管制、拘役和有期徒刑的，留置一日折抵管制二日，折抵拘役、有期徒刑一日。

第四十五条 监察机关根据监督、调查结果，依法作出如下处置：

（一）对有职务违法行为但情节较轻的公职人员，按照管理权限，直接或者委托有关机关、人员，进行谈话提醒、批评教育、责令检查，或者予以诫勉；

（二）对违法的公职人员依照法定程序作出警告、记过、记大过、降级、撤职、开除等政务处分决定；

（三）对不履行或者不正确履行职责负有责任的领导人员，按照管理权限对其直接作出问责决定，或者向有权作出问责决定的机关提出问责建议；

（四）对涉嫌职务犯罪的，监察机关经调查认为犯罪事实清楚，证据确实、充分的，制作起诉意见书，连同案卷材料、证据一并移送人民检察院依法审查、提起公诉；

（五）对监察对象所在单位廉政建设和履行职责存在的问题等提出监察建议。

监察机关经调查，对没有证据证明被调查人存在违法犯罪行为的，应当撤销案件，并通知被调查人所在单位。

第四十六条 监察机关经调查，对违法取得的财物，依法予以没收、追缴或者责令退赔；对涉嫌犯罪取得的财物，应当随案移送人民检察院。

第四十七条 对监察机关移送的案件，人民检察院依照《中华人民共和国刑事诉讼法》对被调查人采取强制措施。

人民检察院经审查，认为犯罪事实已经查清，证据确实、充分，依法应当追究刑事责任的，应当作出起诉决定。

人民检察院经审查，认为需要补充核实的，应当退回监察机关补充调查，必要时可以自行补充侦查。对于补充调查的案件，应当在一个月内补充调查完毕。补充调查以二次为限。

人民检察院对于有《中华人民共和国刑事诉讼法》规定的不起诉的情形的，经上一级人民检察院批准，依法作出不起诉的决定。监察机关认为不起诉的决定有错误的，可以向上一级人民检察院提请复议。

第四十八条 监察机关在调查贪污贿赂、失职渎职等职务犯罪案件过程中，被调查人逃匿或者死亡，有必要继续调查的，经省级以上监察机关批准，应当继续调查并作出结论。被调查人逃匿，在通缉一年后不能到案，或者死亡的，由监察机关提请人民检察院依照法定程序，向人民法院提出没收违法所得的申请。

第四十九条 监察对象对监察机关作出的涉及本人的处理决定不服的，可以在收到处理决定之日起一个月内，向作出决定的监察机关申请复审，复审机关应当在一个月内作出复审决定；监察对象对复审决定仍不服的，可以在收到复审决定之日起一个月内，向上一级监察机关申请复核，复核机关应当在二个月内作出复核决定。复审、复核期间，不停止原处理决定的执行。复核机关经审查，认定处理决定有错误的，原处理机关应当及时予以纠正。

第六章　反腐败国际合作

第五十条 国家监察委员会统筹协调与其他国家、地区、国际组织开展的反腐败国际交流、合作，组织反腐败国际条约实施工作。

第五十一条 国家监察委员会组织协调有关方面加强与有关国家、地区、国际组织在反腐败执法、引渡、司法协助、被判刑人的移管、资产追回和信息交流等领域的合作。

第五十二条 国家监察委员会加强对反腐败国际追逃追赃和防逃工作的组织协调，督促有关单位做好相关工作：

（一）对于重大贪污贿赂、失职渎职等职务犯罪案件，被调查人逃匿到国（境）外，掌握证据比较确凿的，通过开展境外追逃合作，追捕归案；

（二）向赃款赃物所在国请求查询、冻结、扣押、没收、追缴、返还涉案资产；

（三）查询、监控涉嫌职务犯罪的公职人员及其相关人员进出国（境）和跨境资金流动情况，在调查案件过程中设置防逃程序。

第七章　对监察机关和监察人员的监督

第五十三条　各级监察委员会应当接受本级人民代表大会及其常务委员会的监督。

各级人民代表大会常务委员会听取和审议本级监察委员会的专项工作报告，组织执法检查。

县级以上各级人民代表大会及其常务委员会举行会议时，人民代表大会代表或者常务委员会组成人员可以依照法律规定的程序，就监察工作中的有关问题提出询问或者质询。

第五十四条　监察机关应当依法公开监察工作信息，接受民主监督、社会监督、舆论监督。

第五十五条　监察机关通过设立内部专门的监督机构等方式，加强对监察人员执行职务和遵守法律情况的监督，建设忠诚、干净、担当的监察队伍。

第五十六条　监察人员必须模范遵守宪法和法律，忠于职守、秉公执法，清正廉洁、保守秘密；必须具有良好的政治素质，熟悉监察业务，具备运用法律、法规、政策和调查取证等能力，自觉接受监督。

第五十七条　对于监察人员打听案情、过问案件、说情干预的，办理监察事项的监察人员应当及时报告。有关情况应当登记备案。

发现办理监察事项的监察人员未经批准接触被调查人、涉案人员及其特定关系人，或者存在交往情形的，知情人应当及时报告。有关情况应当登记备案。

第五十八条　办理监察事项的监察人员有下列情形之一的，应当自行回避，监察对象、检举人及其他有关人员也有权要求其回避：

（一）是监察对象或者检举人的近亲属的；

（二）担任过本案的证人的；

（三）本人或者其近亲属与办理的监察事项有利害关系的；

（四）有可能影响监察事项公正处理的其他情形的。

第五十九条 监察机关涉密人员离岗离职后，应当遵守脱密期管理规定，严格履行保密义务，不得泄露相关秘密。

监察人员辞职、退休三年内，不得从事与监察和司法工作相关联且可能发生利益冲突的职业。

第六十条 监察机关及其工作人员有下列行为之一的，被调查人及其近亲属有权向该机关申诉：

（一）留置法定期限届满，不予以解除的；

（二）查封、扣押、冻结与案件无关的财物的；

（三）应当解除查封、扣押、冻结措施而不解除的；

（四）贪污、挪用、私分、调换以及违反规定使用查封、扣押、冻结的财物的；

（五）其他违反法律法规、侵害被调查人合法权益的行为。

受理申诉的监察机关应当在受理申诉之日起一个月内作出处理决定。申诉人对处理决定不服的，可以在收到处理决定之日起一个月内向上一级监察机关申请复查，上一级监察机关应当在收到复查申请之日起二个月内作出处理决定，情况属实的，及时予以纠正。

第六十一条 对调查工作结束后发现立案依据不充分或者失实，案件处置出现重大失误，监察人员严重违法的，应当追究负有责任的领导人员和直接责任人员的责任。

第八章 法律责任

第六十二条 有关单位拒不执行监察机关作出的处理决定，或者无正当理由拒不采纳监察建议的，由其主管部门、上级机关责令改正，对单位给予通报批评；对负有责任的领导人员和直接责任人员依法给予处理。

第六十三条 有关人员违反本法规定，有下列行为之一的，由其所在单位、主管部门、上级机关或者监察机关责令改正，依法给予处理：

（一）不按要求提供有关材料，拒绝、阻碍调查措施实施等拒不配合监察机关调查的；

（二）提供虚假情况，掩盖事实真相的；

（三）串供或者伪造、隐匿、毁灭证据的；

（四）阻止他人揭发检举、提供证据的；

（五）其他违反本法规定的行为，情节严重的。

第六十四条 监察对象对控告人、检举人、证人或者监察人员进行报复陷害的；控告人、检举人、证人捏造事实诬告陷害监察对象的，依法给予处理。

第六十五条 监察机关及其工作人员有下列行为之一的，对负有责任的领导人员和直接责任人员依法给予处理：

（一）未经批准、授权处置问题线索，发现重大案情隐瞒不报，或者私自留存、处理涉案材料的；

（二）利用职权或者职务上的影响干预调查工作、以案谋私的；

（三）违法窃取、泄露调查工作信息，或者泄露举报事项、举报受理情况以及举报人信息的；

（四）对被调查人或者涉案人员逼供、诱供，或者侮辱、打骂、虐待、体罚或者变相体罚的；

（五）违反规定处置查封、扣押、冻结的财物的；

（六）违反规定发生办案安全事故，或者发生安全事故后隐瞒不报、报告失实、处置不当的；

（七）违反规定采取留置措施的；

（八）违反规定限制他人出境，或者不按规定解除出境限制的；

（九）其他滥用职权、玩忽职守、徇私舞弊的行为。

第六十六条 违反本法规定，构成犯罪的，依法追究刑事责任。

第六十七条 监察机关及其工作人员行使职权，侵犯公民、法人和其他组织的合法权益造成损害的，依法给予国家赔偿。

第九章 附 则

第六十八条 中国人民解放军和中国人民武装警察部队开展监察工作，由中央军事委员会根据本法制定具体规定。

第六十九条 本法自公布之日起施行。《中华人民共和国行政监察法》同时废止。

中国共产党章程

（中国共产党第十九次全国代表大会部分修改，2017年10月24日通过）

总　纲

中国共产党是中国工人阶级的先锋队，同时是中国人民和中华民族的先锋队，是中国特色社会主义事业的领导核心，代表中国先进生产力的发展要求，代表中国先进文化的前进方向，代表中国最广大人民的根本利益。党的最高理想和最终目标是实现共产主义。

中国共产党以马克思列宁主义、毛泽东思想、邓小平理论、“三个代表”重要思想、科学发展观、习近平新时代中国特色社会主义思想作为自己的行动指南。

马克思列宁主义揭示了人类社会历史发展的规律，它的基本原理是正确的，具有强大的生命力。中国共产党人追求的共产主义最高理想，只有在社会主义社会充分发展和高度发达的基础上才能实现。社会主义制度的发展和完善是一个长期的历史过程。坚持马克思列宁主义的基本原理，走中国人民自愿选择的适合中国国情的道路，中国的社会主义事业必将取得最终的胜利。

以毛泽东同志为主要代表的中国共产党人，把马克思列宁主义的基本原理同中国革命的具体实践结合起来，创立了毛泽东思想。毛泽东思想是马克思列宁主义在中国的运用和发展，是被实践证明了的关于中国革命和建设的正确的理论原则和经验总结，是中国共产党集体智慧的结晶。在毛泽东思想指引下，中国共产党领导全国各族人民，经过长期的反对帝国主义、封建主义、官僚资本主义的革命斗争，取得了新民主主义革命的胜利，建立了人民民主专政的中华人民共和国；新中国成立以后，顺利地进行了社会主义改造，完成了从新民主主义到社会主义的过渡，确立了社会主义基本制度，发展了社会主义的经济、政治和文化。

十一届三中全会以来，以邓小平同志为主要代表的中国共产党人，总结新中国成立以来正反两方面的经验，解放思想，实事求是，实现全党工作中心向经济建设的转移，实行改革开放，开辟了社会主义事业发展的新时期，逐步形成了建设中国特色社会主义的路线、方针、政策，阐明了在中国建设社会主义、巩固和发展社会主义的基本问题，创立了邓小平理论。邓小平理论是马克思列宁主义的基本原理同当代中国实践和时代特征相结合的产物，是毛泽东思想在新的历史条件下的继承和发展，是马克思主义在中国发展的新阶段，是当代中国的马克思主义，是中国共产党集体智慧的结晶，引导着我国社会主义现代化事业不断前进。

十三届四中全会以来，以江泽民同志为主要代表的中国共产党人，在建设中国特色社会主义的实践中，加深了对什么是社会主义、怎样建设社会主义和建设什么样的党、怎样建设党的认识，积累了治党治国新的宝贵经验，形成了"三个代表"重要思想。"三个代表"重要思想是对马克思列宁主义、毛泽东思想、邓小平理论的继承和发展，反映了当代世界和中国的发展变化对党和国家工作的新要求，是加强和改进党的建设、推进我国社会主义自我完善和发展的强大理论武器，是中国共产党集体智慧的结晶，是党必须长期坚持的指导思想。始终做到"三个代表"，是我们党的立党之本、执政之基、力量之源。

十六大以来，以胡锦涛同志为主要代表的中国共产党人，坚持以邓小平理论和"三个代表"重要思想为指导，根据新的发展要求，深刻认识和回答了新形势下实现什么样的发展、怎样发展等重大问题，形成了以人为本、全面协调可持续发展的科学发展观。科学发展观是同马克思列宁主义、毛泽东思想、邓小平理论、"三个代表"重要思想既一脉相承又与时俱进的科学理论，是马克思主义关于发展的世界观和方法论的集中体现，是马克思主义中国化重大成果，是中国共产党集体智慧的结晶，是发展中国特色社会主义必须长期坚持的指导思想。

十八大以来，以习近平同志为主要代表的中国共产党人，顺应时代发展，从理论和实践结合上系统回答了新时代坚持和发展什么样的中国特色社会主义、怎样坚持和发展中国特色社会主义这个重大时代课题，创立了习近平新时代中国特色社会主义思想。习近平新时代中国特色社会主义思想是对马克思列宁主义、毛泽东思想、邓小平理论、"三个代表"重要思想、科学发展观的继承和发展，是马克思主义中国化最新成果，是党和人民实践经验和集体智慧的结晶，是中国特色社会主义理论体系的重要组成部分，是全党全国人民为实现中华民族伟大复兴而奋斗的行动指南，必须长期坚持并不断发展。在习近平新时代中国特色社会主义思想指导下，中国共产党领导全国各族人民，统揽伟大斗争、伟大工程、伟大事业、伟大梦想，推动中国特色社会主义进入了新时代。

改革开放以来我们取得一切成绩和进步的根本原因，归结起来就是：开辟了中国特色社会主义道路，形成了中国特色社会主义理论体系，确立了中国特色社会主义制度，发展了中国特色社会主义文化。全党同志要倍加珍惜、长期坚持和不断发展党历经艰辛开创的这条道路、这个理论体系、这个制度、这个文化，高举中国特色社会主义伟大旗帜，坚定道路自信、理论自信、制度自信、文化自信，贯彻党的基本理论、基本路线、基本方略，为实现推进现代化建设、完成祖国统一、维护世界和平与促进共同发展这三大历史任务，实现“两个一百年”奋斗目标、实现中华民族伟大复兴的中国梦而奋斗。

我国正处于并将长期处于社会主义初级阶段。这是在原本经济文化落后的中国建设社会主义现代化不可逾越的历史阶段，需要上百年的时间。我国的社会主义建设，必须从我国的国情出发，走中国特色社会主义道路。在现阶段，我国社会的主要矛盾是人民日益增长的美好生活需要和不平衡不充分的发展之间的矛盾。由于国内的因素和国际的影响，阶级斗争还在一定范围内长期存在，在某种条件下还有可能激化，但已经不是主要矛盾。我国社会主义建设的根本任务，是进一步解放生产力，发展生产力，逐步实现社会主义现代化，并且为此而改革生产关系和上层建筑中不适应生产力发展的方面和环节。必须坚持和完善公有制为主体、多种所有制经济共同发展的基本经济制度，坚持和完善按劳分配为主体、多种分配方式并存的分配制度，鼓励一部分地区和一部分人先富起来，逐步消灭贫穷，达到共同富裕，在生产发展和社会财富增长的基础上不断满足人民日益增长的美好生活需要，促进人的全面发展。发展是我们党执政兴国的第一要务。必须坚持以人民为中心的发展思想，坚持创新、协调、绿色、开放、共享的发展理念。各项工作都要把有利于发展社会主义社会的生产力，有利于增强社会主义国家的综合国力，有利于提高人民的生活水平，作为总的出发点和检验标准，尊重劳动、尊重知识、尊重人才、尊重创造，做到发展为了人民、发展依靠人民、发展成果由人民共享。跨入新世纪，我国进入全面建设小康社会、加快推进社会主义现代化的新的发展阶段。必须按照中国特色社会主义事业“五位一体”总体布局和“四个全面”战略布局，统筹推进经济建设、政治建设、文化建设、社会建设、生态文明建设，协调推进全面建成小康社会、全面深化改革、全面依法治国、全面从严治党。在新世纪新时代，经济和社会发展的战略目标是，到建党一百年时，全面建成小康社会；到新中国成立一百年时，全面建成社会主义现代化强国。

中国共产党在社会主义初级阶段的基本路线是：领导和团结全国各族人民，以经济建设为中心，坚持四项基本原则，坚持改革开放，自力更生，艰苦创业，为把我国建设成为富强民主文明和谐美丽的社会主义现代化强国而奋斗。

中国共产党在领导社会主义事业中，必须坚持以经济建设为中心，其他各项工作都服从和服务于这个中心。要实施科教兴国战略、人才强国战略、创新驱动发展战略、乡村振兴战略、区域协调发展战略、可持续发展战略、军民融合发展战略，充分发挥科学技术作为第一生产力的作用，充分发挥创新作为引领发展第一动力的作用，依靠科技进步，提高劳动者素质，促进国民经济更高质量、更有效率、更加公平、更可持续发展。

坚持社会主义道路、坚持人民民主专政、坚持中国共产党的领导、坚持马克思列宁主义毛泽东思想这四项基本原则，是我们的立国之本。在社会主义现代化建设的整个过程中，必须坚持四项基本原则，反对资产阶级自由化。

坚持改革开放，是我们的强国之路。只有改革开放，才能发展中国、发展社会主义、发展马克思主义。要全面深化改革，完善和发展中国特色社会主义制度，推进国家治理体系和治理能力现代化。要从根本上改革束缚生产力发展的经济体制，坚持和完善社会主义市场经济体制；与此相适应，要进行政治体制改革和其他领域的改革。要坚持对外开放的基本国策，吸收和借鉴人类社会创造的一切文明成果。改革开放应当大胆探索，勇于开拓，提高改革决策的科学性，更加注重改革的系统性、整体性、协同性，在实践中开创新路。

中国共产党领导人民发展社会主义市场经济。毫不动摇地巩固和发展公有制经济，毫不动摇地鼓励、支持、引导非公有制经济发展。发挥市场在资源配置中的决定性作用，更好发挥政府作用，建立完善的宏观调控体系。统筹城乡发展、区域发展、经济社会发展、人与自然和谐发展、国内发展和对外开放，调整经济结构，转变经济发展方式，推进供给侧结构性改革。促进新型工业化、信息化、城镇化、农业现代化同步发展，建设社会主义新农村，走中国特色新型工业化道路，建设创新型国家和世界科技强国。

中国共产党领导人民发展社会主义民主政治。坚持党的领导、人民当家作主、依法治国有机统一，走中国特色社会主义政治发展道路，扩大社会主义民主，建设中国特色社会主义法治体系，建设社会主义法治国家，巩固人民民主专政，建设社会主义政治文明。坚持和完善人民代表大会制度、中国共产党领导的多党合作和政治协商制度、民族区域自治制度以及基层群众自治制度。发展更加广泛、更加充分、更加健全的人民民主，推进协商民主广泛、多层、制度化发展，切实保障人民管理国家事务和社会事务、管理经济和文化事业的权利。尊重和保障人权。广开言路，建立健全民主选举、民主决策、民主管理、民主监督的制度和程序。完善中国特色社会主义法律体系，加强法律实施工作，实现国家各项工作法治化。

中国共产党领导人民发展社会主义先进文化。建设社会主义精神文明，实行依法治国和以德治国相结合，提高全民族的思想道德素质和科学文化素质，为改革开放和社会主义现代化建设提供强大的思想保证、精神动力和智力支持，建设社会主义文化强国。加强社会主义核心价值体系建设，坚持马克思主义指导思想，树立中国特色社会主义共同理想，弘扬以爱国主义为核心的民族精神和以改革创新为核心的时代精神，培育和践行社会主义核心价值观，倡导社会主义荣辱观，增强民族自尊、自信和自强精神，抵御资本主义和封建主义腐朽思想的侵蚀，扫除各种社会丑恶现象，努力使我国人民成为有理想、有道德、有文化、有纪律的人民。对党员要进行共产主义远大理想教育。大力发展教育、科学、文化事业，推动中华优秀传统文化创造性转化、创新性发展，继承革命文化，发展社会主义先进文化，提高国家文化软实力。牢牢掌握意识形态工作领导权，不断巩固马克思主义在意识形态领域的指导地位，巩固全党全国人民团结奋斗的共同思想基础。

中国共产党领导人民构建社会主义和谐社会。按照民主法治、公平正义、诚信友爱、充满活力、安定有序、人与自然和谐相处的总要求和共同建设、共同享有的原则，以保障和改善民生为重点，解决好人民最关心、最直接、最现实的利益问题，使发展成果更多更公平惠及全体人民，不断增强人民群众获得感，努力形成全体人民各尽其能、各得其所而又和谐相处的局面。加强和创新社会治理。严格区分和正确处理敌我矛盾和人民内部矛盾这两类不同性质的矛盾。加强社会治安综合治理，依法坚决打击各种危害国家安全和利益、危害社会稳定和经济发展的犯罪活动和犯罪分子，保持社会长期稳定。坚持总体国家安全观，坚决维护国家主权、安全、发展利益。

中国共产党领导人民建设社会主义生态文明。树立尊重自然、顺应自然、保护自然的生态文明理念，增强绿水青山就是金山银山的意识，坚持节约资源和保护环境的基本国策，坚持节约优先、保护优先、自然恢复为主的方针，坚持生产发展、生活富裕、生态良好的文明发展道路。着力建设资源节约型、环境友好型社会，实行最严格的生态环境保护制度，形成节约资源和保护环境的空间格局、产业结构、生产方式、生活方式，为人民创造良好生产生活环境，实现中华民族永续发展。

中国共产党坚持对人民解放军和其他人民武装力量的绝对领导，贯彻习近平强军思想，加强人民解放军的建设，坚持政治建军、改革强军、科技兴军、依法治军，建设一支听党指挥、能打胜仗、作风优良的人民军队，切实保证人民解放军有效履行新时代军队使命任务，充分发挥人民解放军在巩固国防、保卫祖国和参加社会主义现代化建设中的作用。

中国共产党维护和发展平等团结互助和谐的社会主义民族关系，积极培养、选拔少数民族干部，帮助少数民族和民族地区发展经济、文化和社会事业，铸牢中华民族共同体意识，实现各民族共同团结奋斗、共同繁荣发展。全面贯彻党的宗教工作基本方针，团结信教群众为经济社会发展作贡献。

中国共产党同全国各民族工人、农民、知识分子团结在一起，同各民主党派、无党派人士、各民族的爱国力量团结在一起，进一步发展和壮大由全体社会主义劳动者、社会主义事业的建设者、拥护社会主义的爱国者、拥护祖国统一和致力于中华民族伟大复兴的爱国者组成的最广泛的爱国统一战线。不断加强全国人民包括香港特别行政区同胞、澳门特别行政区同胞、台湾同胞和海外侨胞的团结。按照“一个国家、两种制度”的方针，促进香港、澳门长期繁荣稳定，完成祖国统一大业。

中国共产党坚持独立自主的和平外交政策，坚持和平发展道路，坚持互利共赢的开放战略，统筹国内国际两个大局，积极发展对外关系，努力为我国的改革开放和现代化建设争取有利的国际环境。在国际事务中，坚持正确义利观，维护我国的独立和主权，反对霸权主义和强权政治，维护世界和平，促进人类进步，推动构建人类命运共同体，推动建设持久和平、共同繁荣的和谐世界。在互相尊重主权和领土完整、互不侵犯、互不干涉内政、平等互利、和平共处五项原则的基础上，发展我国同世界各国的关系。不断发展我国同周边国家的睦邻友好关系，加强同发展中国家的团结与合作。遵循共商共建共享原则，推进“一带一路”建设。按照独立自主、完全平等、互相尊重、互不干涉内部事务的原则，发展我党同各国共产党和其他政党的关系。

中国共产党要领导全国各族人民实现“两个一百年”奋斗目标、实现中华民族伟大复兴的中国梦，必须紧密围绕党的基本路线，坚持党要管党、全面从严治党，加强党的长期执政能力建设、先进性和纯洁性建设，以改革创新精神全面推进党的建设新的伟大工程，以党的政治建设为统领，全面推进党的政治建设、思想建设、组织建设、作风建设、纪律建设，把制度建设贯穿其中，深入推进反腐败斗争，全面提高党的建设科学化水平。坚持立党为公、执政为民，发扬党的优良传统和作风，不断提高党的领导水平和执政水平，提高拒腐防变和抵御风险的能力，不断增强自我净化、自我完善、自我革新、自我提高能力，不断增强党的阶级基础和扩大党的群众基础，不断提高党的创造力、凝聚力、战斗力，建设学习型、服务型、创新型的马克思主义执政党，使我们党始终走在时代前列，成为领导全国人民沿着中国特色社会主义道路不断前进的坚强核心。党的建设必须坚决实现以下五项基本要求：

第一，坚持党的基本路线。全党要用邓小平理论、“三个代表”重要思想、科学发展观、习近平新时代中国特色社会主义思想和党的基本路线统一思想，统一行动，并且毫不动摇地长期坚持下去。必须把改革开放同四项基本原则统一起来，全面落实党的基本路线，反对一切“左”的和右的错误倾向，要警惕右，但主要是防止“左”。加强各级领导班子建设，培养选拔党和人民需要的好干部，培养和造就千百万社会主义事业接班人，从组织上保证党的基本理论、基本路线、基本方略的贯彻落实。

第二，坚持解放思想，实事求是，与时俱进，求真务实。党的思想路线是一切从实际出发，理论联系实际，实事求是，在实践中检验真理和发展真理。全党必须坚持这条思想路线，积极探索，大胆试验，开拓创新，创造性地开展工作，不断研究新情况，总结新经验，解决新问题，在实践中丰富和发展马克思主义，推进马克思主义中国化。

第三，坚持全心全意为人民服务。党除了工人阶级和最广大人民群众的利益，没有自己特殊的利益。党在任何时候都把群众利益放在第一位，同群众同甘共苦，保持最密切的联系，坚持权为民所用、情为民所系、利为民所谋，不允许任何党员脱离群众，凌驾于群众之上。我们党的最大政治优势是密切联系群众，党执政后的最大危险是脱离群众。党风问题、党同人民群众联系问题是关系党生死存亡的问题。党在自己的工作中实行群众路线，一切为了群众，一切依靠群众，从群众中来，到群众中去，把党的正确主张变为群众的自觉行动。

第四，坚持民主集中制。民主集中制是民主基础上的集中和集中指导下的民主相结合。它既是党的根本组织原则，也是群众路线在党的生活中的运用。必须充分发扬党内民主，尊重党员主体地位，保障党员民主权利，发挥各级党组织和广大党员的积极性创造性。必须实行正确的集中，牢固树立政治意识、大局意识、核心意识、看齐意识，坚定维护以习近平同志为核心的党中央权威和集中统一领导，保证全党的团结统一和行动一致，保证党的决定得到迅速有效的贯彻执行。加强和规范党内政治生活，增强党内政治生活的政治性、时代性、原则性、战斗性，发展积极健康的党内政治文化，营造风清气正的良好政治生态。党在自己的政治生活中正确地开展批评和自我批评，在原则问题上进行思想斗争，坚持真理，修正错误。努力造成又有集中又有民主，又有纪律又有自由，又有统一意志又有个人心情舒畅生动活泼的政治局面。

第五，坚持从严管党治党。全面从严治党永远在路上。新形势下，党面临的执政考验、改革开放考验、市场经济考验、外部环境考验是长期的、复杂的、严峻的，精神懈怠危险、能力不足危险、脱离群众危险、消极腐败危险更加尖锐地摆在全党面前。要把严的标准、严的措施贯穿于管党治党全过程和各方面。坚持依规治党、标本兼治，坚持把纪律挺在前面，加强组织性纪律性，在党的纪律面前人人平等。强化管党治党主体责任和监督责任，加强对党的领导机关和党员领导干部特别是主要领导干部的监督，不断完善党内监督体系。深入推进党风廉政建设和反腐败斗争，以零容忍态度惩治腐败，构建不敢腐、不能腐、不想腐的有效机制。

中国共产党的领导是中国特色社会主义最本质的特征，是中国特色社会主义制度的最大优势。党政军民学，东西南北中，党是领导一切的。党要适应改革开放和社会主义现代化建设的要求，坚持科学执政、民主执政、依法执政，加强和改善党的领导。党必须按照总揽全局、协调各方的原则，在同级各种组织中发挥领导核心作用。党必须集中精力领导经济建设，组织、协调各方面的力量，同心协力，围绕经济建设开展工作，促进经济社会全面发展。党必须实行民主的科学的决策，制定和执行正确的路线、方针、政策，做好党的组织工作和宣传教育工作，发挥全体党员的先锋模范作用。党必须在宪法和法律的范围内活动。党必须保证国家的立法、司法、行政、监察机关，经济、文化组织和人民团体积极主动地、独立负责地、协调一致地工作。党必须加强对工会、共产主义青年团、妇女联合会等群团组织的领导，使它们保持和增强政治性、先进性、群众性，充分发挥作用。党必须适应形势的发展和情况的变化，完善领导体制，改进领导方式，增强执政能力。共产党员必须同党外群众亲密合作，共同为建设中国特色社会主义而奋斗。

第一章　党　　员

第一条　年满十八岁的中国工人、农民、军人、知识分子和其他社会阶层的先进分子，承认党的纲领和章程，愿意参加党的一个组织并在其中积极工作、执行党的决议和按期交纳党费的，可以申请加入中国共产党。

第二条　中国共产党党员是中国工人阶级的有共产主义觉悟的先锋战士。

中国共产党党员必须全心全意为人民服务，不惜牺牲个人的一切，为实现共产主义奋斗终身。

中国共产党党员永远是劳动人民的普通一员。除了法律和政策规定范围内的个人利益和工作职权以外，所有共产党员都不得谋求任何私利和特权。

第三条 党员必须履行下列义务：

（一）认真学习马克思列宁主义、毛泽东思想、邓小平理论、“三个代表”重要思想、科学发展观、习近平新时代中国特色社会主义思想，学习党的路线、方针、政策和决议，学习党的基本知识，学习科学、文化、法律和业务知识，努力提高为人民服务的本领。

（二）贯彻执行党的基本路线和各项方针、政策，带头参加改革开放和社会主义现代化建设，带动群众为经济发展和社会进步艰苦奋斗，在生产、工作、学习和社会生活中起先锋模范作用。

（三）坚持党和人民的利益高于一切，个人利益服从党和人民的利益，吃苦在前，享受在后，克己奉公，多做贡献。

（四）自觉遵守党的纪律，首先是党的政治纪律和政治规矩，模范遵守国家的法律法规，严格保守党和国家的秘密，执行党的决定，服从组织分配，积极完成党的任务。

（五）维护党的团结和统一，对党忠诚老实，言行一致，坚决反对一切派别组织和小集团活动，反对阳奉阴违的两面派行为和一切阴谋诡计。

（六）切实开展批评和自我批评，勇于揭露和纠正违反党的原则的言行和工作中的缺点、错误，坚决同消极腐败现象作斗争。

（七）密切联系群众，向群众宣传党的主张，遇事同群众商量，及时向党反映群众的意见和要求，维护群众的正当利益。

（八）发扬社会主义新风尚，带头实践社会主义核心价值观和社会主义荣辱观，提倡共产主义道德，弘扬中华民族传统美德，为了保护国家和人民的利益，在一切困难和危险的时刻挺身而出，英勇斗争，不怕牺牲。

第四条 党员享有下列权利：

（一）参加党的有关会议，阅读党的有关文件，接受党的教育和培训。

（二）在党的会议上和党报党刊上，参加关于党的政策问题的讨论。

（三）对党的工作提出建议和倡议。

（四）在党的会议上有根据地批评党的任何组织和任何党员，向党负责地揭发、检举党的任何组织和任何党员违法乱纪的事实，要求处分违法乱纪的党员，要求罢免或撤换不称职的干部。

（五）行使表决权、选举权，有被选举权。

（六）在党组织讨论决定对党员的党纪处分或作出鉴定时，本人有权参加和进行申辩，其他党员可以为他作证和辩护。

（七）对党的决议和政策如有不同意见，在坚决执行的前提下，可以声明保留，并且可以把自己的意见向党的上级组织直至中央提出。

（八）向党的上级组织直至中央提出请求、申诉和控告，并要求有关组织给以负责的答复。

党的任何一级组织直至中央都无权剥夺党员的上述权利。

第五条 发展党员，必须把政治标准放在首位，经过党的支部，坚持个别吸收的原则。

申请入党的人，要填写入党志愿书，要有两名正式党员作介绍人，要经过支部大会通过和上级党组织批准，并且经过预备期的考察，才能成为正式党员。

介绍人要认真了解申请人的思想、品质、经历和工作表现，向他解释党的纲领和党的章程，说明党员的条件、义务和权利，并向党组织作出负责的报告。

党的支部委员会对申请入党的人，要注意征求党内外有关群众的意见，进行严格的审查，认为合格后再提交支部大会讨论。

上级党组织在批准申请人入党以前，要派人同他谈话，作进一步的了解，并帮助他提高对党的认识。

在特殊情况下，党的中央和省、自治区、直辖市委员会可以直接接收党员。

第六条 预备党员必须面向党旗进行入党宣誓。誓词如下：我志愿加入中国共产党，拥护党的纲领，遵守党的章程，履行党员义务，执行党的决定，严守党的纪律，保守党的秘密，对党忠诚，积极工作，为共产主义奋斗终身，随时准备为党和人民牺牲一切，永不叛党。

第七条 预备党员的预备期为一年。党组织对预备党员应当认真教育和考察。

预备党员的义务同正式党员一样。预备党员的权利，除了没有表决权、选举权和被选举权以外，也同正式党员一样。

预备党员预备期满，党的支部应当及时讨论他能否转为正式党员。认真履行党员义务，具备党员条件的，应当按期转为正式党员；需要继续考察和教育的，可以延长预备期，但不能超过一年；不履行党员义务，不具备党员条件的，应当取消预备党员资格。预备党员转为正式党员，或延长预备期，或取消预备党员资格，都应当经支部大会讨论通过和上级党组织批准。

预备党员的预备期，从支部大会通过他为预备党员之日算起。党员的党龄，从预备期满转为正式党员之日算起。

第八条 每个党员，不论职务高低，都必须编入党的一个支部、小组或其他特定组织，参加党的组织生活，接受党内外群众的监督。党员领导干部还必须参加党委、党组的民主生活会。不允许有任何不参加党的组织生活、不接受党内外群众监督的特殊党员。

第九条 党员有退党的自由。党员要求退党，应当经支部大会讨论后宣布除名，并报上级党组织备案。

党员缺乏革命意志，不履行党员义务，不符合党员条件，党的支部应当对他进行教育，要求他限期改正；经教育仍无转变的，应当劝他退党。劝党员退党，应当经支部大会讨论决定，并报上级党组织批准。如被劝告退党的党员坚持不退，应当提交支部大会讨论，决定把他除名，并报上级党组织批准。

党员如果没有正当理由，连续六个月不参加党的组织生活，或不交纳党费，或不做党所分配的工作，就被认为是自行脱党。支部大会应当决定把这样的党员除名，并报上级党组织批准。

第二章　党的组织制度

第十条 党是根据自己的纲领和章程，按照民主集中制组织起来的统一整体。党的民主集中制的基本原则是：

（一）党员个人服从党的组织，少数服从多数，下级组织服从上级组织，全党各个组织和全体党员服从党的全国代表大会和中央委员会。

（二）党的各级领导机关，除它们派出的代表机关和在非党组织中的党组外，都由选举产生。

（三）党的最高领导机关，是党的全国代表大会和它所产生的中央委员会。党的地方各级领导机关，是党的地方各级代表大会和它们所产生的委员会。党的各级委员会向同级的代表大会负责并报告工作。

（四）党的上级组织要经常听取下级组织和党员群众的意见，及时解决他们提出的问题。党的下级组织既要向上级组织请示和报告工作，又要独立负责地解决自己职责范围内的问题。上下级组织之间要互通情报、互相支持和互相监督。党的各级组织要按规定实行党务公开，使党员对党内事务有更多的了解和参与。

（五）党的各级委员会实行集体领导和个人分工负责相结合的制度。凡属重大问题都要按照集体领导、民主集中、个别酝酿、会议决定的原则，由党的委员会集体讨论，作出决定；委员会成员要根据集体的决定和分工，切实履行自己的职责。

（六）党禁止任何形式的个人崇拜。要保证党的领导人的活动处于党和人民的监督之下，同时维护一切代表党和人民利益的领导人的威信。

第十一条　党的各级代表大会的代表和委员会的产生，要体现选举人的意志。选举采用无记名投票的方式。候选人名单要由党组织和选举人充分酝酿讨论。可以直接采用候选人数多于应选人数的差额选举办法进行正式选举。也可以先采用差额选举办法进行预选，产生候选人名单，然后进行正式选举。选举人有了解候选人情况、要求改变候选人、不选任何一个候选人和另选他人的权利。任何组织和个人不得以任何方式强迫选举人选举或不选举某个人。

党的地方各级代表大会和基层代表大会的选举，如果发生违反党章的情况，上一级党的委员会在调查核实后，应作出选举无效和采取相应措施的决定，并报再上一级党的委员会审查批准，正式宣布执行。

党的各级代表大会代表实行任期制。

第十二条　党的中央和地方各级委员会在必要时召集代表会议，讨论和决定需要及时解决的重大问题。代表会议代表的名额和产生办法，由召集代表会议的委员会决定。

第十三条　凡是成立党的新组织，或是撤销党的原有组织，必须由上级党组织决定。

在党的地方各级代表大会和基层代表大会闭会期间，上级党的组织认为有必要时，可以调动或者指派下级党组织的负责人。

党的中央和地方各级委员会可以派出代表机关。

第十四条 党的中央和省、自治区、直辖市委员会实行巡视制度，在一届任期内，对所管理的地方、部门、企事业单位党组织实现巡视全覆盖。

中央有关部委和国家机关部门党组（党委）根据工作需要，开展巡视工作。

党的市（地、州、盟）和县（市、区、旗）委员会建立巡察制度。

第十五条 党的各级领导机关，对同下级组织有关的重要问题作出决定时，在通常情况下，要征求下级组织的意见。要保证下级组织能够正常行使他们的职权。凡属应由下级组织处理的问题，如无特殊情况，上级领导机关不要干预。

第十六条 有关全国性的重大政策问题，只有党中央有权作出决定，各部门、各地方的党组织可以向中央提出建议，但不得擅自作出决定和对外发表主张。

党的下级组织必须坚决执行上级组织的决定。下级组织如果认为上级组织的决定不符合本地区、本部门的实际情况，可以请求改变；如果上级组织坚持原决定，下级组织必须执行，并不得公开发表不同意见，但有权向再上一级组织报告。

党的各级组织的报刊和其他宣传工具，必须宣传党的路线、方针、政策和决议。

第十七条 党组织讨论决定问题，必须执行少数服从多数的原则。决定重要问题，要进行表决。对于少数人的不同意见，应当认真考虑。如对重要问题发生争论，双方人数接近，除了在紧急情况下必须按多数意见执行外，应当暂缓作出决定，进一步调查研究，交换意见，下次再表决；在特殊情况下，也可将争论情况向上级组织报告，请求裁决。

党员个人代表党组织发表重要主张，如果超出党组织已有决定的范围，必须提交所在的党组织讨论决定，或向上级党组织请示。任何党员不论职务高低，都不能个人决定重大问题；如遇紧急情况，必须由个人作出决定时，事后要迅速向党组织报告。不允许任何领导人实行个人专断和把个人凌驾于组织之上。

第十八条 党的中央、地方和基层组织，都必须重视党的建设，经常讨论和检查党的宣传工作、教育工作、组织工作、纪律检查工作、群众工作、统一战线工作等，注意研究党内外的思想政治状况。

第三章　党的中央组织

第十九条　党的全国代表大会每五年举行一次，由中央委员会召集。中央委员会认为有必要，或者有三分之一以上的省一级组织提出要求，全国代表大会可以提前举行；如无非常情况，不得延期举行。

全国代表大会代表的名额和选举办法，由中央委员会决定。

第二十条　党的全国代表大会的职权是：

（一）听取和审查中央委员会的报告；

（二）审查中央纪律检查委员会的报告；

（三）讨论并决定党的重大问题；

（四）修改党的章程；

（五）选举中央委员会；

（六）选举中央纪律检查委员会。

第二十一条　党的全国代表会议的职权是：讨论和决定重大问题；调整和增选中央委员会、中央纪律检查委员会的部分成员。调整和增选中央委员及候补中央委员的数额，不得超过党的全国代表大会选出的中央委员及候补中央委员各自总数的五分之一。

第二十二条　党的中央委员会每届任期五年。全国代表大会如提前或延期举行，它的任期相应地改变。中央委员会委员和候补委员必须有五年以上的党龄。中央委员会委员和候补委员的名额，由全国代表大会决定。中央委员会委员出缺，由中央委员会候补委员按照得票多少依次递补。

中央委员会全体会议由中央政治局召集，每年至少举行一次。中央政治局向中央委员会全体会议报告工作，接受监督。

在全国代表大会闭会期间，中央委员会执行全国代表大会的决议，领导党的全部工作，对外代表中国共产党。

第二十三条　党的中央政治局、中央政治局常务委员会和中央委员会总书记，由中央委员会全体会议选举。中央委员会总书记必须从中央政治局常务委员会委员中产生。

中央政治局和它的常务委员会在中央委员会全体会议闭会期间，行使中央委员会的职权。

中央书记处是中央政治局和它的常务委员会的办事机构；成员由中

央政治局常务委员会提名，中央委员会全体会议通过。

中央委员会总书记负责召集中央政治局会议和中央政治局常务委员会会议，并主持中央书记处的工作。

党的中央军事委员会组成人员由中央委员会决定，中央军事委员会实行主席负责制。

每届中央委员会产生的中央领导机构和中央领导人，在下届全国代表大会开会期间，继续主持党的经常工作，直到下届中央委员会产生新的中央领导机构和中央领导人为止。

第二十四条 中国人民解放军的党组织，根据中央委员会的指示进行工作。中央军事委员会负责军队中党的工作和政治工作，对军队中党的组织体制和机构作出规定。

第四章 党的地方组织

第二十五条 党的省、自治区、直辖市的代表大会，设区的市和自治州的代表大会，县（旗）、自治县、不设区的市和市辖区的代表大会，每五年举行一次。

党的地方各级代表大会由同级党的委员会召集。在特殊情况下，经上一级委员会批准，可以提前或延期举行。

党的地方各级代表大会代表的名额和选举办法，由同级党的委员会决定，并报上一级党的委员会批准。

第二十六条 党的地方各级代表大会的职权是：

（一）听取和审查同级委员会的报告；

（二）审查同级纪律检查委员会的报告；

（三）讨论本地区范围内的重大问题并作出决议；

（四）选举同级党的委员会，选举同级党的纪律检查委员会。

第二十七条 党的省、自治区、直辖市、设区的市和自治州的委员会，每届任期五年。这些委员会的委员和候补委员必须有五年以上的党龄。

党的县（旗）、自治县、不设区的市和市辖区的委员会，每届任期五年。这些委员会的委员和候补委员必须有三年以上的党龄。

党的地方各级代表大会如提前或延期举行，由它选举的委员会的任期相应地改变。

党的地方各级委员会的委员和候补委员的名额，分别由上一级委员会决定。党的地方各级委员会委员出缺，由候补委员按照得票多少依次递补。

党的地方各级委员会全体会议，每年至少召开两次。

党的地方各级委员会在代表大会闭会期间，执行上级党组织的指示和同级党代表大会的决议，领导本地方的工作，定期向上级党的委员会报告工作。

第二十八条　党的地方各级委员会全体会议，选举常务委员会和书记、副书记，并报上级党的委员会批准。党的地方各级委员会的常务委员会，在委员会全体会议闭会期间，行使委员会职权；在下届代表大会开会期间，继续主持经常工作，直到新的常务委员会产生为止。

党的地方各级委员会的常务委员会定期向委员会全体会议报告工作，接受监督。

第二十九条　党的地区委员会和相当于地区委员会的组织，是党的省、自治区委员会在几个县、自治县、市范围内派出的代表机关。它根据省、自治区委员会的授权，领导本地区的工作。

第五章　党的基层组织

第三十条　企业、农村、机关、学校、科研院所、街道社区、社会组织、人民解放军连队和其他基层单位，凡是有正式党员三人以上的，都应当成立党的基层组织。

党的基层组织，根据工作需要和党员人数，经上级党组织批准，分别设立党的基层委员会、总支部委员会、支部委员会。基层委员会由党员大会或代表大会选举产生，总支部委员会和支部委员会由党员大会选举产生，提出委员候选人要广泛征求党员和群众的意见。

第三十一条　党的基层委员会、总支部委员会、支部委员会每届任期三年至五年。基层委员会、总支部委员会、支部委员会的书记、副书记选举产生后，应报上级党组织批准。

第三十二条　党的基层组织是党在社会基层组织中的战斗堡垒，是党的全部工作和战斗力的基础。它的基本任务是：

（一）宣传和执行党的路线、方针、政策，宣传和执行党中央、上级组织和本组织的决议，充分发挥党员的先锋模范作用，积极创先争优，团结、组织党内外的干部和群众，努力完成本单位所担负的任务。

（二）组织党员认真学习马克思列宁主义、毛泽东思想、邓小平理论、“三个代表”重要思想、科学发展观、习近平新时代中国特色社会主义思想，推进“两学一做”学习教育常态化制度化，学习党的路线、方针、政策和决议，学习党的基本知识，学习科学、文化、法律和业务知识。

（三）对党员进行教育、管理、监督和服务，提高党员素质，坚定理想信念，增强党性，严格党的组织生活，开展批评和自我批评，维护和执行党的纪律，监督党员切实履行义务，保障党员的权利不受侵犯。加强和改进流动党员管理。

（四）密切联系群众，经常了解群众对党员、党的工作的批评和意见，维护群众的正当权利和利益，做好群众的思想政治工作。

（五）充分发挥党员和群众的积极性创造性，发现、培养和推荐他们中间的优秀人才，鼓励和支持他们在改革开放和社会主义现代化建设中贡献自己的聪明才智。

（六）对要求入党的积极分子进行教育和培养，做好经常性的发展党员工作，重视在生产、工作第一线和青年中发展党员。

（七）监督党员干部和其他任何工作人员严格遵守国家法律法规，严格遵守国家的财政经济法规和人事制度，不得侵占国家、集体和群众的利益。

（八）教育党员和群众自觉抵制不良倾向，坚决同各种违纪违法行为作斗争。

第三十三条　街道、乡、镇党的基层委员会和村、社区党组织，领导本地区的工作和基层社会治理，支持和保证行政组织、经济组织和群众自治组织充分行使职权。

国有企业党委（党组）发挥领导作用，把方向、管大局、保落实，依照规定讨论和决定企业重大事项。国有企业和集体企业中党的基层组织，围绕企业生产经营开展工作。保证监督党和国家的方针、政策在本企业的贯彻执行；支持股东会、董事会、监事会和经理（厂长）依法行使职权；全心全意依靠职工群众，支持职工代表大会开展工作；参与企业重大问题的决策；加强党组织的自身建设，领导思想政治工作、精神文明建设和工会、共青团等群团组织。

非公有制经济组织中党的基层组织，贯彻党的方针政策，引导和监督企业遵守国家的法律法规，领导工会、共青团等群团组织，团结凝聚职工群众，维护各方的合法权益，促进企业健康发展。

社会组织中党的基层组织，宣传和执行党的路线、方针、政策，领导工会、共青团等群团组织，教育管理党员，引领服务群众，推动事业发展。

实行行政领导人负责制的事业单位中党的基层组织，发挥战斗堡垒作用。实行党委领导下的行政领导人负责制的事业单位中党的基层组织，对重大问题进行讨论和作出决定，同时保证行政领导人充分行使自己的职权。

各级党和国家机关中党的基层组织，协助行政负责人完成任务，改进工作，对包括行政负责人在内的每个党员进行教育、管理、监督，不领导本单位的业务工作。

第三十四条 党支部是党的基础组织，担负直接教育党员、管理党员、监督党员和组织群众、宣传群众、凝聚群众、服务群众的职责。

第六章 党的干部

第三十五条 党的干部是党的事业的骨干，是人民的公仆，要做到忠诚、干净、担当。党按照德才兼备、以德为先的原则选拔干部，坚持五湖四海、任人唯贤，坚持事业为上、公道正派，反对任人唯亲，努力实现干部队伍的革命化、年轻化、知识化、专业化。

党重视教育、培训、选拔、考核和监督干部，特别是培养、选拔优秀年轻干部。积极推进干部制度改革。

党重视培养、选拔女干部和少数民族干部。

第三十六条 党的各级领导干部必须信念坚定、为民服务、勤政务实、敢于担当、清正廉洁，模范地履行本章程第三条所规定的党员的各项义务，并且必须具备以下基本条件：

（一）具有履行职责所需要的马克思列宁主义、毛泽东思想、邓小平理论、“三个代表”重要思想、科学发展观的水平，带头贯彻落实习近平新时代中国特色社会主义思想，努力用马克思主义的立场、观点、方法分析和解决实际问题，坚持讲学习、讲政治、讲正气，经得起各种风浪的考验。

（二）具有共产主义远大理想和中国特色社会主义坚定信念，坚决执行党的基本路线和各项方针、政策，立志改革开放，献身现代化事业，在社会主义建设中艰苦创业，树立正确政绩观，做出经得起实践、人民、历史检验的实绩。

（三）坚持解放思想，实事求是，与时俱进，开拓创新，认真调查研究，能够把党的方针、政策同本地区、本部门的实际相结合，卓有成效地开展工作，讲实话，办实事，求实效。

（四）有强烈的革命事业心和政治责任感，有实践经验，有胜任领导工作的组织能力、文化水平和专业知识。

（五）正确行使人民赋予的权力，坚持原则，依法办事，清正廉洁，勤政为民，以身作则，艰苦朴素，密切联系群众，坚持党的群众路线，自觉地接受党和群众的批评和监督，加强道德修养，讲党性、重品行、作表率，做到自重、自省、自警、自励，反对形式主义、官僚主义、享乐主义和奢靡之风，反对任何滥用职权、谋求私利的行为。

（六）坚持和维护党的民主集中制，有民主作风，有全局观念，善于团结同志，包括团结同自己有不同意见的同志一道工作。

第三十七条　党员干部要善于同党外干部合作共事，尊重他们，虚心学习他们的长处。

党的各级组织要善于发现和推荐有真才实学的党外干部担任领导工作，保证他们有职有权，充分发挥他们的作用。

第三十八条　党的各级领导干部，无论是由民主选举产生的，或是由领导机关任命的，他们的职务都不是终身的，都可以变动或解除。

年龄和健康状况不适宜于继续担任工作的干部，应当按照国家的规定退、离休。

第七章　党的纪律

第三十九条　党的纪律是党的各级组织和全体党员必须遵守的行为规则，是维护党的团结统一、完成党的任务的保证。党组织必须严格执行和维护党的纪律，共产党员必须自觉接受党的纪律的约束。

第四十条　党的纪律主要包括政治纪律、组织纪律、廉洁纪律、群众纪律、工作纪律、生活纪律。

坚持惩前毖后、治病救人，执纪必严、违纪必究，抓早抓小、防微杜渐，按照错误性质和情节轻重，给以批评教育直至纪律处分。运用监督执纪“四种形态”，让“红红脸、出出汗”成为常态，党纪处分、组织调整成为管党治党的重要手段，严重违纪、严重触犯刑律的党员必须开除党籍。

党内严格禁止用违反党章和国家法律的手段对待党员，严格禁止打击报复和诬告陷害。违反这些规定的组织或个人必须受到党的纪律和国家法律的追究。

第四十一条　对党员的纪律处分有五种：警告、严重警告、撤销党内职务、留党察看、开除党籍。

留党察看最长不超过两年。党员在留党察看期间没有表决权、选举权和被选举权。党员经过留党察看，确已改正错误的，应当恢复其党员的权利；坚持错误不改的，应当开除党籍。

开除党籍是党内的最高处分。各级党组织在决定或批准开除党员党籍的时候，应当全面研究有关的材料和意见，采取十分慎重的态度。

第四十二条　对党员的纪律处分，必须经过支部大会讨论决定，报党的基层委员会批准；如果涉及的问题比较重要或复杂，或给党员以开除党籍的处分，应分别不同情况，报县级或县级以上党的纪律检查委员会审查批准。在特殊情况下，县级和县级以上各级党的委员会和纪律检查委员会有权直接决定给党员以纪律处分。

对党的中央委员会委员、候补委员，给以警告、严重警告处分，由中央纪律检查委员会常务委员会审议后，报党中央批准。对地方各级党的委员会委员、候补委员，给以警告、严重警告处分，应由上一级纪律检查委员会批准，并报它的同级党的委员会备案。

对党的中央委员会和地方各级委员会的委员、候补委员，给以撤销党内职务、留党察看或开除党籍的处分，必须由本人所在的委员会全体会议三分之二以上的多数决定。在全体会议闭会期间，可以先由中央政治局和地方各级委员会常务委员会作出处理决定，待召开委员会全体会议时予以追认。对地方各级委员会委员和候补委员的上述处分，必须经过上级纪律检查委员会常务委员会审议，由这一级纪律检查委员会报同级党的委员会批准。

严重触犯刑律的中央委员会委员、候补委员，由中央政治局决定开除其党籍；严重触犯刑律的地方各级委员会委员、候补委员，由同级委员会常务委员会决定开除其党籍。

第四十三条 党组织对党员作出处分决定，应当实事求是地查清事实。处分决定所依据的事实材料和处分决定必须同本人见面，听取本人说明情况和申辩。如果本人对处分决定不服，可以提出申诉，有关党组织必须负责处理或者迅速转递，不得扣压。对于确属坚持错误意见和无理要求的人，要给以批评教育。

第四十四条 党组织如果在维护党的纪律方面失职，必须问责。

对于严重违犯党的纪律、本身又不能纠正的党组织，上一级党的委员会在查明核实后，应根据情节严重的程度，作出进行改组或予以解散的决定，并报再上一级党的委员会审查批准，正式宣布执行。

第八章　党的纪律检查机关

第四十五条 党的中央纪律检查委员会在党的中央委员会领导下进行工作。党的地方各级纪律检查委员会和基层纪律检查委员会在同级党的委员会和上级纪律检查委员会双重领导下进行工作。上级党的纪律检查委员会加强对下级纪律检查委员会的领导。

党的各级纪律检查委员会每届任期和同级党的委员会相同。

党的中央纪律检查委员会全体会议，选举常务委员会和书记、副书记，并报党的中央委员会批准。党的地方各级纪律检查委员会全体会议，选举常务委员会和书记、副书记，并由同级党的委员会通过，报上级党的委员会批准。党的基层委员会是设立纪律检查委员会，还是设立纪律检查委员，由它的上一级党组织根据具体情况决定。党的总支部委员会和支部委员会设纪律检查委员。

党的中央和地方纪律检查委员会向同级党和国家机关全面派驻党的纪律检查组。纪律检查组组长参加驻在部门党的领导组织的有关会议。他们的工作必须受到该机关党的领导组织的支持。

第四十六条 党的各级纪律检查委员会是党内监督专责机关，主要任务是：维护党的章程和其他党内法规，检查党的路线、方针、政策和决议的执行情况，协助党的委员会推进全面从严治党、加强党风建设和组织协调反腐败工作。

党的各级纪律检查委员会的职责是监督、执纪、问责，要经常对党员进行遵守纪律的教育，作出关于维护党纪的决定；对党的组织和党员领导干部履行职责、行使权力进行监督，受理处置党员群众检举举报，开展谈话提醒、约谈函询；检查和处理党的组织和党员违反党的章程和其他党内法规的比较重要或复杂的案件，决定或取消对这些案件中的党员的处分；进行问责或提出责任追究的建议；受理党员的控告和申诉；保障党员的权利。

各级纪律检查委员会要把处理特别重要或复杂的案件中的问题和处理的结果，向同级党的委员会报告。党的地方各级纪律检查委员会和基层纪律检查委员会要同时向上级纪律检查委员会报告。

各级纪律检查委员会发现同级党的委员会委员有违犯党的纪律的行为，可以先进行初步核实，如果需要立案检查的，应当在向同级党的委员会报告的同时向上一级纪律检查委员会报告；涉及常务委员的，报告上一级纪律检查委员会，由上一级纪律检查委员会进行初步核实，需要审查的，由上一级纪律检查委员会报它的同级党的委员会批准。

第四十七条　上级纪律检查委员会有权检查下级纪律检查委员会的工作，并且有权批准和改变下级纪律检查委员会对于案件所作的决定。如果所要改变的该下级纪律检查委员会的决定，已经得到它的同级党的委员会的批准，这种改变必须经过它的上一级党的委员会批准。

党的地方各级纪律检查委员会和基层纪律检查委员会如果对同级党的委员会处理案件的决定有不同意见，可以请求上一级纪律检查委员会予以复查；如果发现同级党的委员会或它的成员有违犯党的纪律的情况，在同级党的委员会不给予解决或不给予正确解决的时候，有权向上级纪律检查委员会提出申诉，请求协助处理。

第九章　党　　组

第四十八条　在中央和地方国家机关、人民团体、经济组织、文化组织和其他非党组织的领导机关中，可以成立党组。党组发挥领导核心作用。党组的任务，主要是负责贯彻执行党的路线、方针、政策；加强对本单位党的建设的领导，履行全面从严治党责任；讨论和决定本单位的重大问题；做好干部管理工作；讨论和决定基层党组织设置调整和发展党员、处分党员等重要事项；团结党外干部和群众，完成党和国家交给的任务；领导机关和直属单位党组织的工作。

第四十九条　党组的成员，由批准成立党组的党组织决定。党组设书记，必要时还可以设副书记。

党组必须服从批准它成立的党组织领导。

第五十条 对下属单位实行集中统一领导的国家工作部门可以建立党委，党委的产生办法、职权和工作任务，由中央另行规定。

第十章 党和共产主义青年团的关系

第五十一条 中国共产主义青年团是中国共产党领导的先进青年的群团组织，是广大青年在实践中学习中国特色社会主义和共产主义的学校，是党的助手和后备军。共青团中央委员会受党中央委员会领导。共青团的地方各级组织受同级党的委员会领导，同时受共青团上级组织领导。

第五十二条 党的各级委员会要加强对共青团的领导，注意团的干部的选拔和培训。党要坚决支持共青团根据广大青年的特点和需要，生动活泼地、富于创造性地进行工作，充分发挥团的突击队作用和联系广大青年的桥梁作用。

团的县级和县级以下各级委员会书记，企业事业单位的团委员会书记，是党员的，可以列席同级党的委员会和常务委员会的会议。

第十一章 党徽党旗

第五十三条 中国共产党党徽为镰刀和锤头组成的图案。

第五十四条 中国共产党党旗为旗面缀有金黄色党徽图案的红旗。

第五十五条 中国共产党的党徽党旗是中国共产党的象征和标志。党的各级组织和每一个党员都要维护党徽党旗的尊严。要按照规定制作和使用党徽党旗。

中国共产党纪律处分条例

（中共中央2018年修订，2018年8月26日发布）

第一编　总　　则

第一章　指导思想、原则和适用范围

第一条　为了维护党章和其他党内法规，严肃党的纪律，纯洁党的组织，保障党员民主权利，教育党员遵纪守法，维护党的团结统一，保证党的路线、方针、政策、决议和国家法律法规的贯彻执行，根据《中国共产党章程》，制定本条例。

第二条　党的纪律建设必须坚持以马克思列宁主义、毛泽东思想、邓小平理论、“三个代表”重要思想、科学发展观、习近平新时代中国特色社会主义思想为指导，坚持和加强党的全面领导，坚决维护习近平总书记党中央的核心、全党的核心地位，坚决维护党中央权威和集中统一领导，落实新时代党的建设总要求和全面从严治党战略部署，全面加强党的纪律建设。

第三条　党章是最根本的党内法规，是管党治党的总规矩。党的纪律是党的各级组织和全体党员必须遵守的行为规则。党组织和党员必须牢固树立政治意识、大局意识、核心意识、看齐意识，自觉遵守党章，严格执行和维护党的纪律，自觉接受党的纪律约束，模范遵守国家法律法规。

第四条　党的纪律处分工作应当坚持以下原则：

（一）坚持党要管党、全面从严治党。加强对党的各级组织和全体党员的教育、管理和监督，把纪律挺在前面，注重抓早抓小、防微杜渐。

（二）党纪面前一律平等。对违犯党纪的党组织和党员必须严肃、公正执行纪律，党内不允许有任何不受纪律约束的党组织和党员。

（三）实事求是。对党组织和党员违犯党纪的行为，应当以事实为依据，以党章、其他党内法规和国家法律法规为准绳，准确认定违纪性

质，区别不同情况，恰当予以处理。

（四）民主集中制。实施党纪处分，应当按照规定程序经党组织集体讨论决定，不允许任何个人或者少数人擅自决定和批准。上级党组织对违犯党纪的党组织和党员作出的处理决定，下级党组织必须执行。

（五）惩前毖后、治病救人。处理违犯党纪的党组织和党员，应当实行惩戒与教育相结合，做到宽严相济。

第五条 运用监督执纪“四种形态”，经常开展批评和自我批评、约谈函询，让“红红脸、出出汗”成为常态；党纪轻处分、组织调整成为违纪处理的大多数；党纪重处分、重大职务调整的成为少数；严重违纪涉嫌违法立案审查的成为极少数。

第六条 本条例适用于违犯党纪应当受到党纪责任追究的党组织和党员。

第二章 违纪与纪律处分

第七条 党组织和党员违反党章和其他党内法规，违反国家法律法规，违反党和国家政策，违反社会主义道德，危害党、国家和人民利益的行为，依照规定应当给予纪律处理或者处分的，都必须受到追究。

重点查处党的十八大以来不收敛、不收手，问题线索反映集中、群众反映强烈，政治问题和经济问题交织的腐败案件，违反中央八项规定精神的问题。

第八条 对党员的纪律处分种类：

（一）警告；

（二）严重警告；

（三）撤销党内职务；

（四）留党察看；

（五）开除党籍。

第九条 对于违犯党的纪律的党组织，上级党组织应当责令其作出检查或者进行通报批评。对于严重违犯党的纪律、本身又不能纠正的党组织，上一级党的委员会在查明核实后，根据情节严重的程度，可以予以：

（一）改组；

（二）解散。

第十条 党员受到警告处分一年内、受到严重警告处分一年半内，不得在党内提升职务和向党外组织推荐担任高于其原任职务的党外职务。

第十一条 撤销党内职务处分，是指撤销受处分党员由党内选举或者组织任命的党内职务。对于在党内担任两个以上职务的，党组织在作处分决定时，应当明确是撤销其一切职务还是一个或者几个职务。如果决定撤销其一个职务，必须撤销其担任的最高职务。如果决定撤销其两个以上职务，则必须从其担任的最高职务开始依次撤销。对于在党外组织担任职务的，应当建议党外组织依照规定作出相应处理。

对于应当受到撤销党内职务处分，但是本人没有担任党内职务的，应当给予其严重警告处分。同时，在党外组织担任职务的，应当建议党外组织撤销其党外职务。

党员受到撤销党内职务处分，或者依照前款规定受到严重警告处分的，二年内不得在党内担任和向党外组织推荐担任与其原任职务相当或者高于其原任职务的职务。

第十二条 留党察看处分，分为留党察看一年、留党察看二年。对于受到留党察看处分一年的党员，期满后仍不符合恢复党员权利条件的，应当延长一年留党察看期限。留党察看期限最长不得超过二年。

党员受留党察看处分期间，没有表决权、选举权和被选举权。留党察看期间，确有悔改表现的，期满后恢复其党员权利；坚持不改或者又发现其他应当受到党纪处分的违纪行为的，应当开除党籍。

党员受到留党察看处分，其党内职务自然撤销。对于担任党外职务的，应当建议党外组织撤销其党外职务。受到留党察看处分的党员，恢复党员权利后二年内，不得在党内担任和向党外组织推荐担任与其原任职务相当或者高于其原任职务的职务。

第十三条 党员受到开除党籍处分，五年内不得重新入党，也不得推荐担任与其原任职务相当或者高于其原任职务的党外职务。另有规定不准重新入党的，依照规定。

第十四条 党的各级代表大会的代表受到留党察看以上（含留党察看）处分的，党组织应当终止其代表资格。

第十五条 对于受到改组处理的党组织领导机构成员，除应当受到撤销党内职务以上（含撤销党内职务）处分的外，均自然免职。

第十六条 对于受到解散处理的党组织中的党员，应当逐个审查。其中，符合党员条件的，应当重新登记，并参加新的组织过党的生活；不符合党员条件的，应当对其进行教育、限期改正，经教育仍无转变的，予以劝退或者除名；有违纪行为的，依照规定予以追究。

第三章 纪律处分运用规则

第十七条 有下列情形之一的，可以从轻或者减轻处分：

（一）主动交代本人应当受到党纪处分的问题的；

（二）在组织核实、立案审查过程中，能够配合核实审查工作，如实说明本人违纪违法事实的；

（三）检举同案人或者其他人应当受到党纪处分或者法律追究的问题，经查证属实的；

（四）主动挽回损失、消除不良影响或者有效阻止危害结果发生的；

（五）主动上交违纪所得的；

（六）有其他立功表现的。

第十八条 根据案件的特殊情况，由中央纪委决定或者经省（部）级纪委（不含副省级市纪委）决定并呈报中央纪委批准，对违纪党员也可以在本条例规定的处分幅度以外减轻处分。

第十九条 对于党员违犯党纪应当给予警告或者严重警告处分，但是具有本条例第十七条规定的情形之一或者本条例分则中另有规定的，可以给予批评教育、责令检查、诫勉或者组织处理，免予党纪处分。对违纪党员免予处分，应当作出书面结论。

第二十条 有下列情形之一的，应当从重或者加重处分：

（一）强迫、唆使他人违纪的；

（二）拒不上交或者退赔违纪所得的；

（三）违纪受处分后又因故意违纪应当受到党纪处分的；

（四）违纪受到党纪处分后，又被发现其受处分前的违纪行为应当受到党纪处分的；

（五）本条例另有规定的。

第二十一条 从轻处分，是指在本条例规定的违纪行为应当受到的处分幅度以内，给予较轻的处分。

从重处分，是指在本条例规定的违纪行为应当受到的处分幅度以内，给予较重的处分。

第二十二条 减轻处分，是指在本条例规定的违纪行为应当受到的处分幅度以外，减轻一档给予处分。

加重处分，是指在本条例规定的违纪行为应当受到的处分幅度以外，加重一档给予处分。

本条例规定的只有开除党籍处分一个档次的违纪行为，不适用第一款减轻处分的规定。

第二十三条 一人有本条例规定的两种以上（含两种）应当受到党纪处分的违纪行为，应当合并处理，按其数种违纪行为中应当受到的最高处分加重一档给予处分；其中一种违纪行为应当受到开除党籍处分的，应当给予开除党籍处分。

第二十四条 一个违纪行为同时触犯本条例两个以上（含两个）条款的，依照处分较重的条款定性处理。

一个条款规定的违纪构成要件全部包含在另一个条款规定的违纪构成要件中，特别规定与一般规定不一致的，适用特别规定。

第二十五条 二人以上（含二人）共同故意违纪的，对为首者，从重处分，本条例另有规定的除外；对其他成员，按照其在共同违纪中所起的作用和应负的责任，分别给予处分。

对于经济方面共同违纪的，按照个人所得数额及其所起作用，分别给予处分。对违纪集团的首要分子，按照集团违纪的总数额处分；对其他共同违纪的为首者，情节严重的，按照共同违纪的总数额处分。

教唆他人违纪的，应当按照其在共同违纪中所起的作用追究党纪责任。

第二十六条 党组织领导机构集体作出违犯党纪的决定或者实施其他违犯党纪的行为，对具有共同故意的成员，按共同违纪处理；对过失违纪的成员，按照各自在集体违纪中所起的作用和应负的责任分别给予处分。

第四章 对违法犯罪党员的纪律处分

第二十七条 党组织在纪律审查中发现党员有贪污贿赂、滥用职权、玩忽职守、权力寻租、利益输送、徇私舞弊、浪费国家资财等违反法律涉嫌犯罪行为的，应当给予撤销党内职务、留党察看或者开除党籍处分。

第二十八条 党组织在纪律审查中发现党员有刑法规定的行为，虽不构成犯罪但须追究党纪责任的，或者有其他违法行为，损害党、国家和人民利益的，应当视具体情节给予警告直至开除党籍处分。

第二十九条 党组织在纪律审查中发现党员严重违纪涉嫌违法犯罪的，原则上先作出党纪处分决定，并按照规定给予政务处分后，再移送有关国家机关依法处理。

第三十条 党员被依法留置、逮捕的，党组织应当按照管理权限中止其表决权、选举权和被选举权等党员权利。根据监察机关、司法机关处理结果，可以恢复其党员权利的，应当及时予以恢复。

第三十一条 党员犯罪情节轻微，人民检察院依法作出不起诉决定的，或者人民法院依法作出有罪判决并免予刑事处罚的，应当给予撤销党内职务、留党察看或者开除党籍处分。

党员犯罪，被单处罚金的，依照前款规定处理。

第三十二条 党员犯罪，有下列情形之一的，应当给予开除党籍处分：

（一）因故意犯罪被依法判处刑法规定的主刑（含宣告缓刑）的；

（二）被单处或者附加剥夺政治权利的；

（三）因过失犯罪，被依法判处三年以上（不含三年）有期徒刑的。

因过失犯罪被判处三年以下（含三年）有期徒刑或者被判处管制、拘役的，一般应当开除党籍。对于个别可以不开除党籍的，应当对照处分党员批准权限的规定，报请再上一级党组织批准。

第三十三条 党员依法受到刑事责任追究的，党组织应当根据司法机关的生效判决、裁定、决定及其认定的事实、性质和情节，依照本条例规定给予党纪处分，是公职人员的由监察机关给予相应政务处分。

党员依法受到政务处分、行政处罚，应当追究党纪责任的，党组织可以根据生效的政务处分、行政处罚决定认定的事实、性质和情节，经核实后依照规定给予党纪处分或者组织处理。

党员违反国家法律法规，违反企事业单位或者其他社会组织的规章制度受到其他纪律处分，应当追究党纪责任的，党组织在对有关方面认定的事实、性质和情节进行核实后，依照规定给予党纪处分或者组织处理。

党组织作出党纪处分或者组织处理决定后，司法机关、行政机关等依法改变原生效判决、裁定、决定等，对原党纪处分或者组织处理决定产生影响的，党组织应当根据改变后的生效判决、裁定、决定等重新作出相应处理。

第五章　其他规定

第三十四条　预备党员违犯党纪，情节较轻，可以保留预备党员资格的，党组织应当对其批评教育或者延长预备期；情节较重的，应当取消其预备党员资格。

第三十五条　对违纪后下落不明的党员，应当区别情况作出处理：

（一）对有严重违纪行为，应当给予开除党籍处分的，党组织应当作出决定，开除其党籍；

（二）除前项规定的情况外，下落不明时间超过六个月的，党组织应当按照党章规定对其予以除名。

第三十六条　违纪党员在党组织作出处分决定前死亡，或者在死亡之后发现其曾有严重违纪行为，对于应当给予开除党籍处分的，开除其党籍；对于应当给予留党察看以下（含留党察看）处分的，作出违犯党纪的书面结论和相应处理。

第三十七条　违纪行为有关责任人员的区分：

（一）直接责任者，是指在其职责范围内，不履行或者不正确履行自己的职责，对造成的损失或者后果起决定性作用的党员或者党员领导干部。

（二）主要领导责任者，是指在其职责范围内，对直接主管的工作不履行或者不正确履行职责，对造成的损失或者后果负直接领导责任的党员领导干部。

（三）重要领导责任者，是指在其职责范围内，对应管的工作或者参与决定的工作不履行或者不正确履行职责，对造成的损失或者后果负次要领导责任的党员领导干部。

本条例所称领导责任者，包括主要领导责任者和重要领导责任者。

第三十八条　本条例所称主动交代，是指涉嫌违纪的党员在组织初核前向有关组织交代自己的问题，或者在初核和立案审查其问题期间交代组织未掌握的问题。

第三十九条 计算经济损失主要计算直接经济损失。直接经济损失，是指与违纪行为有直接因果关系而造成财产损失的实际价值。

第四十条 对于违纪行为所获得的经济利益，应当收缴或者责令退赔。

对于违纪行为所获得的职务、职称、学历、学位、奖励、资格等其他利益，应当由承办案件的纪检机关或者由其上级纪检机关建议有关组织、部门、单位按照规定予以纠正。

对于依照本条例第三十五条、第三十六条规定处理的党员，经调查确属其实施违纪行为获得的利益，依照本条规定处理。

第四十一条 党纪处分决定作出后，应当在一个月内向受处分党员所在党的基层组织中的全体党员及其本人宣布，是领导班子成员的还应当向所在党组织领导班子宣布，并按照干部管理权限和组织关系将处分决定材料归入受处分者档案；对于受到撤销党内职务以上（含撤销党内职务）处分的，还应当在一个月内办理职务、工资、工作及其他有关待遇等相应变更手续；涉及撤销或者调整其党外职务的，应当建议党外组织及时撤销或者调整其党外职务。特殊情况下，经作出或者批准作出处分决定的组织批准，可以适当延长办理期限。办理期限最长不得超过六个月。

第四十二条 执行党纪处分决定的机关或者受处分党员所在单位，应当在六个月内将处分决定的执行情况向作出或者批准处分决定的机关报告。

党员对所受党纪处分不服的，可以依照党章及有关规定提出申诉。

第四十三条 本条例总则适用于有党纪处分规定的其他党内法规，但是中共中央发布或者批准发布的其他党内法规有特别规定的除外。

第二编 分　则

第六章 对违反政治纪律行为的处分

第四十四条 在重大原则问题上不同党中央保持一致且有实际言论、行为或者造成不良后果的，给予警告或者严重警告处分；情节较重的，给予撤销党内职务或者留党察看处分；情节严重的，给予开除党籍处分。

第四十五条 通过网络、广播、电视、报刊、传单、书籍等，或者利用讲座、论坛、报告会、座谈会等方式，公开发表坚持资产阶级自由化立场、反对四项基本原则，反对党的改革开放决策的文章、演说、宣言、声明等的，给予开除党籍处分。

发布、播出、刊登、出版前款所列文章、演说、宣言、声明等或者为上述行为提供方便条件的，对直接责任者和领导责任者，给予严重警告或者撤销党内职务处分；情节严重的，给予留党察看或者开除党籍处分。

第四十六条 通过网络、广播、电视、报刊、传单、书籍等，或者利用讲座、论坛、报告会、座谈会等方式，有下列行为之一，情节较轻的，给予警告或者严重警告处分；情节较重的，给予撤销党内职务或者留党察看处分；情节严重的，给予开除党籍处分：

（一）公开发表违背四项基本原则，违背、歪曲党的改革开放决策，或者其他有严重政治问题的文章、演说、宣言、声明等的；

（二）妄议党中央大政方针，破坏党的集中统一的；

（三）丑化党和国家形象，或者诋毁、诬蔑党和国家领导人、英雄模范，或者歪曲党的历史、中华人民共和国历史、人民军队历史的。

发布、播出、刊登、出版前款所列内容或者为上述行为提供方便条件的，对直接责任者和领导责任者，给予严重警告或者撤销党内职务处分；情节严重的，给予留党察看或者开除党籍处分。

第四十七条 制作、贩卖、传播第四十五条、第四十六条所列内容之一的书刊、音像制品、电子读物、网络音视频资料等，情节较轻的，给予警告或者严重警告处分；情节较重的，给予撤销党内职务或者留党察看处分；情节严重的，给予开除党籍处分。

私自携带、寄递第四十五条、第四十六条所列内容之一的书刊、音像制品、电子读物等入出境，情节较重的，给予警告或者严重警告处分；情节严重的，给予撤销党内职务、留党察看或者开除党籍处分。

第四十八条 在党内组织秘密集团或者组织其他分裂党的活动的，给予开除党籍处分。

参加秘密集团或者参加其他分裂党的活动的，给予留党察看或者开除党籍处分。

第四十九条 在党内搞团团伙伙、结党营私、拉帮结派、培植个人势力等非组织活动，或者通过搞利益交换、为自己营造声势等活动捞取政治资本的，给予严重警告或者撤销党内职务处分；导致本地区、本部门、本单位政治生态恶化的，给予留党察看或者开除党籍处分。

第五十条 党员领导干部在本人主政的地方或者分管的部门自行其是，搞山头主义，拒不执行党中央确定的大政方针，甚至背着党中央另搞一套的，给予撤销党内职务、留党察看或者开除党籍处分。

落实党中央决策部署不坚决，打折扣、搞变通，在政治上造成不良影响或者严重后果的，给予警告或者严重警告处分；情节严重的，给予撤销党内职务、留党察看或者开除党籍处分。

第五十一条 对党不忠诚不老实，表里不一，阳奉阴违，欺上瞒下，搞两面派，做两面人，情节较轻的，给予警告或者严重警告处分；情节较重的，给予撤销党内职务或者留党察看处分；情节严重的，给予开除党籍处分。

第五十二条 制造、散布、传播政治谣言，破坏党的团结统一的，给予警告或者严重警告处分；情节较重的，给予撤销党内职务或者留党察看处分；情节严重的，给予开除党籍处分。

政治品行恶劣，匿名诬告，有意陷害或者制造其他谣言，造成损害或者不良影响的，依照前款规定处理。

第五十三条 擅自对应当由党中央决定的重大政策问题作出决定、对外发表主张的，对直接责任者和领导责任者，给予严重警告或者撤销党内职务处分；情节严重的，给予留党察看或者开除党籍处分。

第五十四条 不按照有关规定向组织请示、报告重大事项，情节较重的，给予警告或者严重警告处分；情节严重的，给予撤销党内职务或者留党察看处分。

第五十五条 干扰巡视巡察工作或者不落实巡视巡察整改要求，情节较轻的，给予警告或者严重警告处分；情节较重的，给予撤销党内职务或者留党察看处分；情节严重的，给予开除党籍处分。

第五十六条 对抗组织审查，有下列行为之一的，给予警告或者严重警告处分；情节较重的，给予撤销党内职务或者留党察看处分；情节严重的，给予开除党籍处分：

（一）串供或者伪造、销毁、转移、隐匿证据的；

（二）阻止他人揭发检举、提供证据材料的；

（三）包庇同案人员的；

（四）向组织提供虚假情况，掩盖事实的；

（五）有其他对抗组织审查行为的。

第五十七条 组织、参加反对党的基本理论、基本路线、基本方略或者重大方针政策的集会、游行、示威等活动的，或者以组织讲座、论坛、报告会、座谈会等方式，反对党的基本理论、基本路线、基本方略或者重大方针政策，造成严重不良影响的，对策划者、组织者和骨干分子，给予开除党籍处分。

对其他参加人员或者以提供信息、资料、财物、场地等方式支持上述活动者，情节较轻的，给予警告或者严重警告处分；情节较重的，给予撤销党内职务或者留党察看处分；情节严重的，给予开除党籍处分。

对不明真相被裹挟参加，经批评教育后确有悔改表现的，可以免予处分或者不予处分。

未经组织批准参加其他集会、游行、示威等活动，情节较轻的，给予警告或者严重警告处分；情节较重的，给予撤销党内职务或者留党察看处分；情节严重的，给予开除党籍处分。

第五十八条 组织、参加旨在反对党的领导、反对社会主义制度或者敌视政府等组织的，对策划者、组织者和骨干分子，给予开除党籍处分。

对其他参加人员，情节较轻的，给予警告或者严重警告处分；情节较重的，给予撤销党内职务或者留党察看处分；情节严重的，给予开除党籍处分。

第五十九条 组织、参加会道门或者邪教组织的，对策划者、组织者和骨干分子，给予开除党籍处分。

对其他参加人员，情节较轻的，给予警告或者严重警告处分；情节较重的，给予撤销党内职务或者留党察看处分；情节严重的，给予开除党籍处分。

对不明真相的参加人员，经批评教育后确有悔改表现的，可以免予处分或者不予处分。

第六十条 从事、参与挑拨破坏民族关系制造事端或者参加民族分裂活动的，对策划者、组织者和骨干分子，给予开除党籍处分。

对其他参加人员，情节较轻的，给予警告或者严重警告处分；情节较重的，给予撤销党内职务或者留党察看处分；情节严重的，给予开除党籍处分。

对不明真相被裹挟参加，经批评教育后确有悔改表现的，可以免予处分或者不予处分。

有其他违反党和国家民族政策的行为，情节较轻的，给予警告或者严重警告处分；情节较重的，给予撤销党内职务或者留党察看处分；情节严重的，给予开除党籍处分。

第六十一条 组织、利用宗教活动反对党的路线、方针、政策和决议，破坏民族团结的，对策划者、组织者和骨干分子，给予开除党籍处分。

对其他参加人员，给予撤销党内职务或者留党察看处分；情节严重的，给予开除党籍处分。

对不明真相被裹挟参加，经批评教育后确有悔改表现的，可以免予处分或者不予处分。

有其他违反党和国家宗教政策的行为，情节较轻的，给予警告或者严重警告处分；情节较重的，给予撤销党内职务或者留党察看处分；情节严重的，给予开除党籍处分。

第六十二条 对信仰宗教的党员，应当加强思想教育，经党组织帮助教育仍没有转变的，应当劝其退党；劝而不退的，予以除名；参与利用宗教搞煽动活动的，给予开除党籍处分。

第六十三条 组织迷信活动的，给予撤销党内职务或者留党察看处分；情节严重的，给予开除党籍处分。

参加迷信活动，造成不良影响的，给予警告或者严重警告处分；情节较重的，给予撤销党内职务或者留党察看处分；情节严重的，给予开除党籍处分。

对不明真相的参加人员，经批评教育后确有悔改表现的，可以免予处分或者不予处分。

第六十四条 组织、利用宗族势力对抗党和政府，妨碍党和国家的方针政策以及决策部署的实施，或者破坏党的基层组织建设的，对策划者、组织者和骨干分子，给予开除党籍处分。

对其他参加人员，给予撤销党内职务或者留党察看处分；情节严重的，给予开除党籍处分。

对不明真相被裹挟参加，经批评教育后确有悔改表现的，可以免予处分或者不予处分。

第六十五条 在国（境）外、外国驻华使（领）馆申请政治避难，或者违纪后逃往国（境）外、外国驻华使（领）馆的，给予开除党籍处分。

在国（境）外公开发表反对党和政府的文章、演说、宣言、声明等的，依照前款规定处理。

故意为上述行为提供方便条件的，给予留党察看或者开除党籍处分。

第六十六条 在涉外活动中，其言行在政治上造成恶劣影响，损害党和国家尊严、利益的，给予撤销党内职务或者留党察看处分；情节严重的，给予开除党籍处分。

第六十七条 不履行全面从严治党主体责任、监督责任或者履行全面从严治党主体责任、监督责任不力，给党组织造成严重损害或者严重不良影响的，对直接责任者和领导责任者，给予警告或者严重警告处分；情节严重的，给予撤销党内职务或者留党察看处分。

第六十八条 党员领导干部对违反政治纪律和政治规矩等错误思想和行为不报告、不抵制、不斗争，放任不管，搞无原则一团和气，造成不良影响的，给予警告或者严重警告处分；情节严重的，给予撤销党内职务或者留党察看处分。

第六十九条 违反党的优良传统和工作惯例等党的规矩，在政治上造成不良影响的，给予警告或者严重警告处分；情节较重的，给予撤销党内职务或者留党察看处分；情节严重的，给予开除党籍处分。

第七章 对违反组织纪律行为的处分

第七十条 违反民主集中制原则，有下列行为之一的，给予警告或者严重警告处分；情节严重的，给予撤销党内职务或者留党察看处分：

（一）拒不执行或者擅自改变党组织作出的重大决定的；

（二）违反议事规则，个人或者少数人决定重大问题的；

（三）故意规避集体决策，决定重大事项、重要干部任免、重要项目安排和大额资金使用的；

（四）借集体决策名义集体违规的。

第七十一条 下级党组织拒不执行或者擅自改变上级党组织决定的，对直接责任者和领导责任者，给予警告或者严重警告处分；情节严重的，给予撤销党内职务或者留党察看处分。

第七十二条 拒不执行党组织的分配、调动、交流等决定的，给予警告、严重警告或者撤销党内职务处分。

在特殊时期或者紧急状况下，拒不执行党组织决定的，给予留党察看或者开除党籍处分。

第七十三条 有下列行为之一，情节较重的，给予警告或者严重警告处分：

（一）违反个人有关事项报告规定，隐瞒不报的；

（二）在组织进行谈话、函询时，不如实向组织说明问题的；

（三）不按要求报告或者不如实报告个人去向的；

（四）不如实填报个人档案资料的。

篡改、伪造个人档案资料的，给予严重警告处分；情节严重的，给予撤销党内职务或者留党察看处分。

隐瞒入党前严重错误的，一般应当予以除名；对入党后表现尚好的，给予严重警告、撤销党内职务或者留党察看处分。

第七十四条 党员领导干部违反有关规定组织、参加自发成立的老乡会、校友会、战友会等，情节严重的，给予警告、严重警告或者撤销党内职务处分。

第七十五条 有下列行为之一的，给予警告或者严重警告处分；情节较重的，给予撤销党内职务或者留党察看处分；情节严重的，给予开除党籍处分：

（一）在民主推荐、民主测评、组织考察和党内选举中搞拉票、助选等非组织活动的；

（二）在法律规定的投票、选举活动中违背组织原则搞非组织活动，组织、怂恿、诱使他人投票、表决的；

（三）在选举中进行其他违反党章、其他党内法规和有关章程活动的。

搞有组织的拉票贿选，或者用公款拉票贿选的，从重或者加重处分。

第七十六条 在干部选拔任用工作中，有任人唯亲、排斥异己、封官许愿、说情干预、跑官要官、突击提拔或者调整干部等违反干部选拔任用规定行为，对直接责任者和领导责任者，情节较轻的，给予警告或者严重警告处分；情节较重的，给予撤销党内职务或者留党察看处分；情节严重的，给予开除党籍处分。

用人失察失误造成严重后果的，对直接责任者和领导责任者，依照前款规定处理。

第七十七条 在干部、职工的录用、考核、职务晋升、职称评定和征兵、安置复转军人等工作中，隐瞒、歪曲事实真相，或者利用职权或者职务上的影响违反有关规定为本人或者其他人谋取利益的，给予警告或者严重警告处分；情节较重的，给予撤销党内职务或者留党察看处分；情节严重的，给予开除党籍处分。

弄虚作假，骗取职务、职级、职称、待遇、资格、学历、学位、荣誉或者其他利益的，依照前款规定处理。

第七十八条 侵犯党员的表决权、选举权和被选举权，情节较重的，给予警告或者严重警告处分；情节严重的，给予撤销党内职务处分。

以强迫、威胁、欺骗、拉拢等手段，妨害党员自主行使表决权、选举权和被选举权的，给予撤销党内职务、留党察看或者开除党籍处分。

第七十九条 有下列行为之一的，给予警告或者严重警告处分；情节较重的，给予撤销党内职务或者留党察看处分；情节严重的，给予开除党籍处分：

（一）对批评、检举、控告进行阻挠、压制，或者将批评、检举、控告材料私自扣压、销毁，或者故意将其泄露给他人的；

（二）对党员的申辩、辩护、作证等进行压制，造成不良后果的；

（三）压制党员申诉，造成不良后果的，或者不按照有关规定处理党员申诉的；

（四）有其他侵犯党员权利行为，造成不良后果的。

对批评人、检举人、控告人、证人及其他人员打击报复的，从重或者加重处分。

党组织有上述行为的，对直接责任者和领导责任者，依照第一款规定处理。

第八十条　违反党章和其他党内法规的规定，采取弄虚作假或者其他手段把不符合党员条件的人发展为党员，或者为非党员出具党员身份证明的，对直接责任者和领导责任者，给予警告或者严重警告处分；情节严重的，给予撤销党内职务处分。

违反有关规定程序发展党员的，对直接责任者和领导责任者，依照前款规定处理。

第八十一条　违反有关规定取得外国国籍或者获取国（境）外永久居留资格、长期居留许可的，给予撤销党内职务、留党察看或者开除党籍处分。

第八十二条　违反有关规定办理因私出国（境）证件、前往港澳通行证，或者未经批准出入国（边）境，情节较轻的，给予警告或者严重警告处分；情节较重的，给予撤销党内职务处分；情节严重的，给予留党察看处分。

第八十三条　驻外机构或者临时出国（境）团（组）中的党员擅自脱离组织，或者从事外事、机要、军事等工作的党员违反有关规定同国（境）外机构、人员联系和交往的，给予警告、严重警告或者撤销党内职务处分。

第八十四条　驻外机构或者临时出国（境）团（组）中的党员，脱离组织出走时间不满六个月又自动回归的，给予撤销党内职务或者留党察看处分；脱离组织出走时间超过六个月的，按照自行脱党处理，党内予以除名。

故意为他人脱离组织出走提供方便条件的，给予警告、严重警告或者撤销党内职务处分。

第八章　对违反廉洁纪律行为的处分

第八十五条　党员干部必须正确行使人民赋予的权力，清正廉洁，反对任何滥用职权、谋求私利的行为。

利用职权或者职务上的影响为他人谋取利益，本人的配偶、子女及其配偶等亲属和其他特定关系人收受对方财物，情节较重的，给予警告或者严重警告处分；情节严重的，给予撤销党内职务、留党察看或者开除党籍处分。

第八十六条 相互利用职权或者职务上的影响为对方及其配偶、子女及其配偶等亲属、身边工作人员和其他特定关系人谋取利益搞权权交易的，给予警告或者严重警告处分；情节较重的，给予撤销党内职务或者留党察看处分；情节严重的，给予开除党籍处分。

第八十七条 纵容、默许配偶、子女及其配偶等亲属、身边工作人员和其他特定关系人利用党员干部本人职权或者职务上的影响谋取私利，情节较轻的，给予警告或者严重警告处分；情节较重的，给予撤销党内职务或者留党察看处分；情节严重的，给予开除党籍处分。

党员干部的配偶、子女及其配偶等亲属和其他特定关系人不实际工作而获取薪酬或者虽实际工作但领取明显超出同职级标准薪酬，党员干部知情未予纠正的，依照前款规定处理。

第八十八条 收受可能影响公正执行公务的礼品、礼金、消费卡和有价证券、股权、其他金融产品等财物，情节较轻的，给予警告或者严重警告处分；情节较重的，给予撤销党内职务或者留党察看处分；情节严重的，给予开除党籍处分。

收受其他明显超出正常礼尚往来的财物的，依照前款规定处理。

第八十九条 向从事公务的人员及其配偶、子女及其配偶等亲属和其他特定关系人赠送明显超出正常礼尚往来的礼品、礼金、消费卡和有价证券、股权、其他金融产品等财物，情节较重的，给予警告或者严重警告处分；情节严重的，给予撤销党内职务或者留党察看处分。

第九十条 借用管理和服务对象的钱款、住房、车辆等，影响公正执行公务，情节较重的，给予警告或者严重警告处分；情节严重的，给予撤销党内职务、留党察看或者开除党籍处分。

通过民间借贷等金融活动获取大额回报，影响公正执行公务的，依照前款规定处理。

第九十一条 利用职权或者职务上的影响操办婚丧喜庆事宜，在社会上造成不良影响的，给予警告或者严重警告处分；情节严重的，给予撤销党内职务处分；借机敛财或者有其他侵犯国家、集体和人民利益行为的，从重或者加重处分，直至开除党籍。

第九十二条 接受、提供可能影响公正执行公务的宴请或者旅游、健身、娱乐等活动安排，情节较重的，给予警告或者严重警告处分；情节严重的，给予撤销党内职务或者留党察看处分。

第九十三条 违反有关规定取得、持有、实际使用运动健身卡、会所和俱乐部会员卡、高尔夫球卡等各种消费卡，或者违反有关规定出入私人会所，情节较重的，给予警告或者严重警告处分；情节严重的，给予撤销党内职务或者留党察看处分。

第九十四条 违反有关规定从事营利活动，有下列行为之一，情节较轻的，给予警告或者严重警告处分；情节较重的，给予撤销党内职务或者留党察看处分；情节严重的，给予开除党籍处分：

（一）经商办企业的；

（二）拥有非上市公司（企业）的股份或者证券的；

（三）买卖股票或者进行其他证券投资的；

（四）从事有偿中介活动的；

（五）在国（境）外注册公司或者投资入股的；

（六）有其他违反有关规定从事营利活动的。

利用参与企业重组改制、定向增发、兼并投资、土地使用权出让等决策、审批过程中掌握的信息买卖股票，利用职权或者职务上的影响通过购买信托产品、基金等方式非正常获利的，依照前款规定处理。

违反有关规定在经济组织、社会组织等单位中兼职，或者经批准兼职但获取薪酬、奖金、津贴等额外利益的，依照第一款规定处理。

第九十五条 利用职权或者职务上的影响，为配偶、子女及其配偶等亲属和其他特定关系人在审批监管、资源开发、金融信贷、大宗采购、土地使用权出让、房地产开发、工程招投标以及公共财政支出等方面谋取利益，情节较轻的，给予警告或者严重警告处分；情节较重的，给予撤销党内职务或者留党察看处分；情节严重的，给予开除党籍处分。

利用职权或者职务上的影响，为配偶、子女及其配偶等亲属和其他特定关系人吸收存款、推销金融产品等提供帮助谋取利益的，依照前款规定处理。

第九十六条 党员领导干部离职或者退（离）休后违反有关规定接受原任职务管辖的地区和业务范围内的企业和中介机构的聘任，或者个人从事与原任职务管辖业务相关的营利活动，情节较轻的，给予警告或者严重警告处分；情节较重的，给予撤销党内职务处分；情节严重的，给予留党察看处分。

党员领导干部离职或者退（离）休后违反有关规定担任上市公司、基金管理公司独立董事、独立监事等职务，情节较轻的，给予警告或者严重警告处分；情节较重的，给予撤销党内职务处分；情节严重的，给予留党察看处分。

第九十七条 党员领导干部的配偶、子女及其配偶，违反有关规定在该党员领导干部管辖的地区和业务范围内从事可能影响其公正执行公务的经营活动，或者在该党员领导干部管辖的地区和业务范围内的外商独资企业、中外合资企业中担任由外方委派、聘任的高级职务或者违规任职、兼职取酬的，该党员领导干部应当按照规定予以纠正；拒不纠正的，其本人应当辞去现任职务或者由组织予以调整职务；不辞去现任职务或者不服从组织调整职务的，给予撤销党内职务处分。

第九十八条 党和国家机关违反有关规定经商办企业的，对直接责任者和领导责任者，给予警告或者严重警告处分；情节严重的，给予撤销党内职务处分。

第九十九条 党员领导干部违反工作、生活保障制度，在交通、医疗、警卫等方面为本人、配偶、子女及其配偶等亲属和其他特定关系人谋求特殊待遇，情节较重的，给予警告或者严重警告处分；情节严重的，给予撤销党内职务或者留党察看处分。

第一百条 在分配、购买住房中侵犯国家、集体利益，情节较轻的，给予警告或者严重警告处分；情节较重的，给予撤销党内职务或者留党察看处分；情节严重的，给予开除党籍处分。

第一百零一条 利用职权或者职务上的影响，侵占非本人经管的公私财物，或者以象征性地支付钱款等方式侵占公私财物，或者无偿、象征性地支付报酬接受服务、使用劳务，情节较轻的，给予警告或者严重警告处分；情节较重的，给予撤销党内职务或者留党察看处分；情节严重的，给予开除党籍处分。

利用职权或者职务上的影响，将本人、配偶、子女及其配偶等亲属应当由个人支付的费用，由下属单位、其他单位或者他人支付、报销的，依照前款规定处理。

第一百零二条 利用职权或者职务上的影响，违反有关规定占用公物归个人使用，时间超过六个月，情节较重的，给予警告或者严重警告处分；情节严重的，给予撤销党内职务处分。

占用公物进行营利活动的，给予警告或者严重警告处分；情节较重的，给予撤销党内职务或者留党察看处分；情节严重的，给予开除党籍处分。

将公物借给他人进行营利活动的，依照前款规定处理。

第一百零三条 违反有关规定组织、参加用公款支付的宴请、高消费娱乐、健身活动，或者用公款购买赠送或者发放礼品、消费卡（券）等，对直接责任者和领导责任者，情节较轻的，给予警告或者严重警告处分；情节较重的，给予撤销党内职务或者留党察看处分；情节严重的，给予开除党籍处分。

第一百零四条 违反有关规定自定薪酬或者滥发津贴、补贴、奖金等，对直接责任者和领导责任者，情节较轻的，给予警告或者严重警告处分；情节较重的，给予撤销党内职务或者留党察看处分；情节严重的，给予开除党籍处分。

第一百零五条 有下列行为之一，对直接责任者和领导责任者，情节较轻的，给予警告或者严重警告处分；情节较重的，给予撤销党内职务或者留党察看处分；情节严重的，给予开除党籍处分：

（一）公款旅游或者以学习培训、考察调研、职工疗养等为名变相公款旅游的；

（二）改变公务行程，借机旅游的；

（三）参加所管理企业、下属单位组织的考察活动，借机旅游的。

以考察、学习、培训、研讨、招商、参展等名义变相用公款出国（境）旅游的，依照前款规定处理。

第一百零六条 违反公务接待管理规定，超标准、超范围接待或者借机大吃大喝，对直接责任者和领导责任者，情节较重的，给予警告或者严重警告处分；情节严重的，给予撤销党内职务处分。

第一百零七条 违反有关规定配备、购买、更换、装饰、使用公务交通工具或者有其他违反公务交通工具管理规定的行为，对直接责任者和领导责任者，情节较重的，给予警告或者严重警告处分；情节严重的，给予撤销党内职务或者留党察看处分。

第一百零八条 违反会议活动管理规定，有下列行为之一，对直接责任者和领导责任者，情节较重的，给予警告或者严重警告处分；情节严重的，给予撤销党内职务处分：

（一）到禁止召开会议的风景名胜区开会的；

（二）决定或者批准举办各类节会、庆典活动的。

擅自举办评比达标表彰活动或者借评比达标表彰活动收取费用的，依照前款规定处理。

第一百零九条 违反办公用房管理等规定，有下列行为之一，对直接责任者和领导责任者，情节较重的，给予警告或者严重警告处分；情节严重的，给予撤销党内职务处分：

（一）决定或者批准兴建、装修办公楼、培训中心等楼堂馆所的；

（二）超标准配备、使用办公用房的；

（三）用公款包租、占用客房或者其他场所供个人使用的。

第一百一十条 搞权色交易或者给予财物搞钱色交易的，给予警告或者严重警告处分；情节较重的，给予撤销党内职务或者留党察看处分；情节严重的，给予开除党籍处分。

第一百一十一条 有其他违反廉洁纪律规定行为的，应当视具体情节给予警告直至开除党籍处分。

第九章 对违反群众纪律行为的处分

第一百一十二条 有下列行为之一，对直接责任者和领导责任者，情节较轻的，给予警告或者严重警告处分；情节较重的，给予撤销党内职务或者留党察看处分；情节严重的，给予开除党籍处分：

（一）超标准、超范围向群众筹资筹劳、摊派费用，加重群众负担的；

（二）违反有关规定扣留、收缴群众款物或者处罚群众的；

（三）克扣群众财物，或者违反有关规定拖欠群众钱款的；

（四）在管理、服务活动中违反有关规定收取费用的；

（五）在办理涉及群众事务时刁难群众、吃拿卡要的；

（六）有其他侵害群众利益行为的。

在扶贫领域有上述行为的，从重或者加重处分。

第一百一十三条 干涉生产经营自主权，致使群众财产遭受较大损失的，对直接责任者和领导责任者，给予警告或者严重警告处分；情节严重的，给予撤销党内职务或者留党察看处分。

第一百一十四条 在社会保障、政策扶持、扶贫脱贫、救灾救济款物分配等事项中优亲厚友、明显有失公平的，给予警告或者严重警告处分；情节较重的，给予撤销党内职务或者留党察看处分；情节严重的，给予开除党籍处分。

第一百一十五条 利用宗族或者黑恶势力等欺压群众，或者纵容涉黑涉恶活动、为黑恶势力充当“保护伞”的，给予撤销党内职务或者留党察看处分；情节严重的，给予开除党籍处分。

第一百一十六条 有下列行为之一，对直接责任者和领导责任者，情节较重的，给予警告或者严重警告处分；情节严重的，给予撤销党内职务或者留党察看处分：

（一）对涉及群众生产、生活等切身利益的问题依照政策或者有关规定能解决而不及时解决，庸懒无为、效率低下，造成不良影响的；

（二）对符合政策的群众诉求消极应付、推诿扯皮，损害党群、干群关系的；

（三）对待群众态度恶劣、简单粗暴，造成不良影响的；

（四）弄虚作假，欺上瞒下，损害群众利益的；

（五）有其他不作为、乱作为等损害群众利益行为的。

第一百一十七条 盲目举债、铺摊子、上项目，搞劳民伤财的“形象工程”、“政绩工程”，致使国家、集体或者群众财产和利益遭受较大损失的，对直接责任者和领导责任者，给予警告或者严重警告处分；情节严重的，给予撤销党内职务、留党察看或者开除党籍处分。

第一百一十八条 遇到国家财产和群众生命财产受到严重威胁时，能救而不救，情节较重的，给予警告、严重警告或者撤销党内职务处分；情节严重的，给予留党察看或者开除党籍处分。

第一百一十九条 不按照规定公开党务、政务、厂务、村（居）务等，侵犯群众知情权，对直接责任者和领导责任者，情节较重的，给予警告或者严重警告处分；情节严重的，给予撤销党内职务或者留党察看处分。

第一百二十条 有其他违反群众纪律规定行为的，应当视具体情节给予警告直至开除党籍处分。

第十章 对违反工作纪律行为的处分

第一百二十一条 工作中不负责任或者疏于管理，贯彻执行、检查督促落实上级决策部署不力，给党、国家和人民利益以及公共财产造成较大损失的，对直接责任者和领导责任者，给予警告或者严重警告处分；造成重大损失的，给予撤销党内职务、留党察看或者开除党籍处分。

贯彻创新、协调、绿色、开放、共享的发展理念不力，对职责范围内的问题失察失责，造成较大损失或者重大损失的，从重或者加重处分。

第一百二十二条 有下列行为之一，造成严重不良影响，对直接责任者和领导责任者，情节较轻的，给予警告或者严重警告处分；情节较重的，给予撤销党内职务或者留党察看处分；情节严重的，给予开除党籍处分：

（一）贯彻党中央决策部署只表态不落实的；

（二）热衷于搞舆论造势、浮在表面的；

（三）单纯以会议贯彻会议、以文件落实文件，在实际工作中不见诸行动的；

（四）工作中有其他形式主义、官僚主义行为的。

第一百二十三条 党组织有下列行为之一，对直接责任者和领导责任者，情节较重的，给予警告或者严重警告处分；情节严重的，给予撤销党内职务或者留党察看处分：

（一）党员被依法判处刑罚后，不按照规定给予党纪处分，或者对违反国家法律法规的行为，应当给予党纪处分而不处分的；

（二）党纪处分决定或者申诉复查决定作出后，不按照规定落实决定中关于被处分人党籍、职务、职级、待遇等事项的；

（三）党员受到党纪处分后，不按照干部管理权限和组织关系对受处分党员开展日常教育、管理和监督工作的。

第一百二十四条 因工作不负责任致使所管理的人员叛逃的，对直接责任者和领导责任者，给予警告或者严重警告处分；情节严重的，给予撤销党内职务处分。

因工作不负责任致使所管理的人员出走，对直接责任者和领导责任者，情节较重的，给予警告或者严重警告处分；情节严重的，给予撤销党内职务处分。

第一百二十五条 在上级检查、视察工作或者向上级汇报、报告工作时对应当报告的事项不报告或者不如实报告，造成严重损害或者严重不良影响的，对直接责任者和领导责任者，给予警告或者严重警告处分；情节严重的，给予撤销党内职务或者留党察看处分。

在上级检查、视察工作或者向上级汇报、报告工作时纵容、唆使、暗示、强迫下级说假话、报假情的，从重或者加重处分。

第一百二十六条 党员领导干部违反有关规定干预和插手市场经济活动，有下列行为之一，造成不良影响的，给予警告或者严重警告处分；情节较重的，给予撤销党内职务或者留党察看处分；情节严重的，给予开除党籍处分：

（一）干预和插手建设工程项目承发包、土地使用权出让、政府采购、房地产开发与经营、矿产资源开发利用、中介机构服务等活动的；

（二）干预和插手国有企业重组改制、兼并、破产、产权交易、清产核资、资产评估、资产转让、重大项目投资以及其他重大经营活动等事项的；

（三）干预和插手批办各类行政许可和资金借贷等事项的；

（四）干预和插手经济纠纷的；

（五）干预和插手集体资金、资产和资源的使用、分配、承包、租赁等事项的。

第一百二十七条 党员领导干部违反有关规定干预和插手司法活动、执纪执法活动，向有关地方或者部门打听案情、打招呼、说情，或者以其他方式对司法活动、执纪执法活动施加影响，情节较轻的，给予严重警告处分；情节较重的，给予撤销党内职务或者留党察看处分；情节严重的，给予开除党籍处分。

党员领导干部违反有关规定干预和插手公共财政资金分配、项目立项评审、政府奖励表彰等活动，造成重大损失或者不良影响的，依照前款规定处理。

第一百二十八条 泄露、扩散或者打探、窃取党组织关于干部选拔任用、纪律审查、巡视巡察等尚未公开事项或者其他应当保密的内容的，给予警告或者严重警告处分；情节较重的，给予撤销党内职务或者留党察看处分；情节严重的，给予开除党籍处分。

私自留存涉及党组织关于干部选拔任用、纪律审查、巡视巡察等方面资料，情节较重的，给予警告或者严重警告处分；情节严重的，给予撤销党内职务处分。

第一百二十九条 在考试、录取工作中，有泄露试题、考场舞弊、涂改考卷、违规录取等违反有关规定行为的，给予警告或者严重警告处分；情节较重的，给予撤销党内职务或者留党察看处分；情节严重的，给予开除党籍处分。

第一百三十条 以不正当方式谋求本人或者其他人用公款出国（境），情节较轻的，给予警告处分；情节较重的，给予严重警告处分；情节严重的，给予撤销党内职务处分。

第一百三十一条 临时出国（境）团（组）或者人员中的党员，擅自延长在国（境）外期限，或者擅自变更路线的，对直接责任者和领导责任者，给予警告或者严重警告处分；情节严重的，给予撤销党内职务处分。

第一百三十二条 驻外机构或者临时出国（境）团（组）中的党员，触犯驻在国家、地区的法律、法令或者不尊重驻在国家、地区的宗教习俗，情节较重的，给予警告或者严重警告处分；情节严重的，给予撤销党内职务、留党察看或者开除党籍处分。

第一百三十三条 在党的纪律检查、组织、宣传、统一战线工作以及机关工作等其他工作中，不履行或者不正确履行职责，造成损失或者不良影响的，应当视具体情节给予警告直至开除党籍处分。

第十一章 对违反生活纪律行为的处分

第一百三十四条 生活奢靡、贪图享乐、追求低级趣味，造成不良影响的，给予警告或者严重警告处分；情节严重的，给予撤销党内职务处分。

第一百三十五条 与他人发生不正当性关系，造成不良影响的，给予警告或者严重警告处分；情节较重的，给予撤销党内职务或者留党察看处分；情节严重的，给予开除党籍处分。

利用职权、教养关系、从属关系或者其他相类似关系与他人发生性关系的，从重处分。

第一百三十六条 党员领导干部不重视家风建设，对配偶、子女及其配偶失管失教，造成不良影响或者严重后果的，给予警告或者严重警告处分；情节严重的，给予撤销党内职务处分。

第一百三十七条 违背社会公序良俗，在公共场所有不当行为，造成不良影响的，给予警告或者严重警告处分；情节较重的，给予撤销党内职务或者留党察看处分；情节严重的，给予开除党籍处分。

第一百三十八条 有其他严重违反社会公德、家庭美德行为的，应当视具体情节给予警告直至开除党籍处分。

第三编 附　　则

第一百三十九条 各省、自治区、直辖市党委可以根据本条例，结合各自工作的实际情况，制定单项实施规定。

第一百四十条 中央军事委员会可以根据本条例，结合中国人民解放军和中国人民武装警察部队的实际情况，制定补充规定或者单项规定。

第一百四十一条 本条例由中央纪律检查委员会负责解释。

第一百四十二条 本条例自 2018 年 10 月 1 日起施行。

本条例施行前，已结案的案件如需进行复查复议，适用当时的规定或者政策。尚未结案的案件，如果行为发生时的规定或者政策不认为是违纪，而本条例认为是违纪的，依照当时的规定或者政策处理；如果行为发生时的规定或者政策认为是违纪的，依照当时的规定或者政策处理，但是如果本条例不认为是违纪或者处理较轻的，依照本条例规定处理。